CON
BOOK.

FRANZISKA BÄR

INS NIRGENDWO, BITTE!

Zu Fuß durch die mongolische Wildnis

2. Auflage

© Conbook Medien GmbH, Neuss 2019

Alle Rechte vorbehalten.
www.conbook-verlag.de

Fotos: Felix Consolati
Karten: Peter Palm, Berlin
Satz: Röser MEDIA, Karlsruhe
Druck und Verarbeitung: GGP Media GmbH, Pößneck
Klimaneutral gedruckt.

Printed in Germany

ISBN 978-3-95889-179-1

Folgen Sie uns!

*Wir informieren Sie gerne und regelmäßig über
Neuigkeiten aus der Welt des CONBOOK Verlags.
Folgen Sie uns für News, Stories und Informatio-
nen zu unseren Büchern, Themen und Autoren.*

 www.conbook-verlag.de/newsletter

 www.facebook.com/conbook

 www.instagram.com/conbook_verlag

Diese Geschichte erzählt unsere eigenen Erlebnisse in der Mongolei. Ich habe mir alle Mühe gegeben, unsere Eindrücke, Gefühle und Begegnungen möglichst authentisch wiederzugeben. Ich habe größten Respekt gegenüber allen Menschen, die wir getroffen haben. Meine Eindrücke über ihre Charakterzüge und Lebensweisen konnte ich wegen der Sprachbarriere selten verifizieren. Was ich erzähle, ist das, was ich mit eigenen Augen wahrgenommen habe. Ich hoffe, dass es mir gelungen ist, alle Werte der Mongolen zu wahren und die Begegnungen mit ihnen richtig zu interpretieren.

Für treue Weggefährten,
die ihren Partnern zur Seite stehen.

Immer.

Ihr seid Helden.

INHALTSVERZEICHNIS

PROLOG

Als Oonoos Kleinbus über das letzte Stück Wiese rumpelt, muss ich mich konzentrieren, um ganz langsam zu atmen. Mein Puls rast. Meine Hände sind eiskalt. Und verschwitzt. Immer wieder reißt Oonoo das Steuer ruckartig zur Seite, um tiefen Löchern und riesigen Grasbüscheln auszuweichen. Aber das ist es nicht, was mich gerade so wahnsinnig nervös macht. Es ist der Fluss. Der Fluss, an dem Oonoo uns gleich aussetzen wird. Und der ist keine 50 Meter mehr entfernt.

Kurz mache ich meine Augen zu. Ich rechne jeden Moment damit, dass Oonoo auf die Bremse steigt.

Dann tut er es. Mit einem Ruck halten wir an. Und plötzlich geht alles ganz schnell. Oonoo zerrt unsere Rucksäcke aus dem Wagen, wirft eine Wasserflasche hinterher und die Wanderstöcke. Ich schaue unter die Sitze, ob nicht eine Jacke, die Mütze oder – am allerschlimmsten – das GPS-Gerät darunter gerutscht ist. Wenn wir jetzt etwas vergessen oder bei den Vorbereitungen einen Fehler gemacht haben – ab sofort gibt's keine Chance mehr, ihn zu korrigieren.

Oonoo ist unser Fahrer. Unser Fahrer ins Nirgendwo. Wir kennen ihn erst seit heute Morgen. Gesprochen haben wir seitdem kein Wort, weil wir einander nicht verstehen. Die letzten acht Stunden, in denen Oonoo uns durch die mongolische Wildnis gefahren hat, hat mir das nichts ausgemacht. Jetzt ist das anders. Es zerreißt mich fast, dass ich ihm keine Fragen stellen kann.

So was wie: »Oonoo, bist du sicher, dass du uns an der besten Stelle aussetzt?« Oder: »Oonoo, bist du sicher, dass wir hier am Fluss nach dem dürren Sommer genug Trinkwasser finden?«

Stattdessen müssen wir stumm vertrauen.

Zum Abschied verbeugt sich Oonoo. Er streckt beide Hände Richtung Himmel, schaut verschwörerisch in die Wolken. Er murmelt ein paar grobe mongolische Sätze. Ein Stoßgebet? Als er meinen erschrockenen Blick sieht, lässt er die Arme zur Seite fallen und zeigt mit einem breiten Grinsen seine Zahnlücken.

Dann steigt er in seinen Wagen. Die Tür knallt. Der Motor knattert. Oonoo fährt weg. Wir bleiben zurück. Wir schauen ihm eine Weile nach, bis von ihm nichts weiter übrig bleibt als ein kleiner dunkler Fleck am Horizont und eine Staubwolke, als er auf die Schotterpiste abbiegt.

Ich schlucke. Jetzt sind wir allein. Irgendwo im Westen der Mongolei. Sie ist das am dünnsten besiedelte Land der Welt. Wann wir wieder Menschen sehen, wissen wir nicht.

1. KAPITEL

DIE ERSTE IDEE UND DER SCHOCK DANACH

Felix und ich knien auf dem Bett und starren die bunte Weltkarte an meiner Wand an. Unser riesiger, weiter Planet, dargestellt auf eineinhalb Metern. Direkt unterhalb Russlands sieht die Mongolei winzig aus, und zum ersten Mal überlege ich, ob wir unterschätzen, was dort auf uns zukommen wird. Mit den falschen Proportionen an der Wand kann das leicht passieren. Was ich dort mit meinem Zeigefinger antippen kann, entspricht in Wirklichkeit Tausenden von Kilometern. Einmal um einen See zu laufen, der hier noch nicht einmal so groß ist wie ein Stecknadelkopf, würde mehrere Wochen dauern. Das dämmert mir, als ich von der Karte an der Wand runter auf den Boden schaue. Neben dem Bett liegt da ausgebreitet eine zweite Karte – eine Landkarte der Mongolei. Der Postbote hat damit gerade die Realität zur Türe reingebracht. Maßstab 1:2.000.000, trotzdem hat die Karte kaum Platz auf dem Boden in meinem 13 Quadratmeter kleinen WG-Zimmer. Der See Char Us Nuur, der auf der Weltkarte an der Wand ein kaum erkennbarer, winziger Punkt ist, ist hier etwas größer als ein Zwei-Euro-Stück. Mit Blick auf die Maßstabslinie unten rechts auf der Karte bedeutet das, dass sich der Char Us Nuur auf mindestens 70 Kilometer Länge erstreckt. Seine Küstenlinie muss also mehrere Hundert Kilometer lang sein.

Felix bricht unser betretenes Schweigen und beugt sich über die Karte der Mongolei.

»Einfach mal loslaufen und schauen, wie weit wir kommen, funktioniert halt nicht.«

Er spreizt seine Finger zwischen dem Char Us Nuur und dem nächsten Ort im Norden. Zwischendrin hätten einige Zwei-Euro-Stücke Platz. Eine Strecke, die wir zu Fuß nicht bewältigen können, wenn wir als Selbstversorger unterwegs sind. Der Weg ist zu lang, der Marsch würde weit mehr als fünf Wochen dauern, und wir würden unsere Vorräte zwischendrin kein einziges Mal auffüllen können.

Während Felix mit seinen Fingern verschiedene Entfernungen testet, tippe ich nervös auf meinem Laptop rum. Ich tu mich schwer, diese Dimensionen einzuordnen. Insgeheim hoffe ich auch ein bisschen, etwas Ermutigendes zu lesen. Stattdessen spuckt das Internet ein paar Fakten aus:

Die Mongolei ist das sechstgrößte Land Asiens.

Die Mongolei ist mehr als viermal so groß wie Deutschland.

Die Mongolei ist das am dünnsten besiedelte Land der Welt.

Die Mongolei ist ein Land mit extremsten Klimaschwankungen.

Hinzu kommen einige weitere Punkte zur überdurchschnittlichen Höhe über dem Meeresspiegel (tiefer als 1.000 Meter über null wird es selten) und mehreren Temperaturrekorden, die Ulan-Bator als kälteste Hauptstadt der Welt schon aufgestellt hat.

Ich schließe kurz die Augen, um die vielen Gedanken, die mir wild durch den Kopf schießen, wieder in den Griff zu bekommen. Dann schließe ich das Browserfenster. Darunter erscheint mein E-Mail-Postfach. Unter den neuesten Nachrichten: eine Bestätigung über die Flugbuchung.

München – Ulan-Bator.

In zehn Wochen geht's los. Für einen Rückzieher ist es längst zu spät.

Natürlich ist das weder für mich noch für Felix die erste Reise.

Bisher habe ich auch in meinen jungen Jahren jeden freien Tag genutzt und jeden Euro gespart, um die Welt zu erkunden. Ich hatte immer im Kopf, wie viele Urlaubstage ich noch übrig habe. Immer, wenn das Fernweh zu groß wurde, stand ich bei meinem Chef im Türrahmen. Das war schon so, als ich bei der Tageszeitung in meiner oberbayerischen Heimatstadt Schongau noch im Volontariat war – der Ausbildung zur Redakteurin. Die Wände, die das Büro meines Chefs vom Rest des Großraums abtrennten, waren aus Glas. Unter den Kollegen sprachen wir deshalb immer vom »Aquarium«.

Mein Chef sah mich also immer schon kommen, und mit der Zeit hatte er gelernt, meinen Ausdruck von weitem zu lesen. Irgendwann fing er an, verschmitzt zu grinsen, noch bevor ich mich an den Türrahmen lehnte.

»Dir steht das Abenteuer ins Gesicht geschrieben. Wo soll's denn dieses Mal hingehen?«

Obwohl meine Urlaubswünsche für ihn ganz bestimmt nicht immer einfach waren, stand er meinen Reiseträumen nie im Weg. Auch dann nicht, als ich zwei Jahre in Folge jeweils für fünf Wochen nach Thailand, Indonesien, Malaysia oder Osttimor aufbrechen wollte. Solange meine Urlaubstage ausreichten, die ich kräftig mit Sonntagsdiensten aufstockte, durfte ich losziehen.

Das hat sich auch mit meinem nächsten Chef in einer anderen Redaktion nach dem Volontariat nicht geändert. Danach wiederum habe ich als freie Redakteurin weitergeschrieben – mit dem Wissen, dass ich irgendwann in den nächsten eineinhalb Jahren zu meiner ersten ganz großen Reise aufbrechen wollte.

Ich hatte eine Weltreise im Kopf, aber noch keine Vorstellung, wo die mich hinführen sollte. Die Welt war doch so groß! Einmal im Jahr loszuziehen, für vier oder fünf Wochen, das war mir längst

nicht mehr genug. So oft war ich in der Stunde nach Sonnenuntergang an einem Strand oder irgendwo auf der Welt in den
Bergen gesessen – dann, wenn das Licht blau schimmert und die
Insekten der Nacht noch still sind. Ich liebte dieses Gefühl, so
weit weg zu sein. So fühlt sich das Abenteuer an, dachte ich. Jedes
Mal hatte ich mir dann gewünscht, nicht das Datum des Rück-
flugs im Kopf zu haben. Diese Rückflüge waren das Ablaufdatum
meiner Abenteuer. Ich wünschte mir, weg zu sein, ohne zurück-
zumüssen.

Mit diesem Gedanken im Kopf lernte ich jemanden kennen, der
diesen Traum schon einmal gelebt hatte: Felix. Er kam gerade
von seiner ersten Weltreise zurück. Mit jeder von Felix' Geschichten wusste ich ein klein wenig mehr, dass eine Weltreise
die richtige Entscheidung sein würde. Er erzählte mir von den
endlosen Weiten des Yukon und wie er zwischen den Bergketten
Kanadas 4.000 Kilometer als Anhalter unterwegs war. Wie ihm
am Straßenrand rohe Fische als Verpflegung zugeworfen wurden. Er erzählte von den schönsten Momenten in der Wildnis
und der großen Gastfreundschaft in Zentralamerika, aber auch
von den Schattenseiten: wie er in El Salvador nach Sonnenuntergang nicht mehr auf die Straße durfte, weil eine Bande dort am
Vortrag einen Jugendlichen abgestochen hatte. Und wie ein Erd-
beben in Guatemala seine Spanischschule zerstörte.

Dann erzählte ich ihm von meinem Geheimnis. Das mit der
Weltreise hatte ich bisher für mich behalten.

Er verstand mich sofort. »Vielleicht komm ich mit. Irgendwann nächstes Jahr, eventuell?«

Große Worte und ein noch größerer Schritt. Für ihn, für mich,
für uns beide. Wir lernten uns ja gerade erst kennen. Auf kleineren Reisen wollten wir vorher erproben, ob das funktionieren

könnte – wir beide und das Reisen zusammen. Mit Felix wander-
te ich durch endlos weite Sahara-Dünen in Marokko. Ein paar
Monate später brachen wir nach Südostasien auf.

Davor druckste Felix immer wieder rum. »Weißt du, bei mir
hat das ja nie funktioniert mit dem Zusammenreisen.«

Das wusste ich. Trotzdem war ich erschrocken darüber, wie
ernst und ehrlich er mich in diesem Moment ansah. Ich war still
und ließ ihn weiterreden.

»Natürlich hoffe ich, dass das mit dir anders ist. Ich glaube es
auch. Aber ich habe auch Angst davor.«

Nachdem unsere erste Tour durch Marokko atemberaubend
schön war und fünf Wochen Südostasien viel zu schnell vergin-
gen, beschlossen wir, uns langsam unsere Vorstellungen für eine
Weltreise auszumalen. Felix' zweite, meine erste. Jeder sollte für
sich überlegen – und dann würden wir entscheiden, ob wir gemeinsam ohne Rückflug aufbrechen wollten.

Als Datum für diese Entscheidung wählten wir meinen
Geburtstag im März 2015. Dann würde ich 22 sein, Felix 30.

Meine Gedankenmalerei für diese Weltreise fing unter der Weltkarte über meinem Bett an. Es faszinierte mich, wie riesig die
Welt ist – die echte, nicht die auf dem Plakat. Oft lag ich abends da
und stellte mir vor, was die Menschen in genau diesem Moment
woanders taten. Mein Blick schweifte dann in alle Richtungen.
Vom Westen bis in den Osten, hoch zum Polarkreis und ganz in
den Süden, zu den letzten Spitzen Land, bevor auf der Karte das
Packeis der Antarktis eingezeichnet ist. Ich malte mir aus, wie
Fischer ihre Angelruten in das Meer vor Alaska hängen ließen,
wie Kinder im Amazonas-Regenwald ihr Spielzeug aus dicken
Stämmen schnitzten. Wie Kinder in Asien bettelnd die Hände
ausstreckten, sobald Touristen an ihren Hütten vorbeifuhren,

und ihre Mütter unter dem Vordach Hühner rupften. Wie Inuit ganz im Norden in Iglus saßen und die Sonne nicht unterging. Wie Forscher an der Antarktis Pinguine beobachteten. Und zwischendrin, da wurde es manchmal ganz leer in meinen Gedanken, wenn ich die Länder auf meiner Weltkarte anschaute, aus denen ich noch keine Geschichten kannte. Ich konnte mir kaum vorstellen, was die Menschen dort in dieser Minute wohl machten, womit sie ihre Zeit verbrachten, was sie bewegte und wovon sie lebten. Dann wurde mir klar, wie wenig ich von der Welt doch wusste und wie viel es für mich noch zu entdecken gab.

Aus solchen Gedankenspielen heraus ist unser Vorhaben entstanden, zu Fuß durch die Mongolei zu laufen. Felix hatte bis zu diesem Zeitpunkt beinahe 60 Länder bereist und dementsprechend viele Menschen kennengelernt. Sein Netzwerk war riesig – trotzdem kannte er niemanden, der schon einmal in der Mongolei gewesen war. Das gibt's heute kaum noch – fast überall war schon mal irgendwer, fast überall gibt es Trampelpfade zu den entlegensten Ecken. Wege, Straßen, Autobahnen. Es schien, als wäre die Mongolei nicht nur für mich einer der weißen Flecken auf der Weltkarte. Eine eigene, verborgene Welt, über die ich bisher so gut wie nichts gehört hatte. Es gab viele alte Mythen, aber kaum neue Geschichten. Es gab gezeichnete Bilder aus der Zeit von Dschingis Khan, aber kaum echte Fotos. Für uns reichte das als Grund, das Land entdecken zu wollen. Hinzu kamen unberührte Natur und endlose Wildnis, viele Stückchen Erde, auf die teilweise noch nie jemand seinen Fuß gesetzt hat. Wir wollten uns auf die Suche machen nach diesem ungefilterten Lebensgefühl, wie man es nur in der Wildnis finden konnte. Wir wollten ins Nirgendwo.

So ist es dann passiert: Felix hat seine Festanstellung als Videoredakteur gekündigt, ich war selbstständig und musste mich

sozusagen nur abmelden. Mehr war ich niemandem schuldig.
Wir haben beide FREI in unsere Kalender eingetragen. Dahinter
einen Pfeil ohne Endmarkierung. Wir gingen auf Weltreise, und
die Mongolei sollte die wahrscheinlich größte Herausforderung
gleich zu Beginn sein. Der weiße Fleck auf der Weltkarte sollte
sich verwandeln in eine Fläche mit tausend Erinnerungen.

Der ersten Idee folgte das bekannte Kribbeln, wie immer, wenn
ich neue Abenteuer spinne, und es konnte mir nicht schnell genug gehen. Wir unterhielten uns darüber, dass man in einem so
wilden Land am besten vorankommt, wenn man sich auf nichts
anderes als auf sich selbst verlassen muss, und kamen schnell zu
dem Entschluss, dass wir als Selbstversorger durch die Mongolei
reisen wollten. Mit allem auf dem Rücken, was man zum täglichen (Über-)Leben so braucht. Und zu Fuß wollten wir reisen –
weil Straßen fehlen und wir gezwungen sein wollten, langsam
und ohne Eile unterwegs zu sein.

Allein bei dem Gedanken, mit meinem Rucksack durch die
endlose Steppe zu laufen und nicht zu wissen, wo wir das Zelt am
Abend aufschlagen würden, war ich schon aufgeregt. Ich stellte
mir vor, wie ich bei Sonnenuntergang an wunderschönen Orten
sitze und nach und nach immer mehr Sterne am Himmel auftauchen. Wie groß die Freiheit sein muss, wenn außer uns niemand
dort ist und wir die Wahl zu allem haben – weil niemand weiß,
was wir genau in diesem Moment tun.

Wir wägten kurz andere Möglichkeiten ab und überlegten
dann nicht mehr lange. Auf dem Bildschirm erschien es dann:

»München – Ulan-Bator.

Ihre Buchungsbestätigung erhalten Sie in Kürze per E-Mail.
Vielen Dank und eine gute Reise.«

Das Telefonat, das darauf folgte, würde kein einfaches sein. Ich
hatte diesen Moment möglichst lange rausgezögert. Wer freut

sich schon, wenn die Tochter geht und nicht weiß, wann sie wiederkommt? Und wenn sie sich dann noch eine Wanderung durch das am dünnsten besiedelte Land der Welt vornimmt? Jetzt, da das Datum für unsere Reise feststand, musste ich es meinen Eltern aber endlich erzählen.

»Ich habe einen Flug gebucht«, hörte ich mich sagen, als wäre ich nur Zuschauer dieser Szene.

Stille.

»Die Weltreise, oder?« Ganz neu war diese Idee für meine Eltern natürlich nicht. Wahrscheinlich hatten sie aber gehofft, es sei nur ein vorübergehendes Hirngespinst.

»Ja. In knapp drei Monaten geht's los. Ende August.«

Stille.

Ich erzählte ihnen kurz von der Mongolei und redete dann schnell weiter, um davon abzulenken. Ich sagte, dass wir danach nach Australien weiterfliegen würden. Diese zwei Flüge waren alles, was wir vorher festlegen wollten.

Meine Mama atmete tief ein, und sogar den Papa hörte ich im Hintergrund Luft holen.

Als sie dann wieder etwas sagte, war ihre Stimme belegt.

»Das ist ja wie dieser eine Extremsportler, du weißt schon: der alleine von Sibirien bis in die Wüste Gobi gelaufen ist.«

Ich erzählte ihr, dass es nicht so war. Weil wir zu zweit waren. Weil wir unsere Strecke so legen würden, dass wir immer wieder auf Menschen treffen. Weil wir nicht so weit laufen würden. Weil wir keine Extremsportler waren und auch keine Extremreisenden. Es gibt immer die, die Tausende Kilometer allein zu Fuß laufen oder mit dem Fahrrad einmal um die Welt fahren. Mit ihnen wollten wir uns nicht messen. Felix und ich sehnten uns vielmehr nach der Extraportion Abenteuer auf unseren Reisen. Das war es vielleicht auch, was uns von der großen Masse an Backpackern unterschied.

Die Ausmaße dieser Extraportion Abenteuer haben wir erst jetzt vor Augen, als die ungenaue Landkarte kaum Platz in meinem Zimmer hat und sich die eine Ecke an meinem Kleiderschrank nach oben schmiegt. Mit einem Rückzieher werden wir aber bestimmt nicht auf Schwierigkeiten reagieren. Ich habe keinen gemacht, bevor ich mit einer Berber-Familie und ihren Kamelen durch die Sahara gewandert bin, als ich 19 war. So eine Wüstenexpedition war ein langgehegter Traum von mir gewesen und einer von denen, über die ich mich selbst manchmal wundere. Wie komme ich nur auf so was? Und auch Felix hat keinen Rückzieher gemacht, bevor er von Seattle in den USA fast 2.000 Kilometer die zerrissene Küste bis nach Skagway in Alaska hochgesegelt ist.

Natürlich ist die Mongolei nicht Europa, wo die Wildnis nur bis zum nächsten Ort reicht und das nächste Auto meist näher ist als ein schöner Platz zum Zeltaufschlagen. Und natürlich ist die Mongolei nicht wie einige ihrer asiatischen Nachbarländer, in denen die Einheimischen schon so vielen Reisenden geholfen haben, wo es zu jeder Frage einen Wikipedia-Eintrag gibt und zu jedem Ort eine Bilderstrecke. Natürlich ist die Mongolei nichts davon. Obwohl all das keine Überraschung für uns ist, verschlägt es uns jetzt die Sprache. Denn wie schwierig das alles werden wird, vor welche Herausforderungen uns diese Reise stellen wird, das merkt man erst, wenn man sich konkret vorbereiten will. Und keine Antworten auf seine Fragen findet.

Nun sitzen wir da also, in meinem winzigen WG-Zimmer, Felix beugt sich auf dem Boden über die Landkarte, ich hocke mit dem Laptop auf dem Schoß auf meinem Bett. So einfach wie die grundlegende Überlegung ganz zu Beginn wird es hinterher nicht mehr werden. Die ist: Norden? Süden? Osten? Westen? Oder das Zentrum? Welche Region wollen wir durchwandern? Es dauert keine zehn Minuten, bis wir uns einig sind. Im Norden sind die wenigen geführten Exkursionen unterwegs, die vereinzelt über den einen oder anderen Reiseanbieter zu buchen sind. Damit fällt der Norden weg. Dasselbe gilt für das Zentrum der Mongolei. Das fällt auch weg. Der Süden ist die wohl lebensfeindlichste aller Regionen, denn dort ziehen sich die ausgetrocknete Steppe und die großen Sanddünen der Wüste Gobi durchs Land. Der Süden fällt weg. Der Osten ist wegen der Grenze zu China nicht immer ganz unkompliziert. Auf manchen Internetseiten kursiert das Gerücht, dass chinesische Militärkräfte immer wieder in der Grenzregion patrouillierten. Der Osten fällt also auch weg. Es bleibt der Westen mit seiner endlosen Weite, die von den Dünen der Wüste Gobi in saftiges Grasland übergeht und schließlich auf den schneebedeckten Gipfeln des Altai-Gebirges endet. Auch hierzu spuckt Google nur ein paar wenig aussagekräftige Bilder aus. Die scheinen von Fotografen zu sein und sprechen in schimmernden, fast unechten Farben für sich.

Wir falten unsere Landkarte so weit zusammen, dass nur noch der Westen ausgebreitet auf dem Boden liegt.

Die Entscheidung ist gefallen – und damit fängt es an, kompliziert zu werden. Je mehr wir überlegen und je konkreter wir unsere Pläne formen wollen, desto mehr Fragen kommen auf – und desto mehr Hindernisse ergeben sich, die uns immer und immer wieder zum Umdenken zwingen.

Ist man in einem so dünn besiedelten Land zu Fuß und ganz auf sich allein gestellt unterwegs, gibt es mehrere Voraussetzungen für die Routenplanung. Für uns sind das vor allem diese vier:

Damit unser Gepäck nicht noch schwerer wird, müssen wir permanent Zugang zu Trinkwasser haben. Das erspart es uns, dass wir davon zusätzlich viele Liter schleppen müssen.

Einmal die Woche müssen wir durch einen kleinen Ort kommen, um unsere Lebensmittelreserven aufzufüllen – und für den

Fall, dass einer von uns beiden zum Beispiel wegen eines medizinischen Notfalls Hilfe holen muss.

Der Startpunkt nahe des Flusses muss insofern für ein Fahrzeug zugänglich sein, dass uns ein Fahrer dort aussetzen kann.

Und zu guter Letzt: Wir müssen sicherstellen können, dass dieser Weg, den wir selbst erst erfinden, passierbar ist.

Auf unserer Karte malen wir einen großen roten Kreis um die Provinzhauptstadt Chowd. Luftlinie liegt sie etwa 1.200 Kilometer westlich von Ulan-Bator. Busverbindungen sind rar, fallen häufig aus, und wenn sie funktionieren, bedeutet das, mehrere Tage auf schlechten Straßen unterwegs zu sein, die es an manchen Stellen gar nicht mehr richtig gibt. Immer dienstags gibt es aber auch einen Flug von Ulan-Bator nach Chowd. Einmal dort angekommen, können wir uns einen Fahrer zu unserem Startpunkt nehmen.

Vielleicht ist es doch gar nicht so kompliziert, von dort aus unsere Route zu planen? Immerhin zieht sich fast überall Wasser durchs Land. Ein See, ein Fluss – beides. Wir müssen uns nur Orte raussuchen, die nahe am Wasser und in einer realistischen Entfernung zueinander liegen. Sofort fallen unsere Blicke auf Chjargas Nuur, einen See, der alle Kriterien zu erfüllen scheint: Er würde uns auf einer Strecke von gut 80 Kilometern Trinkwasser liefern. Er ist in guter Entfernung zu kleinen Orten, in denen wir unsere Vorräte wieder auffüllen könnten. Er ist mit einem Fahrzeug erreichbar, und die Uferlinie scheint flach zu sein – perfekt zum Laufen und Zelten. Als besonderes Extra grenzt Chjargas Nuur an den deutlich kleineren Airag Nuur, der wiederum von einem Fluss gespeist wird. An dem entlang könnten wir weiterlaufen.

Felix kreist verschiedene Orte und Etappenziele rings um Chjargas Nuur ein und schaut, ob die Entfernungen in etwa mit denen übereinstimmen, die unser GPS-Gerät ausspuckt. Ich durchforste verschiedene Seiten im Internet mit der Frage, wohin wir unser Endziel legen könnten. Und dann stoße ich zufällig auf diese eine Information, die unsere Landkarte nicht abbildet: Ein Großteil der Gewässer im Westen und Süden der Mongolei ist salzig. Süßwasser ist in manchen Regionen sogar so rar, dass Kamele die Fähigkeit entwickelt haben, Salzwasser zu trinken. Einer der Salzwasser-Seen: Chjargas Nuur. Das Grübeln über die Route, das Überlegen und Rechnen in den letzten eineinhalb Tagen - alles umsonst.

Und jetzt, mit dem Wissen, dass beinahe die Hälfte der Seen voll mit Salzwasser sind, ist die Karte zwar nicht weniger blau gesprenkelt, aber dafür zur Hälfte nutzlos.

Insgesamt braucht es einige Sitzungen über dieser viel zu ungenauen Landkarte und den verpixelten Satellitenaufnahmen von Google Earth, bis wir mit Chowd als Ausgangspunkt annähernd ein Gebiet eingrenzen können, das unsere vier Voraussetzungen erfüllt. Schließlich müssen wir uns eingestehen, dass uns all diese wenig zuverlässigen Infos nicht reichen, um eine Route festlegen zu können. Auf den Computerbildern versuchen wir anhand seiner Fließrichtung zu erkennen, ob der Fluss dem Salz- oder dem Süßwassersee entspringt. Wir kleben mit den Augen am Bildschirm, weil das Bild zu unscharf zeigt, ob zwischen Fluss und Bergflanke Platz ist zum Laufen. Und schließlich finden wir uns damit ab, dass diese Reise risikoreich sein wird. Wir sehen ein, dass diese Karte viel zu ungenau für unser Vorhaben ist, und recherchieren, was das Zeug hält, um eine bessere zu finden. Im Internet stoßen wir auf ein nicht öffentliches Archiv an alten Militärkarten und finden Patrick und Michael, die in einem kleinen, privaten Outdoor-Laden arbeiten und Zugang zu dieser Datenbank haben. Diese hundert Jahre alten kyrillischen Karten sind schließlich die Einzigen, die die Mongolei in einem brauchbaren Maßstab von 1:200.000 abbilden. Inklusive Topografie.

»Das ist die höchstmögliche Auflösung für dieses Gebiet«, sagt Patrick und wirkt ein wenig verzweifelt, als er anfügt, dass er einfach nichts Besseres finden konnte. Noch nicht einmal etwas anderes. Auch unsere Suche endet mit dieser Erkenntnis und Felix' resigniertem Resümee, dass er es in keinem der 60 Länder so schwer gehabt hat, an Kartenmaterial zu kommen.

Wir gleichen die kyrillischen Ortsnamen der alten Militärkarten mit denen auf der Google-Karte ab und hoffen schließlich, dass wir alles richtig übersetzt haben.

Dann haben wir endlich unsere Route, die den Westen der Mongolei von Süden bis in den Norden quert:

Von Ховд soll es mit einem Fahrer zu unserem Startpunkt Nahe Толбо gehen. Von dort über Буянт und Уужим weiter nach Өлгий. Von Өлгий nach Улаангом und weiter nach Тариалан сум. Und von da aus zu unserem allerletzten, großen Ziel dieser Reise: einem v-förmigen Bergsee, der auf der Militärkarte noch keinen Namen bekommen hat, auf den übersetzten Google-Karten aber »Khukh Nuur« geschrieben wird.

Und noch einmal für uns zum Aussprechen:

Von Chowd soll es mit einem Fahrer zu unserem Startpunkt Nahe Tolbo gehen. Von dort aus über Buyant und Sagsay oder Uujim, je nach Karte, weiter nach Ölgii. Von Ölgii nach Ulaangom und weiter nach Tarialan. Dann bis zum Bergsee Khukh Nuur.

Als ich die Route mit den Augen nachfahre, muss ich schlucken. Laut GPS werden das 300 bis 400 Kilometer Strecke sein. Wenn ich diesen Weg, gezeichnet mit wasserfestem Stift, vor mir sehe und ringsum all die kyrillischen Buchstaben und Namen, die ich nicht verstehe, die Landschaft, die eintönig in Beige und Grau eingezeichnet ist, schwindet mein üblicher Drang, sofort dorthin aufzubrechen. Anstatt wie vorher an die große Freiheit zu denken und daran, wie die Sonne über unserem Zelt untergeht, frage ich mich, ob die Landschaft in Wirklichkeit auch so fremd und leer sein wird. Ich kann mir nur schwer vorstellen, was in diesem Land auf uns wartet, von dem es kaum Kartenmaterial gibt, weil offenbar zu wenige Leute danach fragen. In dem große Flüsse keinen Namen haben, weil der für niemanden eine Rolle spielt. Noch schwerer fällt es mir, mich in die Lage zu versetzen, ausgesetzt zu sein. Nicht zu wissen, wo und wann wir die nächsten Menschen treffen werden. Dafür aber die ganze Zeit über von dem leben zu müssen, was wir noch in Deutschland in unsere Rucksäcke gepackt haben. Was packt man in seinen Rucksack, wenn man hinterher keine Chance mehr hat, Fehler zu korrigieren? Was nimmt man mit in ein Land, in dem Süßwasserseen so rar und so besonders sind, dass die Einheimischen sie teilweise sogar heiliggesprochen haben? Es ist doch normal, dass man aus neuen Situationen lernt und sich korrigiert. Was aber, wenn Lernen auf der Reise durch die Mongolei bedeutet, dass wir an etwas Essenzielles nicht gedacht haben?

Langsam dämmert es mir: Obwohl wir schon in vielen Ländern unterwegs waren, ist nichts davon vergleichbar mit dem, was Felix und ich uns jetzt vorgenommen haben. Und auch Felix kann nicht mehr verbergen, dass er die eine oder andere Sorge im Kopf hat.

Er zögert. »Wir müssen bald mal darüber sprechen, dass auch was passieren kann.«

Ich habe gehofft, dass das irgendwann von ihm kommt. Weil ich denselben Gedanken schon hatte, mich aber nicht getraut habe, ihn auszusprechen. Einerseits weil ich befürchtet habe, dass der Gedanke dann – warum auch immer – eher wahr werden könnte. Andererseits auch deswegen, weil Felix nicht denken sollte, ich könnte kalte Füße bekommen. Viele seiner Abenteuer in Nord- und Zentralamerika oder auf dem Ozean hat er nur erlebt, weil er den Mut dazu hatte und die Zähne zusammengebissen hat. Der Ausgang dieser Abenteuer war einzig und allein von ihm abhängig. Das ist dieses Mal anders. Genau deswegen geht es mir gerade ähnlich wie vielen Menschen, die in einer noch jungen Beziehung sind: Sie wollen gut dastehen vor ihrem Partner und möglichst wenig Schwächen zeigen. Vor allem wollen sie nicht im Weg stehen, wenn es auch um die Träume des anderen geht. Früher oder später wird diese Reise aber sowieso alle Schwächen, die Geheimnisse und Sorgen aufdecken – das ahne ich schon jetzt. Einfach deshalb, weil wir sie auf drei Quadratmetern Zelt nicht länger verbergen können. Umso wichtiger, dass wir jetzt ehrlich miteinander sind.

»Ich weiß. Ich habe Angst davor, was passieren wird, falls sich dort einer von uns schwer verletzt.«

Ich strenge mich an, damit mir mein Gesichtsausdruck nicht entgleist. Kein schüchternes Lächeln, keine Sorgenfalte.

Der schlimmste Gedanke ist, dass wir im ungünstigsten Fall mehrere Tagesmärsche vom nächsten Ort entfernt sein werden. Wir stehen jetzt vor der Herausforderung, solche Situationen realistisch einzuplanen, um gut vorbereitet zu sein. Gleichzeitig müssen wir aufpassen, dass wir es nicht übertreiben mit den Sorgen. Der Leichtsinn muss verschwinden, die Leichtigkeit bleiben. Das gilt für gesundheitliche Notfälle genauso wie für Beziehungsangelegenheiten. Sich wochenlang ausschließlich aufeinander zu verlassen, niemand anderes um Rat fragen zu können, kaum eigenen Platz zu haben – weder körperlich noch für eigene Launen und Gedanken: Das allein ist genug Herausforderung für eine Beziehung. Vor allem dann, wenn man vorher noch nicht einmal zusammen gewohnt hat, sondern immer die Option hatte, sich in die eigenen vier Wände zurückzuziehen. Man könnte sich fragen, ob diese Reise zu früh für uns ist.

Bei diesem Marsch durch den Westen der Mongolei kommt außerdem ein weiterer, ganz entscheidender Aspekt hinzu, den es auf unseren bisherigen Reisen noch nie gab: Es wird unterwegs keine Möglichkeit geben, kurzfristig getrennte Wege zu gehen. Alles, was wir zum Überleben brauchen, haben wir nur einmal dabei. Das müssen wir uns vorher klar machen: Egal, was passieren wird – wir müssen gemeinsam bis zum Ende durchhalten.

Wir unterhalten uns viel darüber und versuchen, diesen Punkten möglichst rational gegenüberzustehen. Wir beide sind Menschen, die großen Freiraum brauchen. Zeit, um zu reflektieren. Felix sogar noch mehr als ich. Was wird passieren, wenn wir uns diesen Freiraum nicht mehr nehmen können? Nie weit voneinander entfernt sein können? Diese Fragen stellen wir uns immer und immer wieder, bis wir zu einem harten Entschluss kommen: Es wird nur zwei Möglichkeiten geben. Entweder, diese mehr oder weniger erzwungene Nähe schweißt uns noch enger zusammen – oder unsere Beziehung wird dort ein Ende finden. Und genau für Letzteres brauchen wir einen Plan. Der soll auf ganz rationale Art und Weise auch dann noch funktionieren, wenn wir es aufgrund unserer Emotionen nicht mehr tun. Wir beschließen, noch vor unserem Abflug unseren eigenen, ganz persönlichen Masterplan aufzustellen.

2. KAPITEL

EIN PROBEMARSCH
AN DER ISAR

Es hat 34 Grad im Schatten, als wir uns entscheiden, unsere Rucksäcke so schwer wie möglich zu packen und damit an der Isar entlangzustapfen. 20 Kilometer hoch, dann wieder 20 Kilometer runter. Dieser Sommer stellt täglich neue Hitzerekorde auf, und an manchen Stellen in der Stadt, da, wo die Straßen besonders eng und die Häuser umso dichter gebaut sind, steht die Luft regelrecht. Die Hitze schlägt mir wie ein Brett gegen die Stirn, als ich mit meinem Fahrrad den Giesinger Berg hinunterrolle, um die letzten Dinge für diesen Probemarsch zu besorgen. Diese Strecke bin ich in den vergangenen sechs Wochen gefühlt täglich hin und her gefahren. Wohnung – Outdoorladen – Wohnung – Outdoorladen – Wohnung – Outdoorladen – Wohnung. Dort verbringen Felix und ich gerade die meiste Zeit, die Verkäufer sehen wir öfter als unsere Freunde. Vermutlich finanzieren wir mit dem Kauf der neuen Ausrüstung auch deren nächste Reise.

Immer wenn ich unser Vorhaben beschreibe, merke ich, dass es nicht nur sperrig klingt, sondern sich auch niemand wirklich etwas darunter vorstellen kann. Das geht los bei manchen der enthusiastischen Verkäufer im Outdoorladen und weiter mit anderen Kunden, die nebenan am Regal stehen und ab bestimmten Stichworten heimlich lauschen.

»Das bedeutet, dass wir zu zweit und völlig auf uns alleine gestellt durch den Westen der Mongolei laufen werden. Mit allem, was wir zum Überleben brauchen, und so, dass wir abends völlig unabhängig unser Zelt aufschlagen und Essen zubereiten können.«

Während ich diesen langen Satz mittlerweile wie im Schlaf herunterbete, werden die Augen meiner Zuhörer von Wort zu Wort größer. Gut. Dann haben sie endlich genau verstanden, was es mit unserer »Selbstversorger-Tour fernab der Zivilisation« auf sich hat. Gleichzeitig sehe ich förmlich die Fragen, die sich in ihren Köpfen formen. Bevor sie damit loslegen können, füge ich am Ende meistens noch an: »Wir wissen nicht, wie oft wir auf andere Menschen treffen werden.«

Spätestens dann verschlägt es ihnen die Sprache. Fast.

»Aber wie findet ihr denn eure Wege?«

»Aber wie wisst ihr denn, ob ihr genug zu essen dabei habt?«

»Aber wie versorgt ihr euch denn, wenn einer krank wird?«

»Aber – warum macht ihr das überhaupt?«

Die Sache ist: Viele von all den Fragen, die uns immer wieder gestellt werden, können auch wir nicht mit Sicherheit beantworten – weil eben auch wir auf unseren bisherigen Reisen noch nichts Vergleichbares unternommen haben. Vielmehr waren es während dieser Reisen ab und an ein paar wenige Tage am Stück, an denen wir mit unseren Rucksäcken Etappe für Etappe irgendwo hingelaufen sind. Spätestens an jedem zweiten Abend waren eine Hütte oder sogar eine Ortschaft das Tagesziel – nicht vergleichbar mit dem, was wir uns für die Mongolei vornehmen. Dementsprechend spärlich fallen unsere fundierten Antworten aus und auch unsere Ausstattung an Camping-Equipment.

Drei Wochen vor Abflug in die Mongolei haben wir noch kein Zelt, das Orkanböen und Hagelschauern trotzt. Keine Regensachen, die mindestens genauso dicht halten. Keine Schlafsäcke, die uns auch in den kältesten Nächten vor dem Erfrieren schützen. Und keinen Kocher, auf dem wir uns einmal am Tag eine warme Mahlzeit zubereiten können.

Das Essen ist der andere große Punkt, wegen dem wir immer wieder fragend im Outdoorladen stehen. Den Weg zu dem Regal, das zwischen all den anderen am meisten überzuquellen scheint, könnte ich mittlerweile wahrscheinlich auch blind laufen: Nach dem Haupteingang immer links halten, an den Rucksäcken und Taschen vorbei, dahinter stehen Campinggeschirr, Töpfe, Trinkflaschen und Kocher aufgereiht über die ganze Breite des Raums nebeneinander. Danach kommen GPS-Geräte und Stirnlampen – und dann schließlich, im Eck hinten links, das völlig überfüllte Regal mit Nahrungsmitteln: Energiemüsli aus sieben verschiedenen Kornarten reiht sich an Kalorienriegel in 15 verschiedenen Geschmacksrichtungen. Daneben: Linsen- und andere Eintöpfe sowie Mini-Portionen Spaghetti Bolognese und Penne Carbonara. Alles wenig appetitlich in Pulverform, versteht sich. Nebenan kommen die Fächer mit Abendessen, und die Auswahl an Gerichten ist größer als die Speisekarte eines durchschnittlichen Restaurants. Es gibt sogar Thai-Curry mit Hühnchen und indisches Tikka Masala. Als ich mir ein Päckchen näher anschauen will und es aus dem Regal ziehe, fallen mir auch alle von ringsum entgegen. Auf dem Boden stehe ich in den letzten Bröseln von irgendeinem Pulver-Abendessen, das offenbar zuvor schon jemandem runtergefallen ist. Als wäre die Auswahl noch nicht groß genug, baumeln weitere Riegel und Suppentüten an Schnüren vor unseren Nasen rum.

Ich weiß gar nicht, wo ich anfangen soll zu denken und zu schauen, und komme zu dem Entschluss: Kalkulieren und Kalorien-Rechnen muss einem Spaß machen. Ansonsten geht niemand glücklich aus diesem Laden.

Es bedarf einige Ansätze, um das Ergebnis für diese Aufgabe auszuklügeln: Wie viel Essen für drei Mahlzeiten täglich muss man mitnehmen, damit zwei Personen abends nach einem Tag zu Fuß durch die Wildnis satt in die Schlafsäcke fallen? Man kalkuliere mit ein, dass man ungefähr einmal die Woche die Möglichkeit haben wird, den Bestand wieder aufzustocken.

Dieses erste Ergebnis pro Wandertag rechne man dann auf ungefähr fünf Wochen hoch und addiere ein paar Reservemahlzeiten. Reicht es, für die Reservemahlzeiten einfach aufzurunden?

Schließlich folgt eine zweite, dritte, vierte und fünfte Kontrolle: Stimmt das Ergebnis? Stimmt es wirklich?

Und dann eine allerletzte: Können wir das alles überhaupt schleppen?

Wenn die Antwort »Ja« ist und man auf eine voraussichtlich nicht ganz falsche Ration an Nahrungsmitteln gekommen ist, steht man eben vor diesem riesigen Regal und kann sich nicht entscheiden.

Der eine Kalorienriegel ist zwar nahrhafter, wiegt aber deutlich mehr als der andere. Im einen ist Schokolade, die früher oder später im Rucksack schmelzen wird. Und beim Thema gefriergetrocknete Astronautennahrung blicken wir sowieso kaum durch. Wie können 200 Gramm Pulver zwei Personen sättigen? Das Paar auf den Verpackungen täuscht eine unglaubwürdige Lagerfeuerromantik vor und hat mehrere Töpfe vor sich stehen. Ich kaufe ihnen ihr Strahlelächeln beim Blick auf die Teller nicht wirklich ab.

Zu all diesen Fragen kommen zwei weitere Themen, die uns schlaflose Nächte bescheren.

Da ist zum einen das Klima. In den Breitengraden im Westen der Mongolei schwanken die Temperaturen im Spätsommer nicht selten zwischen 0 und 27 Grad Celsius. Während die Sonne genug Kraft hat, um die Luft tagsüber aufzuheizen, wird es sehr schnell sehr kalt, sobald sie untergegangen ist. Dann macht sich die durchschnittliche Höhe von 1.600 Metern über dem Meeresspiegel bemerkbar: Die Luft kühlt ab, der Wind frischt auf. Nachts müssen wir uns auf Temperaturen um den Gefrierpunkt einstellen, und das nicht gerade selten. In diesen Tagen googeln wir immer wieder verschiedene Wetterseiten und lassen uns die Vorhersage für Chowd anzeigen. Gestern oder vorgestern war es, da stand neben einer kleinen, grauen Flocke: Schneegestöber, −7 Grad.

Das andere Problem: Der Mongolei fehlt es an Kleinigkeiten, die in anderen Ländern völlig selbstverständlich sind. Zum Beispiel Gaskartuschen, mit denen ein Campingkocher funktioniert. Und Zapfsäulen mit Benzin, die eine Alternative zu den Gastkartuschen wären. Was ist die Alternative der Alternative?

Das Durcheinander in unseren Köpfen ist endlos, und fast jedes Mal, wenn ich davon erzähle, fällt mir ein neuer Punkt ein, um den wir uns noch kümmern müssen. Es ist ein Chaos auf dreieinhalb handgeschriebenen DIN-A4-Seiten. Unter dem Punkt »Alternative zu Benzinkocher?« steht zum Beispiel Folgendes:

»Solar-Ladegerät für GPS-Batterien?«
Hintergrund: Diese winzige Solarzelle lädt sich mit jedem Sonnenstrahl auf. Mit verschiedenen Adaptern lassen sich anschließend zum Beispiel die Batterien für unser GPS-Gerät oder die Stirnlampen laden. Aber: Lohnen sich diese 300 Gramm Gewicht überhaupt, wenn die Sonne vielleicht oft nicht scheinen wird?

»Tollwut-Impfung?«

Hintergrund: Vor allem in kleineren Orten leben viele Straßenhunde, heißt es in Foren. Außerdem gebe es Steppenfüchse und Fledermäuse, die Tollwut übertragen können. Eventuell. Denn auch den Tropenarzt mit den weißen Haaren und den winzigen kreisrunden Brillengläsern, die kaum größer sind als seine Augen, lässt die Mongolei etwas ratlos auf seinem Drehstuhl sitzen. Obwohl er auf diesem Stuhl bestimmt schon 30 Jahre lang Wissen gesammelt hat.

»Risiko ist da«, sagt er und blättert einige Seiten in einem dicken Wälzer um.

»Mehr steht da nicht.«

Knappe Informationen, knappe Antwort.

Die Liste ist endlos und die letzten Wochen waren voller Fragen. Antworten kamen selten hinzu. Trotzdem streichen wir auf den dreieinhalb DIN-A-4-Seiten immer mehr Zeilen durch. Vor allem wegen Entscheidungen, die wir nicht mehr länger aufschieben konnten. Die helfen uns immerhin, um ein paar der Baustellen gedanklich abzuhaken.

Entscheidung getroffen = Sorge weniger.

Das trifft auf den Punkt »Solar-Ladegerät?« zu (nein), auf die Tollwut-Impfung (ja), auf unser neues Zelt, die warmen Schlafsäcke und einen der wenigen Camping-Kocher auf dem Markt, die nicht nur mit Benzin oder Diesel, sondern auch mit jedem anderen Fusel kochen können, der irgendeinen Brennstoff in sich hat. Es fühlt sich gut an, die lange Liste an Aufgaben, Besorgungen und Entscheidungen nach und nach schrumpfen zu sehen. Das handgeschriebene Chaos lichtet sich – wenn auch sehr langsam –, und neben unsere Rucksäcke stellen wir nun immer mehr Dinge, aus denen wir unser Überlebenspaket für die Mongolei schnüren werden.

Mittlerweile mussten wir damit in Felix' größeres WG-Zimmer umziehen, weil meine 13 Quadratmeter nicht mehr ausgereicht haben. Auch das stimmt mich nachdenklich: Wenn die Sachen nicht in mein Zimmer passen, wie soll ich sie dann mit meinen 1,67 Metern Körpergröße durch die mongolische Wildnis tragen? Die Antwort kann mir nur Erfahrung liefern. Und weil wir keine Chance haben werden, unsere Fehler später noch zu korrigieren, fassen wir an diesem Donnerstag, an dem mir bei 34 Grad im Schatten der heiße Fahrtwind wie ein Brett gegen die Stirn schlägt, den Entschluss zu unserem Probemarsch an der Isar. Der soll unsere Generalprobe für den Alltag in der Mongolei sein. Zwei Wochen, bevor der Flieger nach Ulan-Bator mit uns an Bord abheben wird.

Wir haben große Erwartungen. Nämlich die, dass uns diese Generalprobe alle Sorgen nehmen und uns gleichzeitig die nötige Bestätigung liefern wird, um guten Gewissens ins Flugzeug zu steigen. Gleich morgen früh wollen wir loslaufen und unser Zelt abends bei einem Bauern auf dem Feld nicht weit vom Flussbett aufschlagen. Nach einem Probeabendessen, einer Probenacht und einem Probefrühstück wollen wir zurücklaufen. Glücklich, versteht sich.

An diesem nächsten Morgen bin ich aufgeregt. Bevor wir zu unserem Startpunkt aufbrechen, bereiten wir uns gut vor. Wir gehen schließlich davon aus, dass wir auch in der Mongolei gut vorbereitet sein werden, und wollen dieselbe Ausgangslage für einen erfolgreichen Probemarsch schaffen. Wir legen den Startpunkt auf eine Stelle nördlich von München, wo auf dem Weg die Isar entlang weniger Menschen unterwegs sein werden als es im und um das Zentrum der Fall ist. An so einem heißen, wolkenlosen Sommertag gleicht das Ufer dort dem Badestrand in Rimini.

Wir nehmen all die Dinge mit, auf die wir uns auch in der Mongolei zu einhundert Prozent verlassen können müssen: Wanderschuhe, Zelt, Schlafsack, Kocher, Geschirr und Tropfen, die Flusswasser in Trinkwasser verwandeln. Und dann noch ein paar Dinge, die extra Gewicht schaffen: Nudeln, Müsli und Reis in Mengen, wie wir sie in der Mongolei zwar auf keinen Fall dabei haben werden, die aber als Übungsmaterial die Rucksäcke schwerer machen sollen. Die Rucksäcke wiegen jetzt etwa 17 und 22 Kilo. Insgesamt wollen wir damit während unseres Probemarschs rund 40 Kilometer laufen, so haben wir auf unserem GPS-Gerät auch die Strecke in der Mongolei eingeteilt. Mehr wollen wir uns nicht vornehmen, um realistisch zu bleiben.

Und dann laufen wir los. Wir setzen die ersten kleinen Schritte. Ich konzentriere mich und versuche, jedes kleinste Signal wahrzunehmen, das mir mein Körper in diesen Momenten sendet. Mit einem Rucksack, der halb so groß ist wie ich selbst und ungefähr ein Drittel von meinem eigenen Körpergewicht wiegt, lange Strecken am Tag zu laufen, ist natürlich eine Belastung für Knie, Hüfte und Rücken. Und wahrscheinlich für viele andere Gelenke und Knochen. Bei diesen ersten Schritten höre ich deswegen, so gut ich kann, in mich rein – vielleicht zu sehr, denn schon beginnt es an verschiedenen Stellen, zu zwicken. Es fühlt sich an, als würde mich jemand hinten am Rucksack festhalten und in Richtung Boden ziehen. Ich lehne mich mit meinem Oberkörper dagegen und stütze mich auf meine Wanderstöcke, um das schlecht gepackte Gewicht auf meinem Rücken auszubalancieren. Dabei bin so mit meiner eigenen kleinen Welt beschäftigt, dass ich jedes Zeitgefühl verliere. Mir fällt auf, dass Felix genauso still neben mir läuft und wir uns gegenseitig nicht mehr beachtet haben, seit wir am Parkplatz

losgegangen sind. Wie lange sind wir schon unterwegs? Wie
viel der Strecke haben wir schon geschafft? Als würden wir in
diesem Moment beide dasselbe denken, bleiben wir gleichzeitig stehen und schauen uns an. Felix blickt auf die Uhrzeit, die
unser GPS-Gerät anzeigt – natürlich haben wir auch das mit an
die Isar genommen –, und wirft mir einen entsetzten Blick zu.
Wir sind gerade einmal zehn Minuten unterwegs und haben
500 Meter hinter uns gebracht.

500 Meter in zehn Minuten!

Bisher wusste ich nicht, dass es möglich ist, sich so langsam
fortzubewegen, ohne zur Seite umzufallen. Wir haben uns
gefühlt wie Abenteurer auf ihren ersten Schritten – mit den
riesigen Rucksäcken, dem Gewicht auf unseren Schultern, der
Hitze im Nacken, den Insekten, die gerade wie in tropischen
Ländern auch tagsüber zirpen, und dem Überlebens-Equipment. Für alle anderen haben wir aber wahrscheinlich ganz
anders ausgesehen: nämlich sehr langsam, fast schleichend,
und gebückt vom Gewicht auf unseren Rücken. Diese Vorstellung ist so absurd, dass ich nicht anders kann, als laut loszulachen. Felix und ich schauen uns an, schütteln die Köpfe. Und
endlich fangen wir an, das Ganze für einen Moment mit Humor zu nehmen. Wir lachen darüber, wie viel Druck wir uns
doch selbst machen und wie verbissen wir versuchen, unseren Vorstellungen von taffen und zähen Wanderern zu entsprechen. Für kurze Zeit haben wir die Hoffnung, dass nichts
schiefgehen kann, wenn wir der Sache nur entspannt gegenüber stehen. Nur nicht zu viel denken! Doch das funktioniert
nicht lange.

Auch auf dem nächsten Streckenabschnitt reden wir kaum miteinander, sind komplett mit unseren eigenen Gedanken beschäftigt. Still stapfen wir vor uns hin und trauen uns kaum, auf den

Entfernungsmesser auf dem GPS zu schauen. Dann tun wir es doch. Und mit den 3,4 Kilometern, die in der Sonne auf dem Display kaum zu erkennen sind, bröckelt unsere Euphorie. Das unbeschwerte Gefühl, das wir für drei Kilometer hatten, verpufft, und alle Sorgen kommen zurück. 3,4 Kilometer, die schon jetzt den Rucksack auf meinen Hüften scheuern lassen. Mindestens das Doppelte müsste es sein, so fühle ich mich. Ich will gar nichts dazu sagen, sondern die Zähne zusammenbeißen und einfach weiterlaufen. Felix aber bleibt stehen. Weil es so nicht funktionieren wird. Wenn wir schon jetzt die Zähne zusammenbeißen müssen, auf einem knapp fünf Meter breiten und gut präparierten Kiesweg ohne einen einzigen Meter an Steigung oder Gefälle, werden wir in der Mongolei nach ein paar Tagen vor unserem Zelt sitzen und nicht weiterkönnen.

»Was glauben wir eigentlich?« Felix schaut mich mit schmalen Augen an und rammt seine Wanderstöcke in den Boden. »Dass wir uns die Rucksäcke überwerfen und pfeifend und singend losmarschieren?«

Er ist sauer. Auf sich. Auf mich. Weil bis jetzt niemand von uns beiden klug genug war, um die Situation und unser Vorhaben besser einzuschätzen. Ich weiß, dass er recht hat, will ihm aber trotzdem widersprechen, weil das sonst bedeutet, dass wir unsere Route, über der wir so lange gebrütet haben, wieder umplanen müssen. Mit dem schweren Gepäck, all dem Essen, das wir tragen müssen, ist es unrealistisch, sich für jeden Tag 20 Kilometer oder mehr vorzunehmen. Dort wird es ja noch nicht einmal feste Wege geben. Unsere Sorgen vom ersten Morgen auf dem Bett in meinem WG-Zimmer sind gerechtfertigt. Wir waren zu überheblich und kommen uns blöd vor, wie wir hier stehen. An der Isar, schwitzend, mit roten Köpfen und der Erwartung, der Probemarsch würde uns alle Sorgen nehmen. Schließlich sind wir Wandern doch mehr als gewohnt – fast jedes Wochenende zieht es uns in die Berge, nicht selten auf 3.000 Meter Höhe. Stattdessen lehrt uns dieser Moment aufs Neue, dass diese Reise nicht mit allen anderen vergleichbar ist, die wir vorher unternommen haben. Auf die haben wir uns so gut wie gar nicht vorbereitet, weil es nie nötig war. Natürlich ist das dieses Mal anders. Wir dachten wohl, allein die Tatsache, dass wir uns vorbereiten, würde schon ausreichen. Das »Wie« spielt aber eine mindestens genauso große Rolle.

Wir fluchen, schimpfen über uns selbst, fassen uns an die Köpfe und sind dann plötzlich unendlich froh, dass wir es immerhin jetzt merken. Zwei Wochen vor Abflug – ob das früh oder spät ist, ist Auslegungssache. Immerhin kommt uns diese Erkenntnis an der Isar und nicht dem mongolischen Fluss, dem noch nicht einmal irgendwer einen Namen gegeben hat.

Wir atmen tief durch und ändern auch den Plan, den wir uns für den Probemarsch überlegt haben. Weitere 17 Kilometer wollen wir auf keinen Fall mehr laufen. Ehrlich gesagt, hätten wir auch nichts davon, weil die Strecke plötzlich sowieso nicht mehr realistisch scheint. Wir marschieren so lange weiter, bis wir eine schöne Wiese gefunden haben, auf der wir unser Zelt aufschlagen dürfen. Das ist der neue Plan. Trotzdem wollen wir darauf achten, dass wir mindestens zehn Kilometer schaffen und am nächsten Tag diese Strecke wieder zurückgehen. In der Mongolei werden es nach der neuen Planung mindestens 15 Kilometer pro Tag sein müssen. Besser ist es deswegen, schon jetzt zu merken, wo der Schuh drückt.

Ich lasse meinen Rucksack ins hohe Gras fallen und mich daneben. Auf unserem GPS stehen elf Kilometer, die wir gelaufen sind. Ich dachte, die Zahl über zehn würde nie erscheinen. Hätte ich die Wahl, würde ich genauso sitzen bleiben – an den

Rucksack gelehnt, die Beine ausgestreckt, die Arme hängen ohne jede Spannung einfach nach unten, die nassen Stellen auf meinem T-Shirt lassen genau erkennen, wo welcher Riemen des Rucksacks saß. Ganz ehrlich? Ich bin fix und fertig. Zum Ausruhen ist es aber noch zu früh. Wir friemeln das Zelt mit all seinen Leinen auseinander und schlagen es auf. Wir pusten beide Luftmatratzen auf und die Kissen. Wir verstauen unser Gepäck im Vorzelt, ein für uns wichtiges Extra. Das Vorzelt werden wir in der Mongolei brauchen, um bei Regen und Sturm kochen zu können und das Gepäck und Equipment einigermaßen trocken zu halten.

Danach geht's endlich ans Abendessen. Wir haben Spaghetti dabei und Soßenpulver und natürlich unseren Campingkocher. Wir haben einen halben Liter Benzin in die passende Brennstoffflasche gefüllt und für dieses Mal ausnahmsweise die Bedienungsanleitung dazu gepackt, die knapp zwei Zentimeter dick, handtellergroß und winzig klein geschrieben ist. In der Theorie scheint aber alles ganz einfach: Aufsatz auf die Benzinflasche schrauben und mit dem Kocher verbinden, Benzinflasche hinlegen und unter Druck setzten. Ungefähr 40-mal pumpen und mit dem Brennstoff den Adapterschlauch füllen. Ventil auf, kurz vorheizen, Ventil zu, kurz warten, Ventil auf, Streichholz ran. Topf drauf, Nudeln kochen, essen.

So weit, so gut – eine Viertelstunde später treibt mich die Praxis zur Verzweiflung. Ich lese nach.

»Mit der Zeit gewinnt man ein Gefühl dafür. Gehen Sie vorsichtig vor, während Sie sich mit dem Kocher vertraut machen.«

Was hatte der Verkäufer im Laden noch gesagt? »So ein Benzinkocher ist nicht ganz unkompliziert. Vorheizen ist wichtig, aber das kriegt ihr schon raus.«

Kriegen wir nicht. Und das Schlimmste neben dem Hunger: Weder ich noch Felix wissen, was wir falsch machen. Die Flamme im Kocher flackert höchstens kurz auf, bevor sie dann wieder ganz ausbleibt. Egal wie oft wir in der Bedienungsanleitung nachlesen und selbst rumprobieren: Wir kriegen den Kocher nicht zum Kochen. Die Nudeln bleiben also hart, und das Einzige, was wir als Alternative zum Essen dabei haben – auch hier wollten wir den Probemarsch möglichst realistisch gestalten – sind Haferflocken. Trocken, eingeweicht in kaltes Isarwasser.

»Warum muss alles so scheiße laufen?«

Es ist zu viel Mist passiert, als dass ich die Fassung bewahren könnte.

»Jetzt sitzen wir hier, sind völlig fertig und sogar zu blöd, den Kocher anzuschmeißen.«

Felix sagt gar nichts. Wahrscheinlich weiß er gerade selbst nicht weiter. Das passiert nicht oft, aber ich habe keine Lust, ihn drauf anzusprechen.

Es ist, als sollte uns dieser einzige Marsch die Isar entlang alles auf einmal vor Augen führen, was auch in der Mongolei schiefgehen kann: Wir legen die Strecke falsch, überschätzen uns. Wir haben kaum was zu essen, weil der Kocher nicht funktioniert. Und als wäre das noch nicht genug, liege ich die ganze Nacht mit Bauchkrämpfen im Zelt. Ich weiß nicht, was los ist, und habe in dieser Nacht viel zu viel Zeit zum Nachdenken. So elendig, wie ich mich gerade fühle, wünsche ich mich in ein richtiges Bett. Hauptsache, raus aus dem blöden Zelt. Raus aus dieser schwülen Luft, die nach Plastik riecht. Weg von dieser Wiese, deren Feuchtigkeit die Zeltwände hochkriecht. Dasselbe machen auch die Nacktschnecken. Das Wissen, dass ich von meinem Bett und der Toilette gar nicht so weit weg bin, macht alles nur noch schlimmer. Denn bald werde ich davon etwa 6.000 Kilometer Luftlinie entfernt sein, und es wird sich anfühlen wie eine Unendlichkeit. Jetzt könnte ich sogar noch jemanden anrufen und bitten, mich an der nächsten Straße einzusammeln. Auch das wird in der Mongolei nicht möglich sein.

Ich drehe mich zu Felix rüber, der ruhig schläft. Zum Glück bekommt er nicht mit, wie ich hier liege und grüble. Zum Glück kann er meine Gedanken in diesem Moment nicht lesen. Ich versuche, diesen einen Gedanken immer wieder beiseitezuschieben, mit dem nächsten Krampf im Bauch schaffe ich es aber nicht mehr: Ich fühle mich schlecht und wünschte, wir hätten nie beschlossen, durch die Mongolei zu laufen. Mir wächst das alles über den Kopf, und ich habe Angst, dass unser Vorhaben viel zu groß für uns ist.

Ich will diese Reise nicht mehr.

Diese Erkenntnis bringt mich in dieser Nacht fast um den Verstand. Weil es dafür längst zu spät ist. Weil es kein Zurück mehr gibt. Weil wir dort sein müssen, um dann den Flug von Ulan-Bator nach Sydney zu nehmen. Weil ich so sehr ein Abenteuer erleben möchte. Weil ich mich auf keinen Fall traue, diesen Gedanken mit Felix zu teilen. Ich will nicht, dass es ihm zu schaffen macht. Und insgeheim habe ich Angst, dass ich damit auch ihm die Motivation nehmen würde. Wenn einem die Kraft fehlt, muss der andere doppelt stark sein.

Mit dem Sonnenaufgang am nächsten Morgen sind die Bauchkrämpfe vorbei. Die eingeweichten Haferflocken kriege ich trotzdem nicht runter. Ich bin kaputt von all den Gedanken in der Nacht und weiß nicht, wie ich heute elf Kilometer mit 17 Kilo auf meinem Rücken laufen soll. Wieder hat es 34 Grad im Schatten, und ich fühle mich so schwach, dass ich kaum das Zelt in die kleine Tasche stopfen kann. Liegt wahrscheinlich auch daran, dass ich seit gestern Morgen kaum was gegessen habe.

»Nimmst du mir bitte was von meinem Gepäck ab?«

Die Frage kostet mich Überwindung. Natürlich weiß Felix von den Bauchschmerzen in der Nacht. Nicht aber davon, dass ich diese Reise nicht mehr machen möchte. Wieder und wieder schießt mir dieser Gedanke auf dem Rückweg durch den Kopf, und ich kann mir kaum vorstellen, dass Felix davon nichts mitbekommt. Er müsste doch zumindest merken, dass etwas los ist. So gut kennen wir uns definitiv. Vielleicht will er es ja auch nicht merken.

Zu allem Überfluss werden wir auf dem Rückweg mehrmals auf unser Vorhaben angesprochen.

»Oh, wo wollt ihr denn hin, so schwer bepackt?«

Wir halten an und stehen zwei älteren Damen gegenüber, die den Samstagvormittag für ihre regelmäßige Walking-Einheit nutzen. Zwei Wanderer mit so großen Rucksäcken treffen sie dabei wohl eher selten an der Isar.

»Lauft ihr zwei damit etwa durch ganz Deutschland? Wie lange seid ihr denn unterwegs?«

»Nein, nicht durch ganz Deutschland. Genau genommen kommen wir aus München und laufen heute auch nur dahin zurück. In zwei Wochen laufen wir aber durch den Westen der Mongolei.«

»Oh, die Mongolei! Das ist ja ... Das ist ja in der Nähe von ... Das ist ja ganz schön weit weg.«

Wir nicken. Felix erklärt den beiden kurz ein bisschen mehr, ich bin froh über die Pause und stütze mich auf die Wanderstöcke. Nach vielen Fragen sagt Felix dann, dass wir nun wirklich weitermüssten, und die zwei Damen hoffen, dass ihre Enkel nie auf so eine Idee kommen werden. Weil es Samstag ist und der Weg die Isar entlang beliebt bei allen Sportlern und Hundebesitzern, wiederholt sich das Gespräch so ähnlich noch ein paarmal. Immer mit dem Ende, wie spannend unser Vorhaben ja sei, dass unsere Gesprächspartner das aber eher nicht machen wollten. Dito. Ich ja auch nicht mehr.

Zusätzlich zu den Gesprächen müssen wir immer wieder Pausen einlegen. Ich kann kaum mehr verbergen, wie unfit ich heute bin und wie schlecht ich mich fühle. Während sich Felix kurz in der Isar abkühlt, liege ich am Ufer und zähle die Kilometer bis zum Parkplatz. Noch fünf. Kommt mir vor wie ein Marathon.

Dann sind es noch drei, und Felix muss mir mehr von meinem Gepäck abnehmen. Bevor wir weitergehen, dreht sich Felix noch einmal zu mir und hält mich an den Schultern.

»Keine Sorge. Ich weiß, dass du das normalerweise alles alleine schaffst. Deswegen ist es in Ordnung, wenn du mal nicht so kannst.«

Als wir es schließlich zum Auto geschafft haben – zwischendurch war ich mir nicht ganz sicher, ob ich das noch hinbekommen würde – falle ich in den Beifahrersitz und döse weg. Wir sind immer noch auf der Autobahn, als ich wieder wach werde: Meine Magenprobleme sind zurück und damit die Sorge, dass ich unserem Vorhaben nicht gewachsen bin. Wenn ich es noch nicht einmal an der Isar hinbekomme! Wenn schon hier mein Körper schlappmacht und wir es nicht schaffen, den Kocher anzuschmeißen.

Ich bin erleichtert, als sich ein paar Stunden später wenigstens diese Sorge auflöst: Dem Verkäufer im Outdoorladen schildern wir das Problem, das wir an der Isar hatten. Ich drücke ihm den Kocher samt Benzinflasche in die Hand. Und obwohl ich mich dabei nicht blöder fühlen könnte, bitte ich ihn, mir draußen einmal kurz mit allen Einzelheiten vorzumachen, wie wir den Kocher anbekommen.

Sein Versuch endet mit derselben Ratlosigkeit wie unserer am Abend zuvor. Sein Kollege kommt hinzu, wieder dasselbe Spiel: Benzin pumpen, Ventil auf, Streichholz ran. Nichts. Dann die

Erkenntnis: Die winzige Reinigungsnadel im Benzinschacht, die mit einem Magnet hoch und runter gestoßen werden kann und so Brennstoffreste löst, ist verbogen. Und zwar so, dass durch den schmalen Schacht gar nicht genug Benzin fließen kann. Wir hätten an der Isar also bis in alle Ewigkeit versuchen können, was wir wollten – mit der verbogenen Nadel war es unmöglich, eine Flamme zu entzünden.

»Das ist bei einem neuen Kocher aber noch nie passiert«, versichert uns der Verkäufer.

Mir ist das gerade egal. Selbst wenn das stimmt – musste es ausgerechnet bei unserem Probemarsch das erste Mal sein?

Schlechter hätte diese Generalprobe nicht laufen können: Wir haben uns mit unserer Streckenplanung völlig verschätzt. Einer der aller wichtigsten Ausrüstungsgegenstände hat uns im Stich gelassen. Bei mir ist ausgerechnet an jenem Abend eine Magen-Darm-Grippe ausgebrochen – die hat später mein Hausarzt diagnostiziert. Immerhin bedeutet das, dass ich nicht ohne Grund schlappgemacht habe, auch wenn ich so was zum letzten Mal in der sechsten Klasse hatte. Aber das Schlimmste an diesem Probemarsch: Ich war mir einige zermürbende Stunden lang so sicher, dass diese Reise eine wahnsinnig blöde Idee ist. Auf dieser Generalprobe war wirklich schiefgegangen, was nur schiefgehen konnte.

Der Verkäufer im Outdoorladen packt unseren Kocher zurück in den Karton und klebt ein rot eingerahmtes Etikett auf den Deckel: »DEFEKT! Bitte an den Hersteller zurückschicken.«

Bevor ich das neue, originalverpackte Modell mit nach Hause nehme, will ich dieses Mal auf Nummer sicher gehen.

»Es dauert ja keine fünf Minuten: Können wir kurz ausprobieren, ob der neue Kocher auch wirklich funktioniert?«

So ganz kann der Verkäufer mein Misstrauen wohl nicht nachvollziehen.

»Aber es ist vorher ehrlich noch nie passiert, dass der Kocher schon vor der ersten Benutzung kaputt war.«

Sein Ernst? Natürlich lasse ich mich darauf nicht ein. Wir probieren den Kocher aus. Nehmen die Reinigungsnadel buchstäblich unter die Lupe. Dieses Mal funktioniert alles.

Im Nachhinein ist es genau diese Ironie, die mich wieder zuversichtlich stimmt. Dass unser Probemarsch derart in die Hose gegangen ist, das kann doch eigentlich nur eines bedeuten: dass es nicht noch ein zweites Mal passieren wird. Ich kann sogar den starken Wunsch, nicht in dieses Flugzeug nach Ulan-Bator zu steigen, beiseiteschieben. Trotzdem muss ich dringend meine Gedanken ordnen und mir alles von der Seele reden, was in den letzten 48 Stunden schiefgelaufen ist. Und zwar nicht bei Felix, denn der war ja dabei. Ich überlege kurz, wen ich anrufen kann, der nicht zu schockiert ist von unserem gescheiterten Probemarsch und mich in das Stadium zurückwirft, in dem ich die Reise am liebsten abblasen möchte. Lange muss ich nicht nachdenken, dann bleibe ich in der Kontaktliste in meinem Handy bei meiner Freundin Caro hängen. Wir kennen uns seit ein paar Jahren, und von Anfang an habe ich ihre Rationalität zu schätzen gewusst, die sie grundsätzlich mit einer gesunden Portion Optimismus verbindet.

Das macht sie auch bei diesem Telefonat. Nachdem sie ganz zu Beginn gesagt hat, dass ich »völlig durch den Wind« klinge, habe ich ihr in aller Ausführlichkeit von unserem gescheiterten Probemarsch erzählt. Ich weiß, dass ich bei Caro kein Blatt vor dem Mund nehmen muss. Nachdem ich meine Erzählungen damit beendet habe, dass ich mein Fahrrad gerade mit einem neuen Kocher im Korb nach Hause schiebe, findet Caro wie so oft genau die richtigen Worte.

»Es gibt da eine alte Theaterweisheit«, sagt sie.

Mit ihrer Schauspielgruppe steht sie zurzeit beinahe jedes Wochenende auf der Bühne.

»Die besagt: Geht die Generalprobe schief, sichert das das Gelingen der Premiere.«

3. KAPITEL

UNSER MASTERPLAN: BAUCHGEFÜHL ÜBER ALLES

»Wir können das echt nicht länger aufschieben.«

Felix streckt mir eine Handvoll eingeschweißte Spritzen entgegen. Bis vor meine Nase, als könnte ich sie sonst übersehen.

»Wir können die nicht dabeihaben, ohne uns vorher Gedanken gemacht zu haben, was wir in so einer Situation überhaupt machen sollen. Wenn wir die Spritzen zum Beispiel benutzen müssen.«

Ich schlucke. Insgeheim habe ich gehofft, dass sich das Thema auf wundersame Weise von selbst erledigt. Natürlich tut es das nicht.

»Ja ... Ja, ich weiß. Wir müssen uns endlich hinsetzen und über so was reden.«

Die Spritzen haben wir gerade vom Apotheker unten am Eck bekommen. Markus – wir kennen ihn schon. Er ist sozusagen der Apotheker unseres Vertrauens. Zu ihm gehen wir immer, wenn wir unsere Reiseapotheke zusammenstellen oder auch dann, wenn wir in einer anderen Angelegenheit zwar keinen Arzt brauchen, aber eine gute Empfehlung. Dieses Mal waren wir bei ihm, um ein paar Rezepte vom Tropenarzt einzureichen und ein paar letzte Mittelchen zu besorgen: ein Antibiotikum für absolute Erkältungs- und Magen-Darm-Notfälle, sehr starke Schmerzmittel nicht nur für Kopfschmerzen, sondern auch für den Fall, dass sich einer von uns ein Band zerrt oder – noch schlimmer – den Fuß bricht. Außerdem eine bekannte Allzweckwaffe bei Durchfall und ein paar sterile Verbände.

Damit weckten wir Markus' Interesse. »Geht's wieder nach Asien? Oder in die Alpen?«

Er kannte uns eben schon. Nach seinen Erzählungen hatte Markus auch selbst eine mit vielen Fähnchen bespikte Weltkarte in seinem Wohnzimmer hängen. Unter seinem weißen Kittel trug er ein dunkelgrünes T-Shirt des thailändischen Chang-Biers. In der Mongolei sei Markus aber noch nie gewesen, sagte er. Überhaupt könne er sich nicht erinnern, die mal als Reiseziel von jemandem gehört zu haben.

Während mich diese Aussage vor ein paar Wochen noch überrascht hätte, nahm ich sie mittlerweile kaum noch wahr. Niemand hatte uns bisher einen persönlichen Kontakt vermitteln können, der die Mongolei bereist hatte. Trotzdem waren wir immer wieder dankbar, allgemeine Ratschläge mit auf den Weg zu bekommen und von vielen Erfahrungsschätzen zu profitieren. In den vergangenen Wochen hatten wir mehrere Menschen kennengelernt, mit denen wir längere und wichtige Gespräche geführt hatten. So zum Beispiel mit Patrick und Michael, die uns geholfen hatten, an geeignetes Kartenmaterial zu kommen. Mit Markus war es jetzt ähnlich.

»Ihr wisst ja, dass in vergleichbar wenig entwickelten Ländern in der Regel auch die medizinische Versorgung und Ausstattung recht wenig entwickelt ist«, sagte er.

Sollte heißen: Wichtige Utensilien wie Scheren, Verbände und Spritzen werden teilweise öfter benutzt – und damit verschiedenste Krankheiten munter weiterverbreitet. Es schade also nicht, ein paar steril verpackte Einwegspritzen samt Kanülen im Gepäck zu haben, riet uns Markus.

»Nur für den Fall, dass ihr damit in einem Krankenhaus behandelt werden müsst.«

Die Spritzen nehmen wir deswegen also auch noch mit. Und was wir nicht mehr länger aufschieben können, ist unser Masterplan. Ich weiß das längst und habe es mit den Kanülen direkt vor Augen: Wir müssen uns vorbereiten – darauf, dass einem von uns etwas passieren kann. Darauf, dass der andere dann einspringen muss. Wir können nicht erst anfangen, sämtliche Möglichkeiten durchzuspielen, wenn solch eine Situation tatsächlich eintritt. Wir müssen uns vorher Gedanken machen, zumindest ein paar.

Der Masterplan soll aber auch in anderen Situationen funktionieren: zum Beispiel, wenn wir uns unterwegs mit einer ernsten Entscheidung schwertun und uns nicht einig werden. Oder auch dann, falls Felix und ich uns ganz generell nicht mehr einig werden und merken, dass unsere Beziehung solche Belastungen nicht verträgt.

Mir schnürt es die Kehle zu, wenn ich daran denke. Das kann doch nicht sein. Felix und ich haben uns vor ziemlich genau zwei Jahren mit einem großen Knall kennengelernt. Meine Freundin Isabel, die schon immer an Seelenverwandtschaften geglaubt hat, ist tief überzeugt, Felix und ich hätten eine. Seit unserem allerersten Treffen hatten wir täglich Kontakt, wann immer es Zeitzonen, Entfernungen und die Verbindung in andere Länder zugelassen haben. Wir haben Nächte durchgeredet und am nächsten Tag damit weitergemacht. In vielen Punkten hatte ich endlich das Gefühl, aus tiefster Seele von jemandem verstanden zu werden. Stundenlang ging es darum, was wir uns vom Leben erhoffen und womit wir unsere Zeit verbringen wollen. Es ging um unsere Prioritäten und darum, warum es uns so wichtig ist, die Welt kennenzulernen. Felix hat immer verständnisvoll genickt, wenn ich ihm von geheimen

Plänen und größtem Fernweh erzählt habe. Er hat mich ermutigt, meinen Wünschen nachzujagen. Gemeinsam haben wir uns in ferne Länder geträumt und wollten sie ganz alleine und ganz frei erleben. Und genau das werden wir jetzt tun, in der Mongolei. Dann kann das doch nicht schiefgehen?! Schließlich ist es genauso ein Abenteuer, wie wir beide es immer schon haben wollten.

Wir sitzen am Ufer eines Sees, im Schatten einer großen Weide. Neutraler Boden. Und weil Freitagvormittag ist, sind wir zum Glück fast alleine. Die vergangenen zehn Wochen haben wir uns mit nichts anderem beschäftigt als mit den Vorbereitungen für den Marsch durch die Mongolei. Gerade jetzt, so kurz vor unserer Weltreise, hätten wir unsere Freunde und Familien gerne möglichst oft gesehen. Leider war eher das Gegenteil der Fall. Die großen Verabschiedungen starten morgen, der Flieger übermorgen. Einen Tag vorher wollen wir unsere Köpfe wieder freibekommen und gar nichts mehr erledigen müssen. Dazu fehlt diese eine letzte Sache, der Masterplan. Sogar die Spritzen haben mittlerweile einen festen Platz in Felix' Rucksack gefunden.

Felix schaut mir tief in die Augen. »Am wichtigsten ist, dass wir jetzt nicht emotional werden.«

Ich nicke. »Wir müssen das Ganze völlig nüchtern betrachten.«

Ich weiß, dass mir das schwerer fallen wird als ihm. Ich würde sagen, Felix hat von Grund auf eine Portion mehr Rationalität in seinem Charakter verankert. Oft bewundere ich ihn dafür, dass er Ängste beiseiteschieben kann und eine Situation ganz konstruktiv beurteilt. Vor allem jetzt möchte ich vor Felix deswegen taff wirken. Ich will mir nicht anmerken lassen, dass mich meine Sorgen in den letzten Nächten wach gehalten haben. Ich glaube, insgeheim versuche ich in solchen Situationen oft, etwas älter zu wirken als ich es eigentlich bin.

»Was hältst du davon, wenn wir versuchen, von oben auf die Situation herabzublicken?«, schlägt Felix vor. Er merkt, dass ich zögere und schiebt ein ermutigendes Lächeln hinterher. Wahrscheinlich weiß er, dass mir diese Distanz weniger leicht fällt als ihm.

»So, als wären es gar nicht wir, über die wir sprechen?«

»Genau.«

Mit diesem Beschluss versuche ich, mir eine Maske überzuziehen. Ein Pokerface, das meine Emotionen verdeckt.

Wir nehmen uns vor, verschiedene Szenarien durchzusprechen, bei denen wir froh sein werden, wenn wir uns vorher schon einmal sinnvolle Gedanken dazu gemacht haben – wenn wir nicht bei null anfangen müssen, um auf die möglichst beste Lösung zu kommen. Für jedes Szenario soll es einen Punkt im Masterplan geben.

Angefangen mit dem Fall, dass sich einer von uns verletzt oder krank wird.

Unsere Telefone werden zu 99 Prozent keinen Empfang haben, und nach tagelangen Erkundigungen haben wir uns auch gegen ein Satellitentelefon entschieden. Das hilft schließlich auch nur dann weiter, wenn man jemanden anrufen kann, mit dem man sich nicht nur verständigen kann, sondern der dann auch in kurzer Zeit zu Hilfe kommen wird. Wir haben Erfahrungsberichte von Reisenden gelesen, die mit dem Satellitentelefon in der Hand hilflos in der Wildnis gestanden sind und niemanden erreichen konnten, der ihre Lage verstehen und orten konnte. Über so viele Umwege zu telefonieren würde Stunden oder wegen der Zeitverschiebung sogar einen Tag dauern – wenn wir Hilfe von deutschen Ansprechpartnern oder Übersetzern bräuchten. Schließlich enden diese Erfahrungsberichte damit, dass die Reisenden das Telefon weggepackt haben und selbst losgezogen sind, um Hilfe zu holen.

Der Gedanke daran, dass Felix zusammengekauert in der mongolischen Wildnis liegt, während ich immer weiter von ihm wegrenne und erst nach vielen Stunden – oder Tagen – wiederkomme, zerreißt mich fast. Jetzt schon, obwohl wir gerade zu Hause an einem See sitzen, dessen Wellen beruhigend gegen die Felsen am Ufer plätschern. Ich weiß, dass ich mich nicht zu sehr in so eine Situation reindenken darf. Die Gefahr ist groß, später unterwegs überängstlich zu sein, fast schon paranoid. Ich muss aber davon ausgehen, dass ich in solchen oder ähnlichen Situationen nicht fähig sein werde, einen klaren Gedanken zu fassen.

»Nur im absoluten, wirklich absoluten Notfall und wenn es gar nicht anders geht, lassen wir einander zurück.«

Ich spreche betont langsam. Es kann gar nicht deutlich genug werden, wie wichtig mir ist, dass das auf keinen Fall passieren sollte.

»Wir sind viel schwächer, wenn wir alleine unterwegs sind, mental und physisch«, stimmt mir Felix zu. Er schaut mich eindringlich an.

»Auch wenn die Schmerzen noch so schlimm sind, wir sind so tapfer, wie wir können, um gemeinsam zum nächsten Ort, zum nächsten Zelt oder zur nächsten Straße zu laufen.«

Wir nicken beide, noch bevor ich diesen Satz zu Ende sagen konnte. Koste es so viele Schmerzmittel, Medikamente und Zeit, wie es wolle.

Der nächste Punkt ist der einzige, zu dem wir uns nicht durchringen müssen, weil wir ihn schon seit Jahren einhalten. Wir hatten uns während einer unserer ersten Wanderungen in den Alpen darauf geeinigt und es von da an als selbstverständlich betrachtet: Bauchgefühl über alles. Genauer: Wenn einer von uns kein gutes Bauchgefühl hat – an einer kniffligen Stelle am Berg zum Beispiel oder wenn sich Wolken zu einem Gewitter zusammenbrauen – trifft dieses mulmige Bauchgefühl die Entscheidung. Heißt das, dass die Wanderung damit beendet ist und wir umkehren müssen, gibt es trotzdem keine Widerrede. Auch wenn das Bergsteiger-Ego dann geknickt ist.

Zu oft hat es sich schon bewährt, auf unser Bauchgefühl zu hören. In manchen Situationen hat es sogar schon wie ein siebter Sinn funktioniert. Wie einmal auf dem Weg zu einem steilen Gipfel im Osten von Tirol: Wir waren bereits auf ungefähr 3.100 Metern über dem Meeresspiegel, und es fehlten keine 200 Höhenmeter mehr. Eine halbe Stunde ungefähr noch, dann würden wir am Gipfel sitzen. Es war Sommer, der Himmel bewölkt, das Wetter stabil – so zumindest war die Vorhersage. Mit einem Windhauch kam bei Felix aber ein komisches Bauchgefühl auf. Er fühlte sich nicht mehr wohl an der steilen Flanke und hatte die Befürchtung, das Wetter könne umschlagen. Obwohl sich der Himmel aus meiner Sicht in den letzten Stunden in keinster Weise verändert hatte, drehten wir also um. Und kurz nachdem wir auf der nächsten Alm ankamen, brach das Unwetter über uns herein, mit dem niemand gerechnet hatte.

Ein schlechtes Bauchgefühl muss man außerdem nicht begründen, das hat man, und es zählt. Das soll verhindern, dass man in schwierigen Situationen, die eine dringende Entscheidung erfordert, anfängt zu diskutieren. Daraus wird oft ein hitziges Hin und Her, das die Gefahr birgt, dass man sich gegenseitig die Schuld gibt. Auch in der Mongolei wollen wir unsere Energie nicht drauf verschwenden. Wir werden uns auch dort an unseren alten Pakt halten: Bauchgefühl über alles.

Während wir reden, schreibe ich das eine oder andere Stichwort auf kleine Zettelchen. Schnickschnack werden wir später auf die Reise nicht mitnehmen können. Alles, was nicht unbedingt notwendig ist, wiegt zu viel. Einen kleinen Luxus trage ich aber im Rucksack mit: ein leeres Notizbuch, das in der Mongolei zu unserem Tagebuch werden wird. Die kleinen Zettel mit unserem Masterplan werden der erste Eintrag auf der letzten Seite sein.

Der nächste Punkt, ich schreibe ihn auf: Beziehung.

Hand aufs Herz: Niemand möchte mit einem geliebten Menschen darüber sprechen, wie man sich nach einer Trennung verhalten könnte, wenn man trotzdem nebeneinander herlaufen und zusammen in einem Zelt übernachten muss. Vor diesem Gespräch graut es mir schon seit Wochen, und an Felix' Gesichtsausdruck erkenne ich, dass es ihm genauso geht. Wenn sein Blick immer wieder zur Seite wandert und er sich gleichzeitig mit der Hand über den Hinterkopf fährt – dann hat Felix ein Thema vor sich liegen, das ihm unangenehm ist. Den ersten Satz zu diesem Thema fängt er dann oft an mit einem zögerlichen »Ich weiß nicht ...«.

»Ich weiß nicht. Uns muss klar sein, dass wir so eine Probe noch nie hatten. Egal wie stabil, wie unkompliziert oder wie schön eine Beziehung sein mag – so eine intensive Reise ist noch mal was ganz anderes.«

»Auf jeden Fall. Darüber habe ich mir, ehrlich gesagt, auch schon viele Gedanken gemacht.«

Felix tippt mit dem Fuß auf den Boden, bevor er weiterredet. »Du weißt, dass ich meine Freiheiten brauche. Und du ja auch. Nur: Wo und wie sollen wir uns die dort nehmen? Wenn wir täglich nebeneinander herlaufen, zusammen Pausen machen, zusammen das Zelt aufschlagen und zusammen kochen. Und dann auf keinen drei Quadratmetern Platz übernachten. Tag für Tag. Wir wollen uns den Freiraum gegenseitig nicht nehmen, können ihn uns aber auch nicht geben.«

Während es nur so aus Felix sprudelt, weil er diese Gedanken seit vielen Wochen zurückgehalten hat, bleibe ich ganz still. Ich warte darauf, dass er noch etwas Positives findet. Eine Ermunterung?

»Was ich sagen will, ist einfach, dass wir das nicht unterschätzen dürfen. Es gibt genug Paare, die daran zerbrochen sind, an so viel erzwungener Nähe. Natürlich glaube ich an uns und wünsche mir, dass das nicht passieren wird. Versteh mich nicht falsch. Wir müssen eben sehr auf uns achten. Und aufpassen. Und an uns arbeiten. Das ist alles.«

Felix atmet tief ein und wandert mit seinen Augen das Gras ab, auf dem er sitzt. Als würde er dort nach weiteren Worten suchen, die ihm zwischendurch verloren gegangen sind. Vier findet er.

»Dann wird das schon.«

Dann wird das schon? So viele Ängste auf einmal, und damit sollen sein Sorgenmonolog und das Thema abgehakt sein?

»Meinst du nicht, dass das zu einfach klingt? Weil es eben *nicht* einfach so wird?«

»Einen Masterplan mit der Masterlösung für Gefühle gibt es eben nicht.«

Felix zuckt mit den Schultern.

»Ich weiß nicht. Wir dürfen nicht aufhören, einander zu respektieren. Auch Eigenarten des anderen, die wir noch nicht kennen und die uns dort vielleicht aus der Bahn werfen werden.«

»Und wir dürfen nicht alles auf die Goldwaage legen, was der andere sagt.«

Erst jetzt schreibe ich wieder mit. Es ist schwer, eine Lösung für Beziehungsprobleme auf ein paar Zeilen zusammenzufassen. Am Ende würden es nämlich ganz bestimmt nicht diese Notizen sein, die unsere Beziehung retten würden. Aber immerhin könnten wir uns dann nicht vorwerfen, wir hätten nicht von vornherein Acht aufeinander gegeben.

Wir sind beide kurz still, um das Gespräch sacken zu lassen. Felix wirft einen Stein ins Wasser. Noch einen. Noch einen.

»Später gehe ich noch Radfahren. Am besten ist's wahrscheinlich, du übernachtest heute bei dir.«

Ist das sein Ernst? Ich dachte, wir würden die letzten Abende vor unserer Abreise gemeinsam verbringen, um einander Kraft zu geben. Offenbar ist es für Felix wichtiger, die alleine zu tanken. Wenn er Radfahren geht, ist das nämlich ein klares Signal: Das macht er immer dann, wenn er den Kopf frei kriegen muss. Wenn eine Runde Joggen oder Basketball mit seinem Sportskumpel dazu nicht ausreicht – dann schwingt sich Felix aufs Rad und strampelt sich die wirren Gedanken in ein paar Stunden aus dem Kopf.

Obwohl ich mich ziemlich vor den Kopf gestoßen fühle, weiß ich, dass wir beide nicht glücklich wären, wenn er sich nicht die Zeit für sich nehmen würde. Dass ich enttäuscht bin und heute nicht alleine sein wollte, behalte ich deswegen für mich.

»Lass uns aber bitte noch den Masterplan zu Ende bringen, ja?«

Es folgt ein nächstes Szenario und damit ein neuer Punkt im Masterplan: Wenn es nicht sein muss, treffen wir keine Entscheidungen, wenn wir hungrig und ausgelaugt oder völlig übermüdet sind. Das haben wir uns auf unseren bisherigen Reisen schon gesagt. In solchen schwachen Momenten neigt man nämlich zu Schnellschüssen. Hauptsache, was essen! Hauptsache, ausruhen! Diese Hauruck-Entscheidungen waren in der Vergangenheit nicht immer unsere besten. Es passiert zum Beispiel, dass man sich von einem Taxifahrer übers Ohr hauen lässt (das wäre ein kleineres Übel). Oder dass man sich zu später Stunde in einem falschen Teil der Stadt wiederfindet, schlimmstenfalls in Gassen, die wenig vertrauenswürdig in Hinterhöfen enden (das wäre ein größeres Übel). Welche kleinen oder großen Übel in der Mongolei passieren könnten, wissen wir noch nicht. Wir wollen es aber nicht drauf anlegen, das rauszufinden.

Der fünfte und letzte Punkt im Masterplan: Die Tagesrationen für Frühstück, Mittagssnack und Abendessen werden wir unter keinen Umständen überschreiten.

Diesen Punkt setzen wir nicht aus Erfahrung auf den Masterplan, sondern in weiser Voraussicht: Wir haben genau und nicht nur einmal kalkuliert, wie viel Nahrung wir brauchen und was wir pro Tag zur Verfügung haben werden. Mag sein, dass wir uns nach einem anstrengenden Wandertag noch zweimal nachnehmen wollen, wenn der Topf schon leer ist. Um später auf unserem Fußmarsch aber nicht wirklich hungern zu müssen, gilt: Tagesration ist Tagesration.

Hinter »Tagesration« setze ich einen Punkt.

»Fertig.«

»Lies noch mal vor«, bittet mich Felix, und wir gehen die einzelnen Szenen und unsere Anmerkungen noch einmal durch.

»Fällt dir noch was ein, was wir vergessen haben?«

»Ich glaube, das passt«, antwortet Felix. »Für dich auch?«

»Für mich auch.«

Ich klappe das Notizbuch zu, und wir umarmen uns. Damit ist der letzte Punkt auf der Vorbereitungsliste abgehakt. Dreieinhalb DIN-A4-Seiten – alles erledigt.

»Wir kriegen das schon hin.«

Ich nicke und hoffe, dass Felix damit recht hat.

Vom Steg aus springe ich ins Wasser und nehme mir ganz bewusst vor, die Ängste und Sorgen im See zu lassen. Übermorgen geht's los, und der Masterplan erfüllt tatsächlich schon jetzt seinen Zweck: Es ist, als hätten wir eine Bedienungsanleitung dabei. Für größere und kleinere Probleme, die bei einem Fußmarsch – zusammen mit dem Partner – durch das am dünnsten besiedelte Land der Welt auftauchen können.

Zum ersten Mal glaube ich gerade, dass ich bereit bin für diese Reise, und ich fühle das aufgeregte Kribbeln, das ich in den letzten Wochen vermisst habe.

Als ich abends auf dem Fensterbrett in meinem WG-Zimmer sitze und aus dem vierten Stock das Treiben auf der Straße beobachte, liegt unser Notizbuch in meinem Schoß. Auf der letzten Seite fasse ich unseren Masterplan zusammen. Schwarz auf weiß, ohne Kompromisse.

UNSER MASTERPLAN

Nicht vergessen: Der gilt immer und ohne Ausnahmen – darauf haben wir unser Wort gegeben.

1. Nur im absoluten, wirklich absoluten Notfall und wenn es überhaupt gar nicht anders geht, lassen wir einander zurück, wenn einer von uns krank oder verletzt ist. Davor versuchen wir alles, um gemeinsam Hilfe zu holen. Merke: Alleine sind wir nur halb so stark.

2. Bauchgefühl über alles! Hat einer von uns in irgendeiner Situation ein schlechtes – oder auch ein besonders gutes – Bauchgefühl, dann hören wir darauf. Das Bauchgefühl muss man nicht begründen, das zählt. Immer! In den Alpen und im Altai.

3. Bei allem, was wir tun – wir achten auf unsere Beziehung und belasten sie nicht mit den täglichen Herausforderun-

gen. Wir respektieren uns und unsere Eigenheiten – und legen nicht alles auf die Goldwaage, was der andere macht. Denn: Manchmal kann es auf so einer Reise schon passieren, dass einer kurz die Nerven verliert. Das sei ihm verziehen :-)

PS: Natürlich gewähren wir einander auch weiterhin unsere Freiräume! So gut es mit einem Drei-Quadratmeter-Zuhause eben funktionieren kann.

4. Auch wenn gerade der Magen knurrt: Wir halten uns an unsere Tagesrationen von Frühstück, Mittagssnack und Abendessen.

4. KAPITEL

IN DIE HÖHLE DES LÖWEN

Die Turbinen brummen, und die kurzen gelben Linien auf dem Rollfeld verschwimmen immer mehr zu einer langen. Der Kerosingeruch in der Kabine ist noch nicht ganz verflogen. Es kann nur Sekunden dauern, dann kippen die Tannen, die in einer Linie parallel zur Startbahn wachsen, nach rechts weg. Es drückt mich fest nach hinten in den Sitz, mein Magen macht einen Sprung. Das ist der Moment, der mich schon immer daran erinnert hat, wie klein wir doch alle sind. Das Flugzeug hebt ab, geht raus in die weite Welt, und wir werden wie Playmobil-Figuren durch die Luft von einem Ende zum anderen geflogen.

Ich habe mir meine Musik ins Ohr gestöpselt und minutenlang nach dem richtigen Lied für das Abheben in Richtung Himmel gesucht. Das mache ich öfter mit Musik – ich spiele sie ab, um eine Stimmung zu untermalen oder sie zu unterdrücken. Viele kennen das vom Sport: Da spornen die Beats oft an. Und abends sorgen sie dann für einen Hauch Romantik. Gerade jetzt sollen sie mich entspannen lassen. Dieses eine Abheben ist nicht wie all die anderen bisher – es ist der Start in mein bisher größtes Abenteuer, das am Beginn einer Weltreise steht. Ich weiß nicht, wann ich diesen Boden mit seinen Tannen und den Alpen in der Ferne wiedersehen werde.

Die melancholischen Lieder drücke ich deswegen weg, bis ich bei »Stunner« von Milky Chance lande. Ein Lied, das ich bei meiner allerersten Fernreise an einem Strand auf einer kleinen thailändischen Insel gehört habe. Schon da sind mir ein paar einzelne Zeilen im Kopf hängen geblieben, losgelöst aus dem Zusammenhang:

»*I was a runner. Running high without a stop.*« – »Ich war ein Läufer – rannte wie im Rausch, ohne anzuhalten.«

Und dann in der nächsten Strophe:

»*Come, come. We go so far.*« – »Komm mit, komm mit. Wir gehen so weit.«

Milky Chances Zeile »*Go so far*« hatte ich mir nach der Thailand-Reise als Tattoo stechen lassen, zusammen mit einem kleinen Vogel, der rein optisch überall auf der Welt zu Hause sein könnte und mich staunen lässt, wie weit diese kleinen Tierchen es alleine schaffen können. Das Tattoo ist seitdem ein permanenter Denkzettel für mich. Es soll mich immer wieder ermutigen, mich auffordern, Neues zu wagen und frei zu sein. Außerdem erinnert es mich an diese erste Fernreise, bei der ich mich oft so verloren gefühlt habe und die mich gleichzeitig in vier Wochen so viel über mich und die Welt hat lernen lassen, wie es ein halbes Jahr zu Hause nicht schaffen kann. Immer wenn ich an den kleinen Vogel und die verschnörkelten Worte »*Go so far*« denke, drängt es mich unmittelbar aus meiner Komfortzone heraus.

Als das Lied mit den letzten Tönen ausklingt, spiele ich es noch zwei weitere Male. Gerade schadet es sicher nicht, mehrmals aufgefordert zu werden, weit zu gehen.

Dann kommt die Durchsage des Piloten:

»Sehr geehrte Damen und Herren, wir haben nun unsere ungefähre Reiseflughöhe von 12.300 Metern über null erreicht.«

Ich mache die Musik aus, den Sitz nach hinten und die Augen zu. Deutschland liegt hinter uns. Der erste Schritt ist getan. Ich stelle mir meine Eltern vor, wie sie auf der Terrasse zu Hause in Schongau ihre Köpfe vor dem kleinen Laptop-Bildschirm zu-

sammen stecken. Ich könnte wetten, dass sie in diesem Moment
live den Flugstatus mitverfolgen und lesen, dass unsere Maschine gestartet ist. Vielleicht müssen neue Tränen trocknen – bei unserer Verabschiedung gestern hat es einige gegeben. Obwohl ich ihre Ängste oft nicht nachvollziehen konnte, kann ich sie dieses Mal verstehen. Natürlich machen sie sich Sorgen, ob auf unserem Marsch alles gut gehen wird. Ganz bewusst habe ich sie deshalb darauf vorbereitet, dass sie während der kommenden fünf Wochen nichts von uns hören werden. Wenn überhaupt, wird es nur in den größeren Orten eine Möglichkeit geben, eine kurze Mail abzusetzen. Auf so ein Lebenszeichen sollen meine Eltern aber nicht warten. Ich weiß, dass sie das um den Verstand bringen würde.

Ich drehe mich zu Felix.

»Was meinst du: Wann werden sich unsere Eltern daran gewöhnen, dass wir weg sind und sie nichts von uns hören?«

»Meine oder deine?«

Felix grinst. Seine Eltern hatten schlichtweg ein paar Jahre mehr Zeit, sich an die Reiselust und den Abenteuerdrang ihres Sohnes zu gewöhnen. Das merken wir immer wieder daran, wie unterschiedlich seine und meine Eltern auf unsere Ideen und Pläne reagieren.

»Meine?«, sage ich.

Und ich merke, wie unsicher meine Frage geklungen haben muss. Als wollte ich die Antwort gar nicht wissen. Natürlich gibt es mir kein schönes Gefühl, wenn ich darüber nachdenke, wie meine Eltern zu Hause sitzen und grübeln, wo wir in diesem Moment sind und ob es uns gut geht.

»Wenn sie merken, dass sie die Situation nicht ändern können, werden sie sich schon daran gewöhnen«, sagt Felix schließlich.

»Weißt du, was mir aber nicht aus dem Kopf geht?«

»Was?«

»Was dein Vater zu mir beim Abschied gesagt hat. Als wir uns umarmt haben, hat er gesagt: ›Pass gut auf sie auf.‹«

Dann macht Felix eine kurze Pause, bevor er anfügt:

»Irgendwie lädt das eine Extra-Verantwortung bei mir ab. Ich will nicht zu dem Punkt kommen, an dem ich ihm gestehen muss, dass ich offenbar nicht gut genug aufgepasst habe.«

Ich habe nicht mitbekommen, dass mein Vater das zu Felix gesagt hat.

»Ich will nicht, dass du dich unter Druck gesetzt fühlst«, sage ich. »Wir müssen doch beide im gleichen Maße aufeinander Acht geben.«

»Trotzdem«, antwortet Felix. »Schön ist, dass mir dein Vater das Gefühl gegeben hat, als würde er mir das zutrauen.«

Unsere Sitznachbarin beendet unser Gespräch schließlich.

»Entschuldigung, ist das Ihrer?« Sie klappt ihren Laptop zu und hebt unseren Mongolei-Reiseführer auf.

»Ja, danke. Der muss mir gerade vom Schoß gerutscht sein.«

»Stört es Sie, wenn ich einen kurzen Blick reinwerfe? Nur interessehalber. Ich kann ein bisschen Abwechslung gebrauchen«, sagt sie und deutet dabei auf den Laptop.

Sie erzählt, dass sie beruflich unterwegs sei, um ihre Firma bei einem Kongress in Moskau zu vertreten. Sie müsse in den nächsten Stunden noch ihre Power-Point-Präsentation fertigstellen, könne sich gerade aber einfach nicht konzentrieren.

»Wahnsinn«, denke ich mir. Alle drei steigen wir in Moskau aus, unsere Ziele könnten aber nicht unterschiedlicher sein: Meine Sitznachbarin, eine Geschäftsfrau Mitte 40, mit schwarzen Pumps und Nadelstreifen-Hosenanzug, wird den Vertrag über eine neue Geschäftskooperation unterzeichnen. Felix und ich werden in Moskau umsteigen, um allein durch die mongolische

Wildnis zu laufen und abends Pulveressen mit dem Camping-
kocher aufzuwärmen.

Auf keinen Fall würde ich tauschen wollen.

Ich bin bewusst kurz angebunden und froh, dass sie einfach nur still im Reiseführer blättert. Bestimmt wird sie nicht verstehen, warum wir uns auf den Weg zu so einem Abenteuer machen. Das habe ich in den letzten Wochen so oft erklärt, dass mir gerade die Muße dazu fehlt. Gerade, als ich mir wieder meine Musik ins Ohr stöpseln will, hat meine Sitznachbarin doch Redebedarf.

»Das sind ja schöne Bilder. So viel Natur ist da! Und alles so weit und abgelegen. Aber was ich mich frage: Was kann man sich dort denn ansehen?«

Mist. Um die Erklärstunde komm ich wohl doch nicht rum. Aber immerhin muss ich so nicht weiter über meine Eltern nachdenken.

»Da kann man sich so gut wie nichts ansehen, im Westen, wo wir sind. Man kann draußen sein und es genießen, dass alles so weit und abgelegen ist.«

Weil die Frau im Nadelstreifen-Anzug fragend schaut, schiebe ich noch nach: »Wir wandern dort, nur für uns.«

Jetzt nickt sie. Wandern gehen würde sie auch gerne. »Ich habe gelesen, dass es kaum Straßen gibt. Wie machen Sie das denn, mit dem Auto?«

Ich verstehe nicht, was sie meint. Wie kommt sie denn auf Auto?

Weil ich offenbar fragend schaue, redet jetzt sie weiter: »Na, zu den einzelnen Touren. Dort fahren Sie doch mit einem Auto hin, wenn Sie alleine unterwegs sind?«

Ach so, das meint sie.

Ich fange bei null an zu erklären, erzähle von unserer Route, dem GPS, dem Kocher und dem Zelt und davon, dass wir tatsächlich die ganze Strecke laufen werden. Obwohl sie sich ein paar Sätze später wieder ihrer Präsentation widmet, unterbricht sie sie selbst noch ein paarmal und stellt die üblichen Aber-warum-Fragen, die Felix und ich schon Dutzende Male beantwortet haben.

Als wir uns später verabschieden, scheint sie sich wieder ein bisschen gesammelt zu haben.

»Na dann, viel Glück, Sie beide. Verlieren Sie Ihren Mut nicht!«

Am Flughafen in Moskau haben wir sechs Stunden Aufenthalt. Sechs schier unendliche Stunden, weil wir es kaum erwarten können, auf mongolischem Boden endlich die ersten Schritte zu laufen. Viele Wochen lang haben wir uns so intensiv vorbereitet. Sind Szenarien durchgegangen und haben nach einem gescheiterten Probemarsch doch neue Hoffnung gefunden. Es ist an der Zeit, all unsere Vorstellungen in Erlebnisse umzuwandeln. Ich kann und will nicht länger darauf warten, ob alles funktionieren wird. Ich will loslaufen.

Als ich das Felix erzähle, zeigt der auf eine Gruppe Männer, die sich gerade im Wartebereich für den Flug nach Ulan-Bator ausbreiten. Sie sind zu siebt, und man sieht definitiv jedem von ihnen an, dass sie regelmäßig trainieren.

»Die wollen wohl auch endlich loslaufen«, sagt Felix mit einem Stirnrunzeln. »Schau mal, was die alles dabei haben.«

Was genau, kann ich zwar nicht sehen. Aber sehr viel ist es. Jeder von ihnen hat zwei große Reisetaschen am Rand der Sitzgruppe gestapelt. Ein paar Stative, Handgepäck und Isomatten, die außen an die Taschen geschnallt sind.

»Ich hoffe nur, die haben nicht was ähnliches vor wie wir«, sage ich dann.

»Dann hätten wir definitiv zu wenig dabei«, sagt Felix.

»Aber das können die doch gar nicht schleppen.«

»Bestimmt machen die was ganz anderes. Es kann doch nicht sein, dass wir uns so verschätzen.«

Felix klingt zuversichtlich, ich bin verunsichert.

»Die sehen ja schon so aus, als würden sie das öfter machen.«

»Irgendwie aussehen kann ja jeder«, antwortet Felix pampig.

Ich kann mir denken, dass er sich eher Sorgen macht, dass wir unser Ziel mit jemandem Teilen müssen. Diese Eigenart kommt bei ihm immer wieder hoch: Besondere Erlebnisse in der Natur will er alleine genießen.

Jetzt sind wir beide ein paar Minuten lang still. Felix hat die Augen zu und hört Musik, ich schaue durch die Glasfront nach draußen aufs Rollfeld. Dort passiert zwar gerade nichts, aber so muss ich die Männergruppe nicht weiter anschauen. Trotzdem lässt mir das keine Ruhe. Obwohl ich eigentlich keine Lust habe, gehe ich zu ihnen rüber und frage sie, wo sie denn hinwollten. Typische Reisefrage.

Die Antwort: »Ganz in den Norden der Mongolei. Zum See Chöwsgöl Nuur. Sagt dir das was?«

Das sagt mir was, weil wir diesen See, der im Norden an Russland grenzt, auch kurz als Ziel in Betracht gezogen haben. Wir haben uns dann dagegen entschieden – unter anderem, weil es dort im Spätsommer ein paar deutliche Grade kälter wird als im Westen der Mongolei. Die Männer haben Ausrüstung dabei, die auch bei zweistelligen Minusgraden noch warm hält. Außerdem Foto- und Filmequipment, und das nicht zu knapp.

Erleichtert schlendere ich zu Felix zurück und nehme auch ihm die Sorge, dass wir vielleicht was vergessen haben.

»Wir müssen selbstbewusster sein.« Das sage ich nicht nur zu Felix, auch zu mir selbst. »Wir können uns nicht andauern verunsichern lassen. Da werden wir ja verrückt. Wir haben uns so gut vorbereitet, wie wir konnten. Wir können nichts mehr planen.«

Als wir wieder im Flugzeug sitzen und auf Ulan-Bator zusteuern, denke ich viel über diese Tatsache nach: »Wir können nichts mehr planen.« Wir haben dabei, was wir in unseren WG-Zimmern in München eingepackt haben. Haben wir was vergessen, gibt es jetzt keine Chance mehr, den Fehler zu korrigieren. Dieser Gedanke hält mich auf diesem Nachtflug wach. Ich versuche immer wieder, mich damit zu beruhigen, dass die Premiere eigentlich ja nur gelingen kann. Zumindest, wenn man der Theaterweisheit meiner Freundin Caro glaubt.

Als dann die Sonne irgendwo um uns herum aufgeht und der Himmel im Minutentakt heller wird, sehe ich zum ersten Mal die Landschaft, die wir uns in den vergangenen Wochen so oft ausgemalt hatten. Weite, sanfte Hügel in einem vom Sommer ausgetrockneten Graugrün, so weit das Flugzeugfenster reicht. Unter uns erstreckt sich die sagenumwobene Weite, und mir wird klar: Falls ich wirklich dachte, ich wüsste, was Weite bedeutet – dann habe ich mich geirrt. So ist das eben: Wie manche Dinge wirklich sind, kann man erst dann verstehen, wenn man sie vor oder eben unter sich hat. Das Flugzeug schafft ungefähr 300 Kilometer die Stunde. Und in der Stunde, die ich aus dem Fenster schaue, sehe ich nichts. Keine Häuser, keine Strom- oder Wasserleitungen. Noch nicht mal ein Nomadenzelt. Keine Tiere. Wie leer sich die Landschaft anfühlt, kann man sich nicht vorstellen. Der Platz im Kopf würde nicht ausreichen.

Dabei fliegen wir von Norden ins Landesinnere. Angeblich ist das die Region der Mongolei, die noch am dichtesten besiedelt ist. Wenn hier nichts ist, wie viel Nichts ist dann im Westen?

Mir fällt ein Zitat des amerikanischen Schriftstellers Tennessee Williams ein. Es ist mein Lieblingszitat: »Ich will dich mit der ungeheuren Begeisterung fürs Leben anstecken, weil ich daran glaube, dass du die Stärke hast, es auszuhalten.«

Ich hatte gehofft, ich habe diese Stärke, die Begeisterung fürs Leben auszuhalten. Diese Begeisterung führt nämlich zu solchen Situationen, dass ich von oben auf so eine endlos leere Landschaft schaue, durch die ich in ein paar Tagen wandern werde. Hoffentlich habe ich mich nicht getäuscht, was meine Stärke angeht.

Vorsichtig stupse ich Felix an, der neben mir döst.

»Schau mal, schau mal raus!«

Je wacher Felix wird, desto größer werden seine Augen. Ihm ist das pure Staunen ins Gesicht geschrieben. Minutenlang sitzen wir jetzt da, ohne ein Wort zu wechseln. Wir starren beide wie gebannt aus dem Bullauge.

Dann dreht sich Felix zu mir. »Weißt du, was Pete mal zu mir gesagt hat?«

Pete ist ein alter Reisefreund von Felix. Ihn hat er kennengelernt, als er auf dem kleinen Boot von Seattle nach Alaska gesegelt ist. Pete ist ein paar Jahre älter als Felix, er ist Australier und war damals mit seiner Freundin unterwegs. Ihre Reisen ähneln den kleinen Abenteuern, wie sie jetzt auch Felix und ich zusammen planen: Man ist aufeinander angewiesen, hat kaum Freiräume und durchlebt sehr wahrscheinlich Extremsituationen, die einer Beziehung schnell zur Last fallen können.

»Ich habe Pete damals gefragt, wie er das schafft mit seiner Freundin. Immer zu zweit, ganz oft ganz lange auf engem Raum und so weiter. Er hat nicht lange überlegen müssen und gesagt: ›Man muss das beste Team der Welt sein.‹«

Kurz sind wir beide still, dann fügt Felix an: »Ich schätze, wir müssen jetzt auch das beste Team der Welt sein.«

Ich sage nichts. Als ich seine Hand nehme, merke ich, dass die genauso kalt und verschwitzt ist wie meine. Dann rumpelt es. Unsere Maschine hat auf mongolischem Boden aufgesetzt.

Darf man im Flugzeug eigentlich auch sitzen bleiben?

5. KAPITEL

GESTRANDET AUF DEM MARS

Außer uns gibt es im Hostel in Ulan-Bator nur einen einzigen weiteren Gast. Er spricht nicht mit uns, nur zu sich selbst. Seinem Akzent nach ist er Amerikaner. Und gerade vollführt er in der Gemeinschaftsküche, an die unser Zimmer grenzt, eine Choreografie aus Ballett und Kampfkunst. Das Einzige, was er dabei trägt, ist eine weite, ballonartige Leinenhose, die keinen Zentimeter weiter nach unten rutschen sollte. Er ist so mager, dass man ohne Schwierigkeiten seine Rippen zählen kann, sobald er die Arme für einen Faustschlag gen Himmel schwingt. Dabei stößt er immer wieder ein tiefes und energisches Brummen aus, angestachelt von seinen eigenen Motivationsrufen.

»*Come on, come on, come on!*« Brummen. »*Come on, come on, come on!*« Brummen. Seit einer guten halben Stunde geht das schon so.

Felix und ich liegen nebenan im Bett und kriegen uns vor Lachen kaum mehr ein. Zwischendurch halten wir immer wieder inne, um zu hören, ob das Schauspiel vor unserer Tür weitergeht und auch, um noch einmal sicherzugehen, ob das gerade wirklich passiert. Ich kann nicht glauben, dass der einzige andere Reisende, den wir seit unserer Ankunft in der Mongolei gestern zu Gesicht bekommen haben, ausgerechnet dieser dürre Wahrscheinlich-Amerikaner ist, der sich nicht ansprechen lässt und offenbar in seiner ganz eigenen Welt unterwegs ist.

Er gehört zu den Hostel-Gästen, bei denen man meinen könnte, sie wären vor 30 Jahren hier angekommen und seitdem nie wieder gegangen. Unter vielen Reisenden kursiert der Glaube, dass jedes stattliche Hostel so einen Hostel-Geist hätte. Falls das stimmt, dann ist der Geist unseres Hostels, das sich in einem labyrinthartigen Hinterhof in Ulan-Bator versteckt, nicht länger unentdeckt geblieben, sondern tanzt gerade wild und auch etwas angsteinflößend durch die Küche.

Das Ankommen in der Mongolei ist nicht so, wie ich das Ankommen bisher auf meinen Reisen erlebt habe. Das liegt nicht nur an dem tanzenden Hostel-Geist vor unserem Zimmer, obwohl er so viele Menschen und Situationen an Kuriosität übertrifft. Vielmehr liegt es daran, dass sich Ulan-Bator immer noch nicht wie unser Ziel anfühlt, zu dem wir losgezogen sind. Es ist der Wartesaal zu unserem großen Abenteuer, das so richtig erst 1.200 Kilometer weiter westlich in Chowd beginnen wird. Das wird mir klar, als der Hostel-Geist sein Ritual endlich beendet hat und ich trotzdem wach im Bett liege.

Für mich sind diese ersten Eindrücke in einem neuen Land immer etwas ganz besonderes. Es sind Momente, in denen ich nach einer ganzen Weile zu Hause endlich wieder Abenteuerluft rieche. Ja, das kann man so sagen: Ein Mix aus unbekannten Gerüchen riecht für mich nach Abenteuer. Es fühlt sich dann an, als läge eine unsichtbare Spannung in der Luft und als müsste ich nur die nächsten Schritte setzen, um direkt auf neue Erlebnisse zuzusteuern. Mittlerweile weiß ich, dass diese Abenteuerluft in jedem Land anders riecht, und ich versuche, diese Gerüche aufzusaugen, sobald ich einen ersten Schritt außerhalb des Flughafens oder des Bahnhofs setze. Oft ist der Geruch eine Wolke von Abgasen, manchmal aber schwingt auch eine Brise Meer mit. Oder Muskat, Mango und Minze. Zu Hause passiert es dann manchmal, dass ein Windhauch nach Abenteuer duftet und mich für eine Sekunde um die halbe Welt befördert. Ich liebe diesen kurzen Augenblick, der vor meinen Augen eine ferne Landschaft aufflackern lässt. Ich fühle mich dann wie auf Reisen. Das kommt nicht von ungefähr: Man sagt, dass bei Menschen der Geruchssinn der ist, der dem Gedächtnis am nächsten ist. Anders als Eindrücke, die von unseren anderen Sinnen aufgenommen werden, werden Gerüche ungefiltert ans Gehirn weitergeleitet. Diese Gerüche lösen deswegen auch nach vielen Jahrzehnten noch Erinnerungen aus.

Obwohl es erst gestern war, kann ich mich gerade nicht erinnern, wie die Ankunft in Ulan-Bator gerochen hat. Auch der restliche Tag ist wie in Trance an mir vorübergezogen, nur eine Situation kommt mir immer wieder in den Sinn: Ein kleiner Junge, nur mit einem T-Shirt bekleidet, in dessen Stoff sich der Staub der letzten Wochen gefressen hatte. Er hielt einen Strauß Vogelfedern in der Hand, und wir überraschten ihn, als er eine nächste Feder vom Boden aufsammeln wollte. Als er Felix und mich sah, rannte er los, stolperte, rappelte sich schnell wieder auf, rannte weiter, stolperte noch einmal und verkroch sich schließlich hinter einem Felsen. Auf der Flucht hatte er ein paar seiner Federn verloren, trotzdem kam er nicht wieder hinter dem Felsen hervor. Ganz bestimmt lebte er in einer der Jurten zweihundert Meter weiter den Berg hoch, an denen wir vor ein paar Minuten vorbeigelaufen waren. Es war ein schöner Platz auf einem Hügel direkt am Stadtrand von Ulan-Bator, auf dessen Gipfel die Einheimischen Gebetsfahnen gespannt und Blumen niedergelegt hatten. An seinem Fuß erstreckte sich die Stadt wie ein buntes Meer an Würfeln, dazwischen immer wieder die Jurten von Nomaden, die zwischen Tradition und Moderne gefangen waren.

Wir müssen nicht darüber sprechen, trotzdem merken wir einander an, dass wir es kaum erwarten können, endlich ins Flugzeug nach Chowd zu steigen.

Felix verrät sich vor allem damit, wie er den Wecker stellt. Nämlich so, dass wir nicht die erforderlichen zwei Stunden vor unserem Weiterflug am Flughafen sein werden, sondern fünf. Obwohl das bedeutet, dass wir um vier Uhr aufstehen müssen. Diese Eigenart, viel zu früh an Flughäfen anzukommen, hat zwischen uns schon die eine oder andere Diskussion ausgelöst. Zum Beispiel als wir in Ende – ja, der Ort fühlt sich nicht nur so an, sondern heißt wirklich so – auf einer recht ursprünglichen Insel im Osten Indonesiens mitten in der Nacht vor dem abgeschlossenen Flughafen kauerten und warten mussten. Obwohl Felix immer wieder betont, dass er vor Reisen mittlerweile nicht mehr nervös ist, weiß ich, dass das nicht immer stimmt. Je früher er am Flughafen sein will, desto nervöser macht ihn eine Reise. Fünf Stunden sind Rekord. Das Handeln um ein paar Stündchen mehr Schlaf habe ich dieses Mal trotzdem nicht angefangen – auch ich kann nicht länger warten, bis unser Abenteuer endlich beginnt.

Als der Wecker am nächsten Morgen um vier Uhr klingelt, fühle ich mich, als hätte ich kaum geschlafen. Der Hostel-Geist ist in der Nacht noch ein zweites Mal durch die Küche geturnt und hat seine Choreografie polternd fortgesetzt. Trotzdem krieche ich aus meinem Schlafsack, ohne Felix um weitere zwei Minuten im Bett anzubetteln, wie ich es sonst fast immer tue. Ich will die Zwischenstation Ulan-Bator und den Hostel-Geist endlich hinter mir lassen und in das echte Abenteuer aufbrechen.

Viel zu früh – ich hab's ja gesagt – sitzen wir auf dem kalten Steinboden im Wartebereich des Flughafens. Mit dem Rücken an meinen riesigen Rucksack gelehnt, den ich nicht, wie sonst bei

Flügen üblich, am Schalter abgegeben habe, sondern gleich selbst zum Flugzeug bringen soll.

Der Wartebereich am Flughafen in Ulan-Bator ist ein kleiner Raum, bei dem an allen Wänden grauer Putz abbröckelt. Er erweckt den Eindruck, als würde er mitten in Renovierungsarbeiten stecken. Es gibt zehn weiße Plastikstühle, die alle von Mongolen besetzt sind. Niemand beachtet uns so richtig. Nur wer neu in den Raum kommt, widmet uns einen schnellen, erstaunten Blick. Und einen Zweiten, um sicherzugehen, dass wir tatsächlich auf denselben Flug warten. Das war's dann mit der Aufmerksamkeit. Danach vermeiden es die anderen Fluggäste, in unsere Richtung zu schauen. Es scheint, als wüsste niemand von ihnen so recht, was sie mit uns anfangen sollen. Auch mit meinen Versuchen, ihre Scheu mit einem Lächeln zu brechen, habe ich an der Situation nichts ändern können. Ich fühle mich unsichtbar.

Die Mongolen löffeln stattdessen entweder chinesische Instant-Suppen, verstauen ihre Einkäufe in Säcken oder machen ihre Nägel. Knips. Knips. Knips. Eine alte Mongolin versucht, einen Suppenfleck von ihrer Schürze zu scheuern, und ein kleines Mädchen klatscht mit den Händen immer wieder an die wackelige Schiebetür, die uns von einer kleinen Propellermaschine auf dem Rollfeld trennt.

»Meinst du, sie möchte einen Keks haben?«, flüstert Felix und zeigt auf das kleine Mädchen.

Sie lehnt jetzt mit ihrem Rücken an der Glasscheibe und schaut verstohlen zu uns rüber. Als Felix ihr die Keksrolle entgegenstreckt und ihr ermutigend zulächelt, verzieht sie keine Miene. Dann macht sie dasselbe wie der Junge am Berg in Ulan-Bator: weglaufen und verstecken. In diesem Fall nicht hinter einem Felsen, sondern der Stuhllehne ihrer Mutter.

Felix schnauft hörbar aus und zuckt mit den Schultern.

»Vielleicht sind die einfach nur skeptisch, weil für sie nicht klar ist, was wir hier machen. Sonst ist ja auch niemand da.«

Ich schaue mich um, und mir fällt auf, dass Felix Recht hat. Wir beide sind die Einzigen der rund 50 Passagiere, die ganz offensichtlich keine asiatischen Wurzeln haben. Es scheint, als wären nur Mongolen auf diesem Flug, die nach einem kurzen Verwandtschaftsbesuch und ein paar Besorgungen in der Hauptstadt wieder nach Hause fliegen. Und eine Gruppe Männer wartet hier noch, die deutlich härtere Gesichtszüge haben als die Mongolen. Vielleicht kommen sie aus China.

Als aus einer kleinen Lautsprecherbox nach einem verzerrten Rauschen ein viel zu lauter Gong knistert, setzt sich alles und jeder im Warteraum in Bewegung. Ohne viel zu reden, schnappen sich Mütter ihre Kinder und die Großmütter. Männer werfen sich das Gepäck über die Schultern, einer hat sogar einen Käfig mit einem Huhn unter dem Arm. Wir schultern unsere Rucksäcke, und aus meiner Hosentasche hole ich unsere zwei handgeschriebenen Bordkarten. Die erinnern mich stark an die Eintrittskarten zu meiner Einrad-Show, die ich als Kind an meine Nachbarn verteilt habe.

Und dann – dann sitzen wir endlich in dem Flugzeug, mit dem unser Abenteuer richtig startet. Flugzeit: dreieinhalb Stunden, in denen die weiten graugrünen Hügel rings um Ulan-Bator und das Zentrum der Mongolei immer mehr in eine ockerfarbene Marslandschaft übergehen. Ab und zu laufen Sanddünen über den glatten, ausgetrockneten Boden, dann kommt wieder sehr lange nichts. Während die Stewardess Milch serviert, versuche ich mir vorzustellen, dass die Landschaft innerhalb der nächsten Stunde in Grasland oder zumindest Steppe übergehen müsste, wenn die Legende unserer russischen Karten

stimmt. Dann sollten auch die vielen Flüsse und Seen kommen, die die Karten spicken. Hier sieht's allerdings eher aus,
als hätte Wasser den Boden schon seit einigen Monaten nicht
mehr berührt.

Als eine Durchsage auf Mongolisch durch die Lautsprecher
über unseren Köpfen rauscht und ihr nicht wie üblich eine eng-
lische Übersetzung folgt, wird mir klar, dass wir ab sofort tatsächlich auf uns allein gestellt sind. Hier gibt es nur noch uns
beide. Felix, der neben mir unverändert auf die Landschaft nach
unten starrt, ist der einzige Mensch weit und breit, der mich verstehen kann. Wer uns keine Beachtung schenkt – von dem kann
man wohl auch keine Hilfe erwarten. Wer weiß das schon. Wahrscheinlich können die Mongolen einfach nicht nachvollziehen,
warum wir uns ausgerechnet hierher verirrt haben. Mir fällt
wieder die Frage der Geschäftsfrau ein, die auf dem Flug nach
Moskau meine Sitznachbarin war: »Was kann man hier eigentlich machen?« Wenn nicht mal sie unser Vorhaben wirklich verstehen konnte, als ich es ihr in vielen Worten erklärt habe – wie
sollen es dann Einheimische nachvollziehen, denen wir es noch
nicht einmal erklären können? Mit Englisch werden wir hier sehr
sicher nicht weiterkommen, wenn es noch nicht einmal alle Ste-
wardessen an Bord sprechen. Es scheint, als wäre die Möglichkeit, sich mit Worten zu verständigen, 1.200 Kilometer weiter
östlich verloren gegangen.

Felix hat gerade anscheinend ähnliche Gedanken im Kopf.

»Jetzt wird's ernst«, sagt er und nickt in Richtung Fenster.
»Was meinst du – sollen wir erst mal nach diesem Guide suchen,
der im Reiseführer steht? Er kann uns sicher die Weiterfahrt zu
unserem Startpunkt organisieren. Mehr müssen wir in Chowd ja
nicht erledigen.«

Felix reißt die Seite mit dem Ortsplan aus dem Reiseführer und
steckt sie in seine Hosentasche. Das macht er meistens so. Weil er

auf seinen Reisen gelernt hat, dass man es oft besser nicht zugeben sollte, wenn man nicht weiß, wo man hinmuss. Sein Credo: Steht man mit dem Reiseführer in der Hand ratlos am Straßenrand, sieht man schneller hilflos aus, als einem lieb ist. Man zeigt quasi, dass man sich jetzt auf alles einlassen würde.

»Lauf lieber bewusst in die falsche Richtung, als stehenzubleiben«, hat er mir auf unserer ersten gemeinsamen Reise in Marokko zugetuschelt, als ich für einen Moment zu ratlos durch die Gegend geschaut habe und sofort eine Traube engagierter Marokkaner auf mich zumarschiert ist. In vielen Ländern, die es verstanden haben, mit Tourismus Geld zu verdienen, sind diese Helfer, die immer aus dem Nichts zu kommen scheinen, sogenannte Schlepper. Sie helfen einem, vermitteln einen weiter, zum Beispiel an den Cousin, der ein Tourenbüro hat, oder die Schwester mit dem Hotel. Hinterher verlangen sie dafür übermäßig viel Geld.

Als wir am Flughafen in Chowd aus dem Flugzeug steigen, ist Felix es, der seine Ratlosigkeit kurz nicht verbergen kann. Nur wenige Schritte, dann sind wir vom Flugzeug im einzigen Raum, der den Flughafen bildet. Der hat noch nicht einmal die Größe einer Turnhalle. Es gibt ein Rollband, auf dem gerade unsere Rucksäcke hereinpoltern, ein paar andere Koffer und der Käfig mit Huhn, den der Mann in Ulan-Bator unter dem Arm getragen hat. Neben dem Rollband steht ein kleiner Tisch als Check-in-Schalter. Das ist alles, was darauf schließen lässt, dass das hier ein Flughafen ist.

Ein paar Schritte, dann stehen wir draußen.

Ganz oft ist es an Flughäfen ja so: Sobald man das Gebäude verlässt, versperrt einem eine lange Schlange an Taxen den Weg. Der An- und Abfahrtsverkehr hupt hektisch um die Wette. Gleichzeitig wird man von allen Seiten von noch mehr Fahrern

umzingelt und an den Ärmeln gezupft, damit man das beste Angebot nicht verpasst. Die nächsten Minuten verbringt man dann
damit, sich nicht übers Ohr hauen zu lassen und einen guten
Deal auszuhandeln.

Hier in Chowd, immerhin der Provinzhauptstadt, ist die Situation etwas anders:

Der Platz vor dem Flughafen ist eine leere Fläche mit ausge-
trocknetem Boden, auf dem hier und da ein paar Grasbüschel
wachsen. Auf der einen Seite steht ein hölzernes Geländer, an
dem ein paar angebundene Pferde auf ihre Reiter warten. Kein
Witz! Fehlt nur noch, dass klischeehaft wie in Westernfilmen
kleine Grasbällchen über die ockerfarbene Erde wehen.

Neben den Pferden stehen ein paar Mofas und auf der anderen Seite ein paar wenige Autos. Hier hupt niemand, es gibt kein
wildes Getummel. Keine Spur von Bussen oder Taxen. Noch
nicht einmal von Bewohnern, die Fahrten auf ihren Motorrä-
dern anbieten, um sich ein paar Scheine in der mongolischen
Währung Tögrög dazuzuverdienen. Weil das kein lohnendes
Geschäftsmodell wäre, sind sie darauf wahrscheinlich noch gar
nicht gekommen.

Ich schaue Felix an, ohne was zu sagen, und der zuckt nur mit
den Schultern.

»Irgendwer wird uns schon mitnehmen.«

Felix steuert auf einen jungen Mann zu, der neben einem
Auto auf einen der Passagiere wartet. Schon von weitem ruft
Felix ihm eins der wenigen mongolischen Wörter zu, die wir
kennen, und spricht es so aus: »Sai bai nuu« – »Hallo.« Felix
wiederholt es noch zweimal, bis er vor dem Auto steht, und
zeigt dann auf sich, auf mich, auf das Auto und in Richtung
Ort. Dann faltet er bittend die Hände zusammen. Der Mann
schaut ihn ausdruckslos an und macht keinen Mucks. Als ich
dazukomme, schüttelt er den Kopf. Als wir zum nächsten Auto

laufen, fährt er ohne uns ab. Auch unser zweiter Versuch bleibt erfolglos, während sich der winzige Parkplatz schnell leert. Nur ein paar Pferde, die noch immer auf ihre Reiter warten, stehen jetzt noch rum. Wir stellen uns neben das einzige Auto, das jetzt noch hier ist.

»Ich seh' uns schon in den Ort laufen.«

»Wie weit ist das denn?«, fragt Felix mehr sich selbst und zieht das GPS-Gerät aus seiner Hosentasche.

Das zeigt ungefähr sechs Kilometer an. Dann kommt die Gruppe Männer aus dem Flughafenraum, die mir schon im Wartebereich in Ulan-Bator aufgefallen ist, weil die Männer anders aussehen als die Mongolen. Nach einem kurzen Gespräch auf Englisch stellt sich raus, dass sie tatsächlich aus China kommen und hier im Westen der Mongolei einen möglichen Reichtum an Bodenschätzen aufspüren wollen. Sie nehmen uns gerne mit in den Ort.

»Da habt ihr aber Glück!«, sagt der eine und lacht.

»Eine andere Mitfahrgelegenheit hättet ihr wohl nicht bekommen. Die Mongolen sind oft sehr schüchtern und skeptisch, wenn sie Fremde nicht verstehen können. So viele kommen hier auch nicht an.«

Die Luft ist staubig und trocken. Meine Augen tränen, als wir in Chowd aus dem Auto steigen. Hinter einem Haus, gleich an der Hauptstraße, brennt ein Haufen Müll. Große Greifvögel kreisen über unseren Köpfen.

»Schau mal, Wahnsinn, wie riesig die sind! Und wie nah!«

Obwohl der Falke in der Luft ist, kann ich seine kleinen, kreisrunden Augen erkennen. Ich drehe mich im Kreis und zähle vier von ihnen. Lautlos gleiten sie wenige Meter über mir durch die Luft, ohne nur einmal mit den Flügeln zu schlagen.

Als ich meinen Blick vom Himmel löse, sehe ich, dass die Hauptstraße plötzlich völlig verlassen vor mir liegt. Es ist nicht so, dass gerade noch viel los war – aber so leer war es doch nicht, als wir aus dem Auto gestiegen sind?

Felix läuft langsam los, und ich sehe, dass er den abgerissen Ausschnitt vom Ortsplan, der nicht viel mehr als zehn Straßen abbildet, in seine Handfläche gelegt hat.

»Weißt du, was super ist?«, sagt er beim Blick darauf. »Dass weder die Straßen auf der Karte noch hier einen Namen haben. An den Häusern steht ja auch nichts. Den Plan können wir eigentlich wegwerfen. Am besten fragen wir uns einfach durch. Den Guide kennt hier bestimmt eh jeder. Ist ja ein kleiner Ort.«

Ich schlage Felix vor, dass ich kurz losziehe und er solange bei unserem Gepäck wartet. Dann müssen wir nicht beide die schweren Rucksäcke durch die Gegend tragen.

Als ich loslaufe, erkenne ich hinter mehreren Fenstern immer wieder Kinder, die hervorlugen und sich schnell ducken, sobald ich sie anschaue. Auf der Straße ist niemand, und als ich in einen Seitenweg abbiege, sehe ich gerade noch ein paar andere Kinder hinter einer Mauer verschwinden. Ich laufe weiter. Vorbei an bröseligen Steinmauern und Jurten, die immer wieder zwischen gemauerten Häusern stehen. Bei den Häusern könnte ich nicht sagen, ob sie gerade erst im Bau sind oder schon wieder am Verfallen. Manche von ihnen haben keine Fensterscheiben, obwohl es hier im Winter nicht selten zweistellige Minusgrade hat. Am Straßenrand stehen kauende Schafe, und hinter ihnen brennt ein zweiter Haufen Müll, der die Luft schwer macht. Dann sehe ich das einzige Schild, das neben den kyrillischen Buchstaben auch lateinische hat. Neben den großen Lettern зочид буудал steht da auch »Hotel«. Die können uns bestimmt weiterhelfen.

Die Tür aber ist abgesperrt. Erst, als ich immer wieder an ihr und zwei Fenstern klopfe, macht mir eine kleine, stämmige Frau auf. Weil sie mich nicht reinbittet, bleiben wir im Türrahmen stehen. Ich zeige ihr die Adresse des Guides aus unserem Reiseführer. Sie schüttelt den Kopf. Ich strecke ihr den verknitterten Ortsplan entgegen und tippe noch einmal auf die Adresse. Als die Mongolin wieder nur den Kopf schüttelt und keine Regungen macht, sich weiter mit meiner Frage zu befassen, gebe ich mich geschlagen. Zweimal Kopfschütteln lässt keinen Raum für weitere Verständigungsversuche. Ich falte meine Hände, halte sie unter mein Ohr und neige meinen Kopf zur Seite – sie soll meine Frage verstehen, ob wir heute Nacht in ihrem Hotel schlafen können. Wieder schüttelt sie nur den Kopf. Bei ihr komme ich wohl wirklich nicht weiter.

Als ich weiterlaufe, frage ich mich, wie viel Zeit schon vergangen ist. Ich habe keine Uhr dabei, und unser GPS-Gerät ist bei Felix. Trotzdem schätze ich, dass ich mindestens eine halbe Stunde unterwegs bin. Alles, was ich bis jetzt gefunden habe: ein Hotel, in dem man nicht übernachten kann, mit einer Besitzerin, die bei jeder Frage stumm den Kopf schüttelt. Klasse.

Als ich um die nächste Straßenecke biege, sehe ich eine Gruppe junger Mädchen am Straßenrand stehen. Zwei von ihnen haben Handys in der Hand und zeigen den anderen darauf etwas. Als sie merken, dass ich auf sie zulaufe, sind sie plötzlich ganz aufgeregt. Sie lächeln schüchtern, drehen sich dann aber weg und verschwinden in einem Haus. Ich bin mir mittlerweile sicher, dass ich mich nicht irre: Mit jedem Schritt, den ich nach vorne setze, strömen die Einheimischen von mir weg. Außer mit der Frau im Hotel konnte ich noch mit niemandem sprechen, geschweige denn ist irgendwer auf mich zugegangen. Das ist mir noch nie zuvor passiert, in keinem anderen Land. Wie ich da so stehe, in diesem Ort, der aussieht wie ein Dorf auf dem Mars, und verlassen von allen Bewohnern, fühle ich mich verlorener und hilfloser denn je. Und das, obwohl wir eigentlich noch nicht einmal die Zivilisation verlassen haben.

Keine hundert Meter mehr, dann ist die Straße auch schon zu Ende, und Chowd geht über in endlose Weite. Niedergeschlagen laufe ich zu Felix zurück.

»Ich wollte dich schon suchen, wo warst du denn so lange?«, fragt er, als ich mich neben ihn auf den Boden fallen lasse.

»Was ist los? Lass uns doch gleich zum Guide gehen.«

»Ich weiß aber nicht, wo der ist«, antworte ich patzig.

Ich gebe nicht gern zu, dass meine Suche erfolglos war. Noch dazu merke ich beim Blick auf die Uhrzeit, dass ich fast eine Stunde lang beinahe jede Straße abgeklappert habe, die es in Chowd gibt.

»Dann müssen wir halt noch mal zusammen schauen«, sagt Felix und spricht damit genau das aus, was ich nicht hören will. Denkt er etwa, dass ich die Adresse nicht auch allein finden würde? Wie sollte er mir denn dann noch dieses Abenteuer zutrauen?

»Warum sollte es bei dir denn anders laufen? Die sind alle vor mir weggerannt«, erkläre ich deswegen.

Ein kleiner Teil von mir wünscht sich, dass es Felix genauso gehen würde.

»Lass uns doch erst mal was von den Keksen essen, bevor wir weitersuchen«, schlage ich vor. »Ich hab wahnsinnig Hunger und du hast im Flieger schon gesagt, du musst bald mal was essen.«

Ich denke dabei an Punkt vier in unserem Masterplan: keine Entscheidungen, wenn wir hungrig und ausgelaugt sind. Zwar müssen wir gerade keine Entscheidung treffen, trotzdem merke ich, dass es nicht zu einer guten Stimmung beiträgt, wenn wir nichts im Magen haben. Und ich habe das Gefühl, dass unsere gemeinsame Suche nach Hilfsbereitschaft nicht wirklich leichter sein wird als meine in der letzten Stunde.

Als wir nach einer kurzen Pause zusammen losziehen, spielen sich dieselben Szenen noch einmal ab: Ab und zu blökt eins der

Schafe, die uns vom Straßenrand aus zusehen. Sonst ist Chowd wie ausgestorben.

Als wir in einem Hinterhof stehen, glauben wir, das kleine Tourenbüro des Guides gefunden zu haben. An den Fenstern kleben zwei vergilbte Poster einer mongolischen Landschaft, darüber steht auf Englisch, mindestens genauso von der Sonne ausgeblichen, »Entdeckungen«. Auch hier ist die Tür abgesperrt, und obwohl wir ein paar Minuten lang klopfen und warten, klopfen und warten, kommt niemand.

»Gibt's nicht noch jemand Zweites, der Touren anbietet?«, frage ich Felix.

Der schüttelt den Kopf.

Insgeheim bin ich froh, dass er merkt, dass ich nicht ohne Grund erfolglos zu ihm zurückgekommen bin. Andererseits bin ich ratlos.

»Du, ich glaube, das macht heute keinen Sinn mehr. Vielleicht ist's auch einfach schon zu spät.«

»Wir können doch nicht ewig in diesem Ort festsitzen«, sagt Felix.

Wenn er ungeduldig ist, neigt er manchmal zu Übertreibungen, obwohl er sonst in so vielen Situationen einen beneidenswert kühlen Kopf behalten kann. »Ewig« ist schließlich was ganz anderes und fängt sicher nicht morgen an. Felix will weitersuchen, ich nicht. Knapp bevor eine erste Diskussion auf dieser Reise über uns hereinbricht, hören wir Rufe von weiter her und Schritte, die von hinten auf uns zu rennen.

»Hi, hey guys, hello!«

Ein paar Schritte später steht eine junge Frau vor uns, die mit ihrem Hosenanzug und den polierten Schuhen in der staubigen, verlassenen Straße völlig fehl am Platz wirkt. Als hätte sie sich Wort für Wort zurechtgelegt, erklärt sie uns in feinsten Vokabeln, dass sie die Englischlehrerin von Chowd sei.

»Es hat sich im Ort rumgesprochen, dass ihr hier seid. Und ich dachte schon, dass ihr Hilfe benötigen könntet.«

Mir fällt ein Stein vom Herzen. Und ich erinnere mich an etwas, das auf meinen bisherigen Reisen ohne eine Ausnahme immer wieder wahr geworden ist: Egal wie aussichtslos eine Situation erscheint – irgendeine Lösung kommt immer ums Eck. Diesen Glauben habe ich bei meinem Streifzug durch Chowd in irgendeiner Straße verloren, und die Englischlehrerin Toja ist hinter uns hergelaufen, um ihn mir zurückzugeben.

»Wir konnten noch mit niemandem sprechen«, sage ich und merke, dass ich in diesem Moment sehr verzweifelt klinge. Ich versuche, mir meine Unsicherheit nicht anmerken zu lassen. »Ich habe das Gefühl, die Menschen wollen nicht mit uns sprechen?«

Jetzt wirkt Toja verlegen. Sie entschuldigt sich. Wir sollten das nicht falsch verstehen.

»Es ist nur so, dass hier außer mir kaum jemand Englisch spricht. Das ist ihnen peinlich. Und sie sehen nicht, was ihr von ihnen wollt, weil sie nicht wissen, was ihr hier macht. Die meisten Touristen, die hierherkommen, haben einen mongolischen Reiseleiter dabei.«

Obwohl mir das einleuchtet, löst das noch nicht unser eigentliches Problem: Wir müssen von hier aus einen Fahrer finden, der uns am Fluss nahe Tolbo aussetzt – laut unseren russischen Militärkarten ist Толбо etwa 170 Kilometer entfernt. Und dort, wo sich höchstens ein paar Nomadenfamilien im Jahr niederlassen, wird es keine Möglichkeit mehr geben, dass wir uns helfen lassen. Noch weniger als hier in der Provinzhauptstadt. Und hier hat es uns schon in jede Gasse getrieben, bis uns die einzige Person gefunden hat, die hier Englisch spricht.

Fest steht: Bevor wir am Fluss in Толбо loslaufen, muss klar sein, dass unsere geplante Route funktionieren wird. Zumindest, was die Theorie angeht.

Mit dem nächsten Windhauch rieche ich sie dann endlich: die Abenteuerluft, die ich in Ulan-Bator vermisst habe. Es liegt ein Hauch von Verbranntem in ihr und der Staub des trockenen Bodens. Jetzt sind wir wirklich in der Mongolei angekommen. Mit unseren großen Rucksäcken auf dem Rücken stehen wir in einer Landschaft, die der Mars sein könnte. Über unseren Köpfen kreisen Falken. Hier wird es sich also entscheiden, ob wir das zusammen schaffen können.

6. KAPITEL

DÜRRE

Wir sitzen mit Toja in einem kleinen und sehr schlicht ausgestatteten Restaurant. Darf man das überhaupt so nennen? Vor die kleinen Fenster sind Gitterstäbe geschraubt. Bei einem fehlt die Glasscheibe. Drinnen stehen auf dem grauen Betonboden drei kleine Plastiktische mit Plastikstühlen und Plastiktischdecken. Außerdem eine Theke, über der in Gelb und Rot die Speisekarte hängt. Toja übersetzt grob für uns, was draufsteht: Wasser, Cola, Bier, drei verschiedene Gerichte. Alle mit gekochtem Schafsfleisch. Eins hat Brot als Beilage, das andere Kartoffeln, das dritte kommt mit nichts als Fleisch. Das ist der einzige Unterschied zwischen eins, zwei und drei, der sich mir erschließt. Ich entscheide mich für Nummer Zwei, weil Toja meint, das sei ihr absolutes Lieblingsgericht. Überhaupt hätten wir es auf keinen Fall verpassen dürfen, hier essen zu gehen. Die Köchin sei wie die meisten hier in Chowd aus einer waschechten Nomadenfamilie und lebe in ihrer Jurte am Ortsrand. Nirgendwo könnten wir mongolisches Essen liebevoller und authentischer zubereitet bekommen. Und authentisch – genau so wollen wir es ja haben, oder nicht? Warum sonst sollten wir uns dazu entscheiden, ganz alleine durch diese verlassene Landschaft zu laufen, wenn wir nicht die echte Mongolei kennenlernen wollten?

Als wir auf unser Essen warten, betont Toja mehrmals, dass sie sich nicht sicher sei, ob sie unser Vorhaben richtig verstehe.

An der Unsicherheit in ihren Sätzen merke ich, dass sie sich die ersten Worte an uns zurechtgelegt hatte. Sie erklärt uns, dass sie richtige Gespräche auf Englisch so selten führe. Den Kindern in Chowd bringe sie es ja erst bei. Und wir hätten ja auch einen ganz anderen Akzent.

»Ihr wollt zu Fuß gehen?«, hakt sie deswegen ein paar Mal öfter nach.

»Zu Fuß? Keine Pferde, kein Auto? Die meisten Fremden, die hierher kommen, sind froh, dass es mittlerweile ein Hotel und ein Restaurant hier in Chowd gibt«, sagt sie, lacht und schüttelt gleichzeitig den Kopf.

»Ich habe gesehen, wie manche sogar eigene Seife zum Händewaschen benutzt haben. Und ihr, ihr wollt so weit raus in die Wildnis wie möglich?«

Sie schaut uns erwartungsvoll an. Als würde sie auf die zündende Erklärung warten. Wir erzählen ihr, dass es wenige Länder gibt, die so leer, so weit und so ursprünglich sind wie die Mongolei. Dass wir hier richtige Freiheit erfahren wollen, wie es sie nur in der abgelegensten Wildnis geben kann. Dass wir sie schon in vielen anderen Ländern gesucht, aber nur selten gefunden haben.

Und da ist er wieder. Dieser Blick, aus dem tausend Fragezeichen sprechen. Ihn habe ich schon bei vielen Menschen in fernen Ländern gesehen. Bei Menschen, die noch nicht sehr viele Berührungspunkte mit der westlichen Welt hatten. Eine Frau in Indonesien hatte zum Beispiel noch nie von Deutschland gehört, Italien aber kannte sie, weil von dort die Pizza herkommt. Und die gibt es tiefgekühlt auch in der Stadt, die sie einmal jährlich besucht. Sie hat ganz andere Probleme als wir, und die haben bestimmt nichts damit zu tun, dass sie die echte Freiheit noch nicht finden konnte.

Weil ich viele solcher Gespräche auf meinen bisherigen Reisen geführt habe, bin ich mir sicher, dass es für Toja schlichtweg nicht

möglich sein wird, unsere Wünsche und unser Vorhaben nach- zuvollziehen. Gleichzeitig kann sie die Ausmaße in ihrer vollen
Größe gar nicht erkennen, die so eine Reise für uns mit sich
bringt. Für sie ist vieles normal, was uns bereits vor die ersten
Herausforderungen stellt. Zum Beispiel in freier Natur zu überleben, wenn mehrere Hundert Kilometer kein anderer Mensch in
der Nähe ist. Für Tojas Familie ist das Alltag. Sie machen das Tag
für Tag, seit Jahrhunderten, während wir uns wochenlang und
intensiv darauf vorbereiten müssen. Es liegen Welten zwischen
unseren Lebensweisen.

Toja kann deswegen nicht wirklich verstehen, warum wir
schwer bepackt durch ihr Land laufen wollen – wenn es doch
bestimmt auch einfachere Möglichkeiten gibt. Mit Pferden zum
Beispiel. Warum können wir eigentlich nicht reiten? In der Mongolei würden die Kinder das schließlich noch vor ihren ersten
Schritten lernen. Das betont Toja immer wieder.

Noch weniger versteht Toja, warum wir eigentlich nicht verheiratet sind und längst Kinder haben. Felix ist schließlich so alt
wie sie. Worauf warten wir denn noch? Wir haben doch alles, in
unserem Land. Und Reiselust und Neugierde könnten doch nicht
etwas sein, was uns aktuell wichtiger wäre als eine große Familie.

Um Toja unser Vorhaben, so gut es geht, näherzubringen, re-
duziere ich es auf das Grundlegende. Ich rede weniger von Freiheit, mehr vom Draußensein. Das ist dann schließlich auch wieder ein Stichwort, unter dem sich Toja etwas vorstellen kann.

»Wisst ihr, wenn wir Mongolen etwas verstehen können, dann
ist es Begeisterung fürs Draußensein. Wir leben seit Jahrhunderten in unseren Zelten und ziehen mit ihnen durchs Land.«

Sie erzählt uns, dass die Nomaden hier in der Regal zweimal
im Jahr umziehen würden. Einmal kurz vor dem Winter, einmal
kurz danach. Diese Umzüge wären wie eine große Parade, weil
viele Familien riesige Herden Yaks, Schafe und Ziegen hätten.

Eine reiche Familie kommt damit auf mehrere Hundert Tiere, mit denen sie tagelang durchs Land zieht.

»Natürlich merken wir auch in der Mongolei, dass die Zeit immer weiter voranschreitet. Im Vergleich zu anderen Ländern tut sie das aber sehr langsam, schätze ich. Trotzdem leben mittlerweile über die Hälfte der Mongolen in Städten. Die meisten in Ulan-Bator. Viele haben große Hoffnungen in diese moderne Welt und träumen von einem leichteren Leben. Hier draußen ist es hart, wisst ihr. Einige Nomaden kehren aber trotzdem wieder in die Natur zurück. Weil sie sich in der Stadt verloren fühlen und keine Arbeit finden. Meinem Bruder ist es so ergangen. Der ist mit seiner Jurte erst in die Hauptstadt gewandert, dann wieder zurück aufs Land. Jetzt lebt er wieder von seinen Tieren.«

Toja ist wie ein offenes Lexikon, auch wenn die Verständigung manchmal holpert. Es tut gut, in ersten Ansätzen zu verstehen, was die Menschen hier bewegt. Weil ich die leise Vorahnung habe, dass wir während der kommenden Wochen nicht viele Gelegenheiten haben werden, von einer Mongolin sozusagen aus erster Hand zu lernen, stelle ich Toja alle Fragen, die mir in diesem Moment in den Sinn kommen.

Dann will sie aber mehr von uns wissen. Nämlich unseren genauen Plan.

»Wir sind auf der Suche nach einem Fahrer, der uns morgen nach Tolbo bringen kann«, erklärt Felix und breitet unsere russischen Militärkarten auf dem Tisch aus.

Die versetzen Toja so sehr ins Staunen, dass Felix ihr erst die Geschichte zu den Karten erzählen muss, bevor er mehr zu unserer Route sagen kann.

»Solche Karten habe ich von unserer Gegend ja noch nie gesehen!«, sagt Toja immer wieder. »Die gibt es hier nicht, da ist ja alles drauf!«

»Genau«, sagt Felix. »Auch Sagsay, siehst du? Hier oben. Das soll unsere erste Zwischenstation sein. Hier am Fluss entlang wollen wir laufen.«

»Hmmm. Ich weiß nicht, ob da gerade ein Fluss ist«, platzt es aus Toja raus.

»Es könnte den Fluss nicht geben?«, frage ich fassungslos.

Toja antwortet mit ein paar ungenau formulierten Sätzen und wirft uns mehrere mongolische Namen um die Ohren. Spricht sie von verschiedenen Nomaden? Oder Orten? Dann schnappe ich das eine Wort auf, das für sich spricht. Dürre.

»Genau.« Toja nickt. »So trocken wie dieses Jahr war es schon lange nicht mehr. Im Frühjahr und im Sommer hat es kaum geregnet. Viele Flüsse und Seen haben kaum mehr Wasser. Große Flüsse sind zu kleinen Bächen ausgetrocknet. Ich kann nicht sagen, ob der Fluss zwischen Tolbo und Sagsay überhaupt Wasser hat. Ich glaube, das ist sowieso kein recht großer Fluss. Ich weiß es aber nicht. Ich war noch nie dort.«

Die Köchin serviert in unser entsetztes Schweigen das Essen. Über mongolisches Essen habe ich bei unseren Vorbereitungen immer das Gleiche gelesen: Es soll furchtbar sein. Nur Fleisch. Nur vom Schaf. Keine Beilagen, keine Gewürze, keine Alternativen. Doch was jetzt vor mir steht, sieht gut aus und riecht sogar ein kleines bisschen nach Burger-Laden. Ich nehme den ersten Bissen mit einem kurzen Zögern, kaue kurz auf dem Stück Fleisch rum – und kann es dann kaum erwarten, eine zweite Gabel zu probieren. Vielleicht liegt es daran, dass ich mich seit dem Frühstück nur von viel zu süßen Butterkeksen ernährt habe – was gerade vor mir steht, schmeckt jedenfalls ähnlich wie gut gewürztes Gyros vom Lamm.

Gleichzeitig höre ich gespannt Toja zu, die weiter vom trockensten Jahr erzählt.

»Es ist so trocken, dass über dem Dorf seit Wochen eine Staubglocke hängt!«

Je mehr Toja davon erzählt, desto zögerlicher spricht sie weiter. Bis sie irgendwann recht bedröppelt dreinschaut. Vielleicht hat sie Felix' und meine großen Augen bemerkt, die immer größer werden, je mehr sie von den ausgetrockneten Flüssen erzählt.

Während sich Toja nach ihrem letzten Satz löffelweise das Fleisch von Gericht Nummer zwei in den Mund schiebt, bleiben mir die leckeren Stückchen fast im Hals stecken.

Felix nimmt das Gespräch wieder auf.

»Weißt du, Toja. Wir haben zwar einige Portionen Essen dabei, das Trinkwasser aber nehmen wir aus den verschiedenen Flüssen entlang unserer Route. Wir haben Glück, dass du uns jetzt von dieser Dürre erzählst. Wen können wir denn fragen, ob der Fluss Wasser hat? Es ist ja so: Wenn der an unserem Startpunkt oder ein paar Kilometer später keins hat, können wir dort auf keinen Fall loslaufen.«

Dieses Mal zögert Toja, bevor sie antwortet.

»Hmmm«, fängt sie langsam an. »Hmmm. Wir können niemanden fragen. Wenn wir Glück haben, leben dort gerade Nomaden. Die wüssten das natürlich.«

»Aber?« Jetzt habe ich meine Fassung wieder gefunden.

»Aber dazu müsst ihr erst hinfahren. Das wird ungefähr fünf Stunden dauern. Seid ihr fertig mit Essen? Ich habe eine Idee, wer euch fahren könnte.«

Als wir wieder nach draußen gehen, scheint der ganze Ort zu wissen, dass wir mit Toja beim Essen gesessen sind. Wie zufällig sitzt eine Gruppe Kinder auf der Stufe vor der Tür, und zwei Frauen unterhalten sich auf der anderen Straßenseite, während sie immer wieder schüchtern in unsere Richtung blicken. Ein älterer Mongole sitzt auf einem verrosteten Mofa mit abgeschaltetem Motor ein paar Meter die Straße runter und versucht gar nicht zu verstecken, dass er uns interessiert beobachtet. Es scheint, als

hätten sie alle ihre erste Scheu überwunden. Nach dem Motto:
Wenn Toja mit ihnen beim Essen sitzt, können die ja gar nicht
so komisch sein.

Niemand läuft mehr von uns weg. Wir laufen stattdessen Toja
hinterher, die zum ersten Mal nicht mehr viel redet, sondern
mit ihren polierten Schuhen in kleinen Schritten um ein paar
Straßenecken rennt, während ihr sauber geschnittener schwarzer
Bob dabei auf und ab hüpft. Wieder fällt mir auf, wie wenig sie
rein optisch in diese Umgebung passt. Ob sie auch zu den Nomaden zählt, die von einem anderen Leben träumen? Mit ihren
polierten Schuhen und dem Hosenanzug mit dem weißen Blazer
wirkt sie, als würde sie gerade durch eine falsche Kulisse laufen.
Als hätte sie sich in das staubige Nomadendorf verirrt, obwohl
sie eigentlich in einer ganz anderen Welt unterwegs sein sollte.
Toja hat sich gekleidet, einen Lidstrich gezogen und Lippenstift
aufgetragen, als würde sie nur darauf warten, ihre nächsten za-
ckigen Schritte gleich in der Moderne zu setzen. In der fernen
Hauptstadt Ulan-Bator, von der sich so viele Nomaden so viel
versprechen.

Bevor ich meinen Gedanken zu Ende spinnen kann, stehen wir
in einem winzigen Möbelgeschäft, das von Tisch, Stuhl, Schrank
und Co. immer genau eins zur Auswahl hat. Wie überall in
Chowd müffelt es auch hier leicht beißend nach verbranntem
Müll und nach Schaf.

»Der Laden gehört dem Mann meiner Schwester. Viele hier im
Ort haben kein Auto, sondern ein Pferd und ein Mofa. Er hat eins
und kann euch vielleicht nach Tolbo bringen«, erklärt Toja.

Dass viele Menschen hier auf Pferden und zwei Rädern unterwegs sind, haben wir am Flughafen ja schon bemerkt. Offenbar
ist das Phänomen aber weiter verbreitet, als wir ahnen konnten.
Toja fügt nämlich noch hinzu:

»Wenn er euch nicht fahren kann, müssen wir weiter überlegen. Ist nicht ganz einfach.«

Ein paar wenige Sätze später wissen wir: Es ist tatsächlich nicht ganz einfach. Der Mann von Tojas Schwester kann uns nämlich nicht fahren. Toja übersetzt: Weil Tolbo auf einer Strecke liegt, auf der er öfter mal wegen seiner Möbel unterwegs sei, kenne er die Gegend ein wenig. Vor allem, weil er dort vor kurzem erst eine Autopanne hatte. Als er deswegen stundenlang am Straßenrand warten musste, kam er mit Nomaden ins Gespräch. Beziehungsweise: nicht ins Gespräch, und genau das ist das Problem. Denn der Mann von Tojas Schwester spricht Mongolisch, die Nomaden in dieser Region nordwestlich von Chowd haben größtenteils kasachische Wurzeln.

»Kasachisch ist eine völlig andere Sprache«, erklärt Toja.

»Wir verstehen die nicht, die verstehen uns nicht.« Sie zuckt mit den Schultern.

»Da haben wir Pech, weil wir hier ausgerechnet in der Grenzregion sind, in der mongolische Völker neben kasachischen Völkern siedeln.«

Für uns bedeutet das in diesem Moment vor allem zwei Dinge: Wir müssen in diesem Ort nicht nur jemanden mit einem Auto finden. Sondern jemanden, der ein Auto hat und neben Mongolisch auch noch Kasachisch spricht. Unser Fahrer muss mithilfe von Nomaden schließlich rausfinden, ob der Fluss viele Kilometer weiter immer noch unser Trinkwasser liefern wird. Der Mann von Tojas Schwester scheidet also aus. Laut Toja außerdem einige weitere Autofahrer, weil sie sich alle nicht mit den Nomaden vor Ort verständigen können.

Jetzt spricht Toja lange mit dem Mann ihrer Schwester, ohne dass sie für uns übersetzt. Ich lasse mich neben sie auf die Couch fallen. Was reden die? Die Sprache klingt zu fremd, als dass ich einzelne Worte oder gar den Sinn herleiten könnte. Es sind viele

Laute, die bei Toja zwischen den Zähnen zischen und bei ihrem Schwager aus tiefster Kehle grollen. Der Schriftsteller Tim Severin hat die mongolische Sprache einmal so beschrieben: Sie klinge wie zwei Katzen, die sich anfauchen und anhusten, bis sich eine von ihnen übergibt. Zum ersten Mal kann ich mir darunter tatsächlich etwas vorstellen. Zuversicht jedenfalls klingt anders, denke ich. Und Felix spricht es aus.

»Kann doch nicht sein, dass es hier niemanden gibt, der sich was dazuverdienen will. Kommt mir vor, als wären wir die Ersten, die hier nach einem Fahrer fragen.«

Weil ich keine Antwort habe, bin ich still.

»Schau mal«, fügt Felix nach einer kurzen Pause hinzu und macht eine Kopfbewegung hinüber zu Toja. Die läuft mittlerweile geschäftig vor uns auf und ab, telefoniert und redet dabei viel schneller als noch zuvor.

»Schau mal, was wir hier für ein Chaos ausgelöst haben.«

Mittlerweile wirkt die Situation zu kurios, um nicht darüber zu lachen.

»In allen anderen asiatischen Ländern wären wir gerade umringt von Menschen, die uns fahren wollen. Sie würden sich gegenseitig runterhandeln und mit ihren Autoschlüsseln vor unseren Nasen fuchteln...«

Als ich diesen Satz zu Ende sage, legt auch Toja auf. Sie schüttelt den Kopf.

»... und hier finden wir noch nicht mal einen, der das macht.«

Nachdem uns zwischendurch Kekse und Cola serviert wurden und ein Dorfbewohner nach dem anderen zum Fenster reingelinst hat, fängt Toja am Telefon plötzlich ganz eifrig an zu nicken. Fast zwei Stunden im Möbelgeschäft, einen Teller Kekse und um die zehn Telefonate später hat Toja dann endlich gute Nachrichten für uns.

»Oonoo wird euch fahren! Gleich morgen früh!«

Toja ist so aufgeregt, dass sie sich bei diesem Satz viermal verhaspelt. Sie strahlt und wirkt mindestens genauso erleichtert, wie wir es sind.

»Oonoo hat ein großes Auto und kann auch Kasachisch. Er sagt, er war schon lange nicht mehr in der Gegend und weiß auch nicht, ob dort in diesem Sommer Nomaden leben. Aber sobald er unterwegs jemanden sieht, kann er ihn fragen, ob der Fluss Wasser haben wird. Um halb zehn holt er euch ab. Er kann aber kein Englisch. Deswegen bin ich morgen früh auch da, um euch miteinander bekannt zu machen.«

Wir fragen Toja, wie wir uns bei ihr bedanken können. Mir ist es ein Rätsel, wie wir Oonoo ohne ihre Hilfe hätten finden sollen. Sie sagt, sie würde mit ihrer Handykamera gerne ein Foto mit uns zusammen aufnehmen. Ob das wohl möglich wäre?

Bevor wir an den Ortsrand ziehen und unseren Zeltplatz für die Nacht suchen, wollen wir uns noch einmal richtig satt essen – und mit mongolischem Bier darauf anstoßen, dass wir Toja und Oonoo gefunden haben. Oder eher: dass sie uns gefunden haben.

»Wir gehen in das kleine Restaurant, in dem wir mittags schon waren, oder?«, schlage ich vor, und Felix nickt, noch bevor ich den Satz zu Ende gesagt habe.

Wir laufen die paar Straßen zurück und winken den Kindern zu, die uns schüchtern vom Straßenrand aus beobachten. Ich bin mir ziemlich sicher, dass genau dasselbe Grüppchen auch vorhin schon hier stand, als wir mit Toja ins Möbelhaus gelaufen sind. Haben die echt gewartet, bis wir wieder rauskommen? Als ich mich vor dem Restaurant noch einmal umdrehe, sehe ich gerade noch, wie die Kinder zurück hinter den nächsten Zaun flitzen.

Ich grinse. Diese eine Sache ist wohl auch in der Mongolei nicht anders: In jedem Land siegt irgendwann die Neugierde der Kinder. Wenn das passiert, laufen sie dir nach, bis sie nicht mehr weiterkommen.

Im Restaurant setzen wir uns an den Tisch, an dem wir auch mittags mit Toja schon saßen. Als uns die Köchin sieht, nickt sie uns kurz zu und läuft dann hektisch in die Küche. Weil die nur mit einem Vorhang vom Gastraum getrennt ist, hören wir sie aufgeregt schnattern.

Felix grinst. »Dass wir heute Mittag hier waren, war wahrscheinlich schon das Ereignis des Monats. Und jetzt gleich ein zweites Mal?«

Während wir auf unser Essen warten, ziehe ich unser Notizbuch aus meinem Rucksack. Wenn ich diesen Tag in Chowd nicht aufschreibe, glaube ich mir das alles später selbst nicht mehr.

ANGEKOMMEN IN CHOWD, 26. AUGUST

Ich weiß jetzt schon nicht mehr, wie ich das alles später mal irgendwem erzählen soll. Ich kann's ja selbst kaum glauben. Ohne Witz, das hier ist der Mars! Wenn ich's nicht besser wüsste, würde ich sagen, Chowd ist eine Filmkulisse, an der gerade nicht gedreht wird. Alles ist wie ausgestorben, und dieses erste Ankommen hier hat mich ganz schön mitgenommen. So verloren wie in diesem Moment hab ich mich in meinem ganzen Leben noch nicht gefühlt.

Wie oft hab ich zu Hause gelesen, dass Gastfreundschaft fest in der mongolischen Kultur verankert ist – was ist daraus geworden? Ich weiß nicht, wie wir ohne Toja einen Fahrer hätten finden sollen. Aber genau das bestätigt meine schöne alte Reiseweisheit: »Auch wenn du überhaupt kein Licht sehen kannst – am Ende des Tunnels gibt es eins. Immer!« In manchen Situationen habe ich aufgehört, daran zu glauben. Heute zum Beispiel. Deswegen eine kleine Erinnerung für die Zukunft:

Auf Reisen gibt es für alles eine Lösung. Und zwar jedes Mal.

Nachtrag –

Musste mir gerade mein Notizbuch zurückerobern! Eins der Kinder, die schon die ganze Zeit heimlich zum Fenster reingeschielt hatten, kam rein, marschierte schnurstracks auf unseren Tisch zu und wollte das Buch gerne mitnehmen. Wahrscheinlich, weil es außen so schön schimmert. Oh, Mann.

7. KAPITEL

UNSER ZELT GEHÖRT UNS

Ich setze mich neben Felix, der mit geschlossenen Augen an unserem Zelt lehnt. Die untergehende Sonne taucht alles um uns herum in ein friedliches Licht. Die orange Erde und die steinigen Hügel am Horizont wirken jetzt noch röter, und es scheint, als würde die Sonne nach und nach nicht nur Licht und Wärme hinter den Bergen verschwinden lassen, sondern auch alle unruhigen Geräusche und die Herausforderungen des Tages mit sich nehmen. Immer noch ziehen große Greifvögel sanfte Kreise über unseren Köpfen, und alles, was ich jetzt noch höre, ist das gleichmäßige Zirpen der Insekten. Alles hier wirkt wie aufeinander abgestimmt, ist perfekt im Takt. Ich stelle mir vor, wie sich diese gleiche Szene Abend für Abend immer und immer wieder abspielt, während an so vielen anderen Orten Trubel herrscht. Und plötzlich – plötzlich wird es mir ganz leicht ums Herz. Als würden alle Anspannungen, die sich in den vergangenen zehn Wochen angestaut haben, von mir abfallen.

Endlich sitze ich auf mongolischem Boden! Ich kann mein Glück kaum fassen. Es ist staubig und dreckig und hart. Und das ist nur der Anfang. Wenn wir bei der Vorbereitung Fehler gemacht, falsche Entscheidungen getroffen oder etwas ganz Essenzielles vergessen haben – jetzt können wir es nicht mehr korrigieren. Zu Hause noch hat mir diese Tatsache schlaflose Nächte beschert, doch in diesem Moment habe ich Frieden mit ihr geschlossen. Jetzt kann ich es endlich spüren, das Abenteuer. Und ich weiß, dass es am Ende all die Strapazen wert sein wird.

Ich kann es nicht erwarten, alle meine Sinne auf dieser Reise zu spüren. Ich kann es nicht erwarten, jeden Abend auf diesem staubigen Boden zu sitzen. Ich kann es nicht erwarten, Tag für Tag den Rucksack auf meinen Rücken zu hieven und mit ihm loszulaufen. Ich kann es nicht erwarten, jeden Abend eine Pampe aus Pulveressen im Topf umzurühren. Ich kann es nicht erwarten, in der Mittagshitze zu schwitzen und an Regentagen zu fluchen. Und ich kann es nicht erwarten, all das mit niemandem außer Felix an meiner Seite zu meistern. All diese Erlebnisse und Eindrücke werden sich zu genau dem Lebensgefühl fügen, nach dem wir suchen. Im Schönen wie im Schwierigen. Wenn ich daran nicht glauben würde, würde ich nicht losziehen.

Die Sonne, ein hellroter Ball, ist mittlerweile schon fast hinter der Bergkette verschwunden. Und es stimmt, dass eine Menge Staub über Chowd liegt, weil der Boden in den vergangenen Monaten viel zu selten nass geworden ist, genau wie Toja erzählt hat. Der Staub wird im Schein der letzten Lichtstrahlen sichtbar, die über den Jurten am Ortsrand brechen.

»Weißt du eigentlich, dass ich mir heute echt Sorgen um dich gemacht hab?« Felix hat sich aufgerichtet und zu mir gedreht. Weil ich ihn nur fragend ansehe, redet er weiter.

»Ja, ehrlich. Du warst über eine Stunde weg, als du nach dem Guide suchen wolltest. Das bist du sonst nie.«

»Sonst hab ich ja auch immer schneller gefunden, was ich gesucht hab«, antworte ich.

Felix schüttelt den Kopf. »Ich glaube, darum geht es gar nicht. Ich hab überlegt, wie ich dich wiederfinden könnte, wenn du echt weg wärst. Ich hab sogar unsere beiden Rucksäcke genommen, einen vorne, einen hinten, und wollte dich suchen.«

»Was? Das hast du gemacht?«, platzt es aus mir raus.

Ich kann mir das kaum vorstellen. Natürlich bin ich auch auf unseren ersten gemeinsamen Reisen öfter alleine losgezogen. Außer einmal in Marokko, als sich schon eine tiefe Dunkelheit über die verwinkelten Gassen gelegt hat, hatte ich nie den Eindruck, dass Felix sich sorgen würde. Warum auch? Ich komme doch zurecht. Und ich dachte eigentlich, das wüsste er. Oder nicht?

»Doch, doch. Aber das ist es eben nicht.« Jetzt zögert er, bevor er weiterspricht. Mit einer Hand fährt er sich über den Hinterkopf, mit der anderen stochert mit einem vertrockneten Stück Ast im sandigen Boden rum.

»Ich weiß nicht. Ich hab mir vorgestellt, was ich hier machen sollte. Ganz allein, ohne dich. Und das hatte ich noch nie, dass ich irgendwo nicht allein sein konnte. In all den Reisejahren nicht. Das weißt du ja. Aber jetzt fände ich es schrecklich. Und das kenne ich nicht von mir.«

Felix atmet tief durch. »Du musst jetzt auch gar nichts dazu sagen. Ich denke nur, das solltest du wissen.«

Nur einen einzigen Tag in dieser fremden Welt hat es gedauert, und Felix macht mir ein Geständnis, wie ich es zuvor in zwei Jahren nicht von ihm gehört habe. Für mich bedeutet das die Welt. Es sieht also so aus, als würden wir recht behalten: Auf so einer Reise kann sich eine Beziehung nur verändern. Dass das vom allerersten Tag an passiert – davon war ich aber nicht unbedingt ausgegangen. Wenn es aber gerade mal einen Tag gedauert hat, solche Emotionen zu wecken, dann können die sich auch genauso schnell wieder ändern, oder nicht?

Weil ich darüber nicht länger nachdenken will, wechsle ich das Thema.

»Sag mal, was machen wir eigentlich, wenn da morgen kein Wasser im Fluss ist?«

»Hab ich auch schon überlegt. Keine Ahnung. Die ganze Route umzuplanen macht ja keinen Sinn. Es war schwer genug, eine zu finden. Lass uns morgen über einen Plan B nachdenken, falls wir wirklich einen brauchen.«

Mit diesem Satz steht Felix auf.

»Ich geh mal noch schnell Wasser holen in dem Imbiss, wo wir heute gegessen haben. Es ist bestimmt noch jemand da. Sonst haben wir nicht mehr genug, bis wir morgen früh losfahren.«

Während Felix mit jedem seiner Schritte immer kleiner wird, bleibe ich noch einen kurzen Moment vor dem Zelt sitzen.

Wir haben es ungefähr 500 Meter vom Ortsrand entfernt aufgeschlagen. Haben es so gut es ging zwischen zwei kargen Sträuchern versteckt – die sind der einzige Sichtschutz weit und breit, denn viel wächst hier nicht. Der Boden ist hart und trocken. Und alle paar Zentimeter wächst ein einzelnes Grasbüschel, das sich von der ockerfarbenen Erde mehr in einem faden Grau anstatt in einem satten Grün abhebt. Während wir vorher versucht haben, die Zeltheringe mit Steinen in den Staub zu klopfen, habe ich gesehen, dass wir von weitem beobachtet wurden. Eine kleine Gruppe Männer ist auf die großen Felsen in ein paar Hundert Metern Entfernung geklettert. Wenn ich es richtig erkennen konnte, waren auch Kinder dabei. Klasse. So viel zum Sichtschutz. Ein paar Heringe später war die Gruppe dann auch wieder verschwunden.

Bevor es endgültig dunkel ist, will ich das Zelt fertig machen für die Nacht. Ich hänge eine Stirnlampe an dem kleinen Haken oberhalb des Eingangs auf und stecke mir die zweite in die Jackentasche. Nichts ist blöder, als in der schwarzen Nacht nach den Lampen suchen zu müssen. Dann hole ich zwei ultradünne Luftmatratzen aus unseren Rucksäcken, zwei dicke Schlafsäcke, zwei ganz feine Seidenschlafsäcke für eine extra Schicht Isolierung und die letzte Wasserflasche. Gut, dass Felix gerade Neues holt.

Ich krabbele ins Zelt, und während ich mit eingezogenem Kopf auf dem Boden hocke und meinen Schlafsack ausrolle, muss ich zum ersten Mal, seit wir vor drei Tagen in der Mongolei angekommen sind, an zu Hause denken. Ich frage mich, wie es meinen Eltern wohl geht. Ob Felix' Eltern in ihrem Garten sitzen und unsere Freunde an ihren Schreibtischen in der Arbeit. Das ist ein Gedankenspiel, das ich in ruhigen Minuten auf Reisen ab und zu spiele – ich frage mich, was zu Hause wohl gerade passiert, und versuche dann, mir die riesige Entfernung vorzustellen, die zwischen uns liegt. Ich mag das, weil mir dann jedes Mal bewusst wird, wie groß die Welt ist. Und dass ich gerade dabei bin, sie zu entdecken!

Gerade kann ich den Gedanken aber nicht zu Ende spinnen. Ich höre, dass etwas über das Zeltdach streift, und sehe ganz grob Umrisse durch das Vorzelt scheinen. Viel kann ich nicht erkennen. Dazu ist es draußen schon zu dunkel.

Schhhhht. Schhhhht. Schhhhht.

Immer wieder streift etwas über unser Zelt. Ein Tier? Eine Hand? Dann höre ich Stimmen. Wieder klingen die mongolischen Laute in meinen Ohren ernst. Grob. Wenig vertrauenserweckend. Wie ein bedrohliches Zischen. Liegt das wirklich nur daran, dass mir die Sprache so fremd ist? Oder sind es jetzt die Worte selbst, die sich die Gestalten zuraunen, die wenig freundlich gemeint sind?

Egal. Fakt ist: Irgendwer schleicht gerade um unser Zelt. Wieder. Wieder. Und wieder. Er ist nicht allein. Ich schon.

Schhhhht. Schhhhht. Schhhhht.

Die Gestalten schleichen so nah an mir vorbei, dass ich wahrscheinlich nur meinen Arm gegen die Zeltwand drücken müsste, um sie zu berühren. Mit dem Schlafsack im Schoß sitze ich hier, in meinen knapp drei Quadratmetern Schutzraum, nur durch zwei dünne Nylonwände von der Außenwelt abgeschirmt.

Kurz zuckelt das Zelt. Dann zieht jemand von außen den Reißverschluss auf.

Bevor ich überlegen kann, was gerade passiert, glotzt mich ein karges Gesicht an. Die Haare kleben vom Staub und vom Schweiß des Tages an der Stirn fest. Die Augen sind trüb. Auf derselben Höhe quetscht sich ein runder Kinderkopf an der Zeltwand vorbei. Beide, der Mann und der Junge, sind keinen Meter von mir entfernt. Sie drängen sich in unser Zelt. Obwohl es geschlossen war. Und jetzt, da die beiden den einzigen Ausgang blockieren, kommen mir die dünnen Nylonwände gar nicht mehr so flatterig vor. Sondern wie dicke Mauern. Ich hocke in der einzigen Ecke auf meinen Knien und weiß nicht, was hier gerade passiert.

Was wollen die von mir?

Da draußen stehen doch noch mehr, oder nicht?

Sind da nicht noch drei paar Männerfüße?

Wann kommt Felix?

WAS WOLLEN DIE VON MIR?

Anstatt einen klaren Gedanken zu fassen, rutsche ich auf die beiden Mongolen zu. Hinter ihnen liegt schließlich mein einziger Ausweg aus dem Zelt.

Aber Moment mal – ist das clever? Als die beiden Eindringlinge zurückweichen, atme ich innerlich kurz auf. Hastig krabble ich ganz aus dem Zelt, wobei ich die beiden vor mir hertreibe. Bloß raus hier! Hinter mir mache ich das Zelt wieder zu. Ich schaue mich um, aber Felix ist nirgendwo in Sicht. Die Sonne ist mittler-

weile komplett hinter dem Horizont versunken. Von Minute zu
Minute wird es dunkler. Und ich lag richtig: Es sind insgesamt
drei Männer, ein Jugendlicher, ein Kind. Alle stehen sie jetzt im
Halbkreis vor mir und glotzen mich an. Vielleicht hatten sie Felix
weggehen sehen und dachten, das Zelt sei leer?

Ich könnte gar nicht sagen, wie ich mir meine erste Begegnung
mit Nomaden vorgestellt habe – so aber ganz bestimmt nicht.
   Ich versuche, mich zu beruhigen und setze mich vor meinem
Überraschungsbesuch auf den Boden. Ganz wohl ist mir immer
noch nicht. Mitten in der Mongolei. Ganz allein mit einer Gruppe fremder Männer, die gerade in unser Zelt eingebrochen sind.
Ich will versuchen, mein Unbehagen unter Selbstbewusstsein zu
verstecken. Hoffentlich kommt Felix bald.
   Mit einer Geste bedeute ich den Männern, sich neben mir nie-
derzulassen. Weil ich weiß, dass ich wegen der Sprachbarriere
kein Gespräch mit ihnen führen kann, kommt mir so ein Sitz-
kreis mit unseren Karten und Bildern als einzige Möglichkeit vor,
mich mit ihnen zu verständigen. Und gerade in diesem Moment
scheint mir Verständigung extrem wichtig. Es gilt jetzt, das Beste
aus dieser kuriosen Begegnung zu machen.
   Zwei Männer und der Jugendliche setzen sich zu mir, der dritte
Mann vertraut der Situation offenbar nicht ganz. Was denkt der
denn, was ICH ihnen tun könnte? Wenn wer Grund zur Sorge
haben sollte, dann bin das ja wohl ich. Skeptisch bleibt er zwei
Schritte weiter hinten stehen und beäugt die Situation mit einem
Sicherheitsabstand. Das Kind versteckt sich hinter seinen Beinen
und schielt ab und zu schüchtern an ihnen vorbei. Sobald ich
hinschaue, zieht es seinen Kopf blitzschnell wieder zurück und
umklammert die Beine des Mannes von hinten mit beiden Armen. Diese kindliche Weisheit gilt wohl überall auf der Welt: Was
ich nicht sehe, das sieht mich auch nicht.

Kurz bringt mich das zum Grinsen, dann ziehe ich Felix' Rucksack zu mir rüber, in dem wir die russischen Militärkarten verstaut haben. Unsere Route verteilt sich auf drei verschiedene Kartenausschnitte. Auf einem ist am Rand auch Chowd noch abgebildet. Die Augen der Mongolen werden groß als sie bemerken, dass sie mit den kyrillischen Ortsbezeichnungen etwas anfangen können. Nacheinander nehmen sie alle drei Kartenausschnitte zu sich, deuten aufgeregt auf verschiedene Namen und Regionen und fallen in ein begeistertes Gespräch. Worüber sie genau sprechen, kann ich natürlich nicht verstehen. Ich bin jetzt uninteressant und werde nicht weiter beachtet. Bestimmt läuft das Gespräch unter den Männern gerade so ab:

»Oh, schau mal, hier ist Chowd eingezeichnet! Ach, und dort drüben der Fluss! Dort holen unsere Frauen täglich Wasser!«

»Und schau, dort weiter im Norden, direkt an der Bergkette, dort haben wir den letzten Sommer verbracht! Dort muss man aufpassen, weil die Bergflanken fast zu steil für die Ziegen sind!«

»Genau! Und weiter hier, hier drüben, seht ihr? Dort kam vor ein paar Jahren mal der Fuchs und hat vier Tiere aus meiner Herde gerissen!«

Auf Mongolisch klingt für mich alles gleich. Gleich ernst und gleich verärgert, nach wie vor. Trotzdem bin ich sicher, dass sie bei unterschiedlichen Kartenausschnitten unterschiedliche Gespräche führen. Das erkenne ich an ihren Gesichtsausdrücken, die ich genau beobachte.

Die Gesichter der Männer sind sehr verschieden, und ich frage mich, ob auch in dieser kleinen Gruppe die Wurzeln der Vorfahren eine große Rolle spielen. Hier an der Grenze zwischen den Mongolen und den Kasachen, von der Toja gesprochen hat, ist es nicht unwahrscheinlich, dass in den Familiengeschichten der Männer teils mongolische Vorfahren auftauchen, teils kasachische. Während das Gesicht des Mannes, der mir direkt gegenüber sitzt, fast kreisrund ist, mit einer flachen Nase und schlitzartigen, kleinen Augen, ist das Gesicht seines Sitznachbarn kantiger. Die Augen sind größer und die Wangenknochen zeichnen sich deutlich ab. Erinnern sie an die kasachischen Vorfahren des Mannes? Schließlich sprechen die hohen Wangenknochen für eine Nähe zu Russland und damit für Kasachstan, das nicht nur unter mongolischer Herrschaft, sondern auch unter russischer und sowjetischer Führung stand.

So oder so, eines haben sie alle gemeinsam: Ihre Backen sind rot und die Haut ledrig – und als sie die Karte von Chowd und Umgebung beiseitelegen und sich dem Ausschnitt um das rund 300 Kilometer entfernte Ulaangom widmen, stoppt das aufgeregte Getuschel, und es geht ein kurzes Raunen durch die Gruppe.

»Ohhhhhhh.«

Das verstehe sogar ich. Jetzt setzt sich auch der dritte Mann zu uns auf den Boden und zieht das Kind auf seinen Schoß.

»Ohhhhhhh.«

Beinahe gleichzeitig schauen mich jetzt alle fünf Gesichter fragend an. Kann doch nicht sein, dass sie diese Region zum ersten Mal auf Papier sehen? Ich habe mich schon bei Toja gewundert, wie sehr sich ihr Leben auf diesen einen Ort konzentriert. Es wirkt fast so, als hätten die Menschen hier nur zwei Lebensmodelle: Die Nomaden, die zweimal im Jahr mit ihrem kompletten Besitz umziehen. Und die ehemaligen Nomaden, die sich irgendwann mal irgendwo niedergelassen haben – und diesen Ort dann nie wieder verlassen. Dazwischen gibt es nichts. Für uns ist das unvorstellbar, nicht einmal am nächsten See oder in der nächsten Stadt gewesen zu sein.

Einer der Männer fährt mit seinem Finger über den Kartenausschnitt und kreist Ulaangom ein. Dann zeigt er gen Norden. Ich nicke. Er nickt. Dann geht das Getuschel der Männer weiter.

Nach ein paar rauen mongolischen Vokabeln nicken sie alle und blicken dann mich an. Ich fahre auf allen drei Kartenausschnitten mit meinem Finger die Route nach, die wir laufen wollen und zeige danach auf unser Zelt. Ich wiederhole die beiden mongolischen Wörter für gehen und laufen.

»Yavakh, ursgal, yavakh, ursgal.«

Noch mal fahre ich die Route nach, deute auf mich, das Zelt.

»Yavakh, ursgal.«

Ich komme mir lächerlich vor, weil niemand der Männer regiert. Gar nicht reagiert, meine ich. Sie sitzen regungslos da und schauen mich an.

»Yavakh, ursgal?«, formuliere ich dann noch einmal als Frage, mehr, weil ich wissen will, ob sie verstehen, was ich mit meine.

Stattdessen bekomme ich eine ausführliche Antwort. Allerdings – natürlich – auf Mongolisch. Weil ich es jetzt bin, die nur fragend schaut und ansonsten nicht reagiert, wiederholt der Mann mit dem langen, kantigen Gesicht und den hohen Wangenknochen den Satz noch einmal. Langsamer und lauter. Als könnte ich dann plötzlich eine fremde Sprache verstehen. Als der Mongole dann noch einmal den Kartenausschnitt von Ulaangom zu sich holt, auf Улаангом tippt und es ähnlich ausspricht wie Üülgim, glaube ich, seine Frage zu erahnen. Ich nicke. Ja, dorthin wollen wir! Nach Ulaangom oder Üülgim oder wie auch immer das wirklich heißt.

Wieder merke ich, dass es bei einer Sprache ganz und gar nicht nur um die richtigen Vokabeln geht. Und es noch nicht einmal bei Namen und Ortsnamen reicht es, einfach das Wort aufzusagen, wie es dasteht. Denn zu einer Sprache gehört Melodie, gehört natürlich Betonung. Das ist gerade dann wichtig, wenn man keine ganzen Sätze sprechen kann, sondern ohnehin nur einzelne Wörter weiß. Wenn man die dann auch noch falsch ausspricht, kommt man nicht weit.

Ich spreche dem Nomaden deshalb immer wieder nach.
Ulaangom heißt Üülgim. Schadet sicher nicht, das richtig sagen
zu können.

»Üülgim, üülgim, üülgim.«

Zum ersten Mal sehe ich die Mongolen jetzt lachen, und mir
dämmert, warum mir diese Sprache immer so furchtbar ernst
vorkommt: weil Lachen eine Seltenheit ist. Genau! Das ist es, was
mich immer etwas aus der Ruhe bringt. Dass ich von den Mongolen immer so wahnsinnig ernst angestarrt werde, gleichzeitig
klingt ihre Sprache wie ein Raunzen. Ohne jeden Hauch eines
freundlichen Lächelns. Wie soll ich da auch wissen, dass sie es
vielleicht nur gut mit uns meinen?

Jetzt, wo ich ahne, dass diese Eigenart zum Charakter der
Mongolen gehört, nehme ich es immerhin nicht mehr persön-
lich. Vielleicht rührt das von dieser typisch asiatischen Haltung
her, die besagt: Verliere niemals dein Gesicht! Vor allem nicht
Fremden gegenüber.

Dass das gerade aber doch passiert und zwar ausgerechnet
dann, wenn ich mich ernsthaft in ihrer Sprache versuche, schiebe
ich beiseite. Denn neben ihren etlichen Zahnlücken sehe ich jetzt
eine Sache zum ersten Mal: Dass es nicht immer Worte braucht,
um sich anzunähern. Ich bin sicher, dass wir alle etwas von dieser
Begegnung gelernt haben – obwohl wir kein einziges vernünfti-
ges Wort wechseln konnten.

Die Mongolen haben vielleicht gelernt, dass laut einer kyrillischen Karte ein Stück westlich von Tolbo irgendwann die
schneebedeckten Gipfel des Altai-Gebirges durchs Land ziehen. Und sie haben ganz bestimmt gelernt, wie so ein kleines
Zelt von innen aussieht.

Als ich die kleine Gruppe in der Dunkelheit verschwinden
sehe, überlege ich, was mich ihr Überraschungsbesuch gelehrt
hat. Auf jeden Fall, dass ein fehlendes Verständnis von Privat-

sphäre und eine enorme Portion an Neugierde eine gefährliche Mischung sein können. Eine, die Angst machen kann. Ich habe aber auch gelernt, dass die oft so forsch auftretenden Mongolen genauso erschrecken können wie ich. Mindestens!

Als Felix später mit zwei Kanistern Wasser unter dem Arm wiederkommt, ist sein Schlafsack immer noch in den Beutel gestopft, meiner liegt halb ausgerollt auf der Luftmatratze. Unsere Rucksäcke liegen offen vor dem Zelt, ringsum verstreut die Militärkarten.

Er schaut mich fragend an.

»Was hast du denn die ganze Zeit gemacht?«

8. KAPITEL

DAUMEN HOCH ODER DAUMEN RUNTER?

Nach etlichen Bodenwellen klappe ich unser kleines Notizbuch wieder zu. Bevor ich den Kugelschreiber an den Umschlag klipsen kann, springt der alte russische Kleinbus von Oonoo über den nächsten Felsen, und mein Stift verschwindet zwischen dem Reserverad und dem Benzinkanister vor mir. Während ich mich mit einem Arm verkrampft am Sitz abstütze, um nicht im Takt mit Oonoos ruckartigen Lenkbewegungen mit dem Kopf gegen die Autotür zu knallen, suche ich nach dem Kugelschreiber. Wir haben nur den einen – richtig, weil ein zweiter zu schwer gewesen wäre –, und wenn ich bei all dem Geruckel schon nichts aufschreiben kann, dann wenigstens später, sobald wir eine Pause einlegen. Wenn ich könnte, würde ich jedes einzelne Gefühl, jeden Geruch und jedes Geräusch irgendwo festhalten.

Als ich aus der beschlagenen Fensterscheibe nach draußen sehe, zieht die Marslandschaft an mir vorbei, immer wieder kreisen Greifvögel über uns und werfen ihre großen Schatten auf den staubigen Boden. Manchmal jagen sie sogar neben unserem Auto her, bevor sie sich dann fast schwerelos wieder nach oben treiben lassen. Kaum zu glauben, dass wir auf demselben Planeten sitzen wie siebeneinhalb Milliarden andere Menschen, von denen die meisten gerade ihrem Alltag nachgehen.

Bei dem Gedanken kribbelt es in meinem Bauch. Ich ahne, dass es für mich auf diesem Abenteuer in der Mongolei viele erste Male geben wird. Ein paar kann ich schon jetzt voraussagen: Ich werde zum ersten Mal mit Benzin kochen und Astronautennahrung essen. Ich werde zum ersten Mal nicht wissen, wann ich wieder auf Menschen treffe – am nächsten Tag oder in einer Woche? Ich werde zum ersten Mal ein Land als Selbstversorger durchqueren.

Dazu kommen ein paar erste Male, die ich mir für die Mongolei wünsche: Über Steine laufen, auf denen vorher sehr wahrscheinlich noch nie ein anderer Mensch stand. Einen Steppenfuchs sehen. Fühlen, dass wir für uns das beste Team der Welt sind – wie es Felix im Landeanflug auf Ulan-Bator gesagt hat. Und dann werde ich sicher noch viele erste Male erleben, von denen ich jetzt noch nichts ahnen kann.

Eins passiert genau in dieser Sekunde: Getrocknetes Schafsfleisch aus einer stinkenden Plastiktüte angeboten zu bekommen, während mich die Federung im Autositz fast gegen die Decke schießt und mongolischer Gesang aus den Boxen schreit. Weil ich sehe, wie Felix auf dem Beifahrersitz angestrengt auf dem zähen Stück Schaf rumkaut, lehne ich mit einem Lächeln ab und strecke Oonoo im Gegenzug meine Keksrolle nach vorne. Er nimmt sich einen, reckt mit dem Hauch von einem Lächeln den Daumen nach oben und reißt dabei die Augen ganz weit auf. Die schmale Narbe, die auf seiner Stirn parallel zur Augenbraue verläuft, bleibt.

Der Daumen nach oben – das ist die Geste, die wir heute Morgen zusammen mit Toja und Oonoo für den Fall vereinbart haben, dass der Fluss entlang unserer Route nicht ausgetrocknet ist. Weil Oonoo kein Wort Englisch spricht, mussten wir all das schon vorher von Toja übersetzen lassen. Wir standen zu viert über unsere russischen Karten gebeugt am Straßenrand und haben Toja unser Vorhaben mindestens dreimal von vorn bis hinten erklärt – sie wiederum hat das dann für Oonoo übersetzt. Oonoo weiß also: Kurz vor der Region um Tolbo müssen wir nach ortskundigen Nomaden Ausschau halten, und er wird sie fragen, ob der Fluss, dem wir bis Sagsay und Ölgii folgen wollen, die ganze Zeit über Wasser haben wird. Weil Oonoo und wir uns ohne Toja nicht verständigen können, haben wir für später eine simple Zeichensprache vereinbart.

Der Fluss hat Wasser: Daumen hoch.

Der Fluss hat kein Wasser: Daumen runter.

Seit wir losgefahren sind, streckt Oonoo seinen Daumen jedes Mal nach oben oder unten, wann immer wir einen Verständigungsversuch starten.

»Das mit dem Daumen hat er jetzt wohl verstanden«, rufe ich Felix nach vorne.

»Waaas?«

Weil Oonoo auf der holprigen Steinpiste ausschließlich in den niedrigen Gängen um und durch die Schlaglöcher brettert und entweder gar nicht lenkt, oder das Lenkrad mit einem Ruck um 180 Grad zur Seite reißt, keucht das Getriebe so laut, als würde es uns jeden Moment entgegenspringen. Gleichzeitig schreit ununterbrochen der mongolische Sänger aus den Lautsprecherboxen und wird von einem dumpfen Trommeln begleitet.

»Das mit dem Daumen! ... Dass er den nach oben strecken soll! ... Wenn Wasser da ist und wir laufen können! ... Das hat Oonoo jetzt wohl verstanden!«

Plötzlich fängt Felix an zu lachen und kriegt sich kaum mehr ein. Erst schaut Oonoo ihn schüchtern und fragend aus den Augenwinkeln an, doch als er sich zu mir umdreht, schüttelt es beide vor Lachen. Felix so sehr, dass er sich den Bauch halten muss, und Oonoo fällt beinahe ein kleines Stück vom getrockneten Schafsfleisch durch seine Zahnlücke aus dem Mund. Oonoo macht mich nach, wie ich auf der Rückbank, die genau oberhalb der Hinterachse angeschraubt ist, hin und her geworfen werde, und muss dabei nur noch mehr lachen. Gleichzeitig rutschen zwei Wassermelonen zu meinen Füßen aus ihren Kuhlen und springen mit mir im Takt auf und ab. Als sich Oonoo wieder beruhigt hat und wieder dorthin schaut, wo er hinfahren möchte, fällt ihm auch jetzt nicht anderes ein, als mit einem verschmitzten Grinsen den Daumen nach oben zu strecken.

»Wenn wir irgendwann eine Pause machen!«, schreie ich Felix zu. »Dann sitzt du danach hier hinten!«

Als hätte Oonoo das Stichwort Pause verstanden, zieht er ein paar Schlaglöcher, zwei Steinschläge gegen die Windschutzscheibe und unsere erste Flussdurchquerung später scharf nach rechts. Er sagt etwas auf Mongolisch zu uns, obwohl er weiß, dass wir das nicht verstehen, zieht die Plastiktüte mit dem getrockneten Schafsfleisch unter seinem Sitz hervor und springt aus dem Auto. Ein paar Meter weiter hockt er sich unten beim Fluss auf seine Fersen und schaut ausdruckslos in die weite Landschaft, während er sich einen trockenen Fetzen nach dem anderen in den Mund schiebt.

Ich frage mich, was für eine Geschichte wohl hinter Oonoo steckt. Woher er die Narbe über seiner Augenbraue hat, warum er beim Gehen leicht humpelt. Warum er manchmal so herzlich lacht und sein Blick im nächsten Moment wieder einfriert.

Oonoo trägt eine Stoffjacke, die irgendwann mal weiß war, auf die am Kragen, auf der Brust und an den Armen traditionelle Muster der Nomaden gestickt sind. Die letzten drei Stunden hat er, ohne zu zögern, verschiedene Richtungen eingeschlagen, ist von der einen Schotterpiste runtergefahren, querfeldein weiter und erst nach einer halben Stunde wieder auf eine neue Piste drauf. Es hat nicht einmal so ausgesehen, als müsste er überlegen, wo es lang geht. Dabei hat Toja erzählt, Oonoo sei schon sehr lange nicht mehr in Tolbo gewesen. Was bedeutet: Er muss sich blind auskennen in dieser rauen Landschaft, wie ein echter Nomade, dessen Vorfahren jahrzehntelang das Leben in dieser Gegend gemeistert und den Gefahren und Witterungen getrotzt haben. Dennoch fährt Oonoo im Gegensatz zu vielen anderen Nomaden, die sich in Chowd zu einer Gemeinschaft zusammengeschlossen haben, ein Auto. Und er kommt mir wesentlich weniger schüchtern vor. Weniger ernst. Weniger eisern. Offener.

Ich weiß, dass ich meilenweit davon entfernt bin, ein Volk wie die Mongolen nach diesen wenigen Tagen zu verstehen. Ich habe aber auch das Gefühl, dass ihre Traditionen so ausgereift, die Angewohnheiten so eigen und die Verhaltensweisen so fremd sind, dass es mir auch nach ein paar Wochen nicht gelingen wird. Bestimmt wird es Situationen geben, die ich mir nie erklären kann. Denn eine entscheidende Hürde formt sich schon jetzt: Englisch ist hier in der Steppe noch nicht angekommen. Und mit den wenigen mongolischen Vokabeln, die Felix und ich beherrschen, können wir zwar nach Wasser fragen, aber nicht, warum die Menschen hier so sind, wie sie eben sind.

Ich sage Felix, dass ich ein paar Meter den Fluss runter laufen möchte, um in unser Notizbuch zu schreiben. Weil er gedankenverloren an den Rädchen an seiner Kamera rumschraubt und nicht reagiert, füge ich mit einem Grinsen hinzu: »Hey, fahrt bloß nicht ohne mich los!«

Oonoo hat sich inzwischen auf den Rücken gelegt, das Schafsfleisch auf seinen Bauch und die Kappe über sein Gesicht. Sieht nicht so aus, als würde er bald weiterfahren wollen.

Ich setzte mich ein paar Meter von ihm weg, weil ich nicht aufdringlich sein will.

AUF DEM WEG NACH TOLBO, 27. AUGUST

So – das ist heute schon meiner zweiter Versuch, ins Notizbuch zu schreiben. Vorher hat's nicht geklappt, weil ich auf der Rückbank viel zu sehr durchgeschüttelt werde. Was für eine Fahrt! Trotzdem bin ich wahnsinnig froh, dass wir aus Chowd rausgekommen sind und in ein paar Stunden endlich die ersten Schritte setzen werden. Nachdem Oonoo und Toja knapp eine Stunde zu spät am Treffpunkt eingetrudelt sind, habe ich uns kurz am staubigen Straßenrand scheitern sehen. Obwohl er nichts gesagt hat, glaube ich, dass auch Felix kurz befürchtet hat, dass sie doch nicht kommen. Was hätten wir dann auch machen sollen?

Bevor wir losfahren konnten, hat es noch eine ganze Weile gedauert, bis alle Handzeichen klar waren. Toja hat Oonoo unser Vorhaben in vielen schroffen, gurgelnden und pfeifenden Worten weitergegeben. Der hat manchmal genickt, manchmal die Stirn gerunzelt und ganz oft gar nicht reagiert. Jetzt hat er das mit dem Daumen aber offenbar verstanden: Wir füllen unsere Benzinflasche für den Kocher auf – Oonoo streckt den Daumen nach oben. Wir laden unser Gepäck samt den zwei Wassermelonen, die uns die Menschen in Chowd mit auf den Weg geben wollten, in sein Auto – Oonoo streckt den Daumen nach oben. Hoffentlich macht er das auch später, wenn es darum geht, dass die Dürre den Fluss nach Ölgii nicht ausgetrocknet hat. Vielleicht ein gutes Zeichen: Ich sitze gerade am Wasser, und das fließt nicht zu knapp.

»Hey, Franzi! Ich glaube, Oonoo will langsam weiterfahren.«

Als ich Felix rufen höre, lege ich ein flaches, kreisrundes Steinchen zwischen die Seiten von meinem Notizbuch. Damit ich nie vergesse, wie orange der Boden an manchen Stellen der Mongolei ist. Zurück beim Auto sehe ich, dass der einzig freie Platz wieder der Schleudersitz auf der Rückbank ist.

Felix zuckt mit den Schultern. »Ich wollte mich hinten reinsetzten. Ehrlich. Dann hat Oonoo wild mit den Armen gefuchtelt, dass ich auf dem Beifahrersitz Platz nehmen soll. Keine Ahnung, warum.«

Die nächste Stunde schüttelt es mich noch schlimmer durch als die Kilometer vor der Pause. Die Autobahn, die auf unserer deutschen Karte dick und gelb eingezeichnet ist, ist in Wirklichkeit noch nicht einmal mehr eine Schotterpiste. Sie verwandelt sich stattdessen immer wieder in einen Fluss, dem wir entweder folgen oder den wir durchqueren. Obwohl das für unser Vorankommen eher hinderlich ist, betrachte ich das als gutes Zeichen. Hier fließt Wasser, und davon sogar jede Menge! Dann stehen die Chancen doch gar nicht schlecht, dass auch der Fluss ab Tolbo sprudelt.

Als ich Oonoo bei der nächsten Flussdurchfahrt genau beobachte, habe ich den Eindruck, dass er daraus aus Fleiß ein aufregendes Spektakel macht. Vielleicht will er uns mit seinem tollkühnen Fahrstil beeindrucken. Diese Flussdurchfahrten laufen nämlich immer so ab:

Kaum nähern wir uns einem Fluss, fährt Oonoo in Schlangenlinien auf das Wasser zu, als würde er die beste Stelle für die Durchquerung ausloten. Dann drückt er die Bremse einmal bis zum Anschlag durch, sodass alle vier Reifen über die Steine schlittern, bevor er wieder entschlossen auf das Gaspedal steigt. Mit ruckartigen Bewegungen lenkt er das Auto die steinige Böschung runter, pfeift dann kurz, als sei er selbst von sich beeindruckt. Und wenn die Schnauze des Wagens in das klare Wasser eintaucht, entfährt ihm ein tiefes »ooooohhhhhh«. Im Fluss wird noch ein paarmal hektisch nach rechts und links gelenkt, und sobald wir auf der anderen Seite ankommen, schaut Oonoo zu Felix rüber, worauf sie sich anerkennend zunicken. Mich beachtet Oonoo die ganze Zeit über nicht. Seit seinem Lachanfall hat er sich keinmal mehr zu mir umgedreht. Vielleicht ist das für ihn ganz klar eine Sache unter Männern – so wie auch der Platz auf dem Beifahrersitz?

Nachdem wir vier kleine Flüsse auf diese Weise durchquert haben, fällt mir auf, wie sehr sich die Landschaft inzwischen verändert hat. Den Mars haben wir hinter uns gelassen. Statt ockerfarbenen Felsen und staubigen Böden zieht jetzt eine graugrüne Steppenlandschaft mit dicken, kniehohen Grashalmen an uns vorbei, durchbrochen von einem verzweigten Netz aus Flüssen. Als ich mich umdrehe und Oonoo auf das Gaspedal drückt, zieht eine feine Staubwolke hinter uns weg. Und jetzt, als Oonoo wieder in eine Fahrrinne abbiegt, sehe ich, dass der Boden unter dem Gestrüpp reinster Sand ist.

»Was meinst du denn, wie weit wir schon sind? Es ist schon noch ein Stück, oder?«, frage ich weit nach vorne gebeugt, damit Felix mich dieses Mal besser verstehen kann. Während er das GPS-Gerät aus seiner Hosentasche nestelt, füge ich noch hinzu:

»Ist auf unserer Karte hier nicht ein riesiger reißender Strom eingezeichnet? Irgendwo zwischen Chowd und Tolbo? An dieses verzweigte Flussnetzwerk kann ich mich nicht erinnern.«

Wir gleichen die russischen Militärkarten mit der Topografie auf dem GPS-Bildschirm ab. Das Gerät sucht schon seit ein paar Minuten nach einem verlässlichen Satellitensignal.

»Wenn das, was draußen so langsam beginnt, diese Hügellandschaft ist«, sagt Felix und setzt auf der Karte seinen Finger ziemlich in der Mitte zwischen Ховд und Толбо ab, »dann müssten wir jetzt hier sein. Und du hast recht. Auf der Karte ist hier ein großer Fluss eingezeichnet, nicht diese kleinen Arme, durch die wir vorher gefahren sind.«

Als das GPS schließlich ein gültiges Signal findet, leuchtet der kleine rote Punkt ungefähr an der Stelle auf, an der Felix gerade seinen Finger auf die Karte gesetzt hat.

»Du...«, beginnt Felix langsam. »Wir fahren laut GPS gerade im Flussbett. Der Fluss hat einfach kaum Wasser.«

»Das verstehe ich nicht. Der Fluss vorher, als wir Pause gemacht haben, war doch überhaupt nicht ausgetrocknet.«

»Hm.« Felix breitet alle drei Kartenausschnitte auf seinem Schoß und dem Armaturenbrett aus, und Oonoo dreht netterweise die Musik leiser.

»Wahrscheinlich hängt das davon ab, woher die Flüsse kommen«, sagt Felix dann nach ein paar Minuten.

»Die Flüsse, die im Gebirge entspringen, haben anscheinend jede Menge Wasser. Alle anderen, die vom Landesinneren kommen, eben nicht. Wegen der Dürre.«

Das macht mir Hoffnung. »Kommt unser Fluss nicht aus den Bergen?«

»Glaube schon«, antwortet Felix. »Bald wissen wir's ja eh.«

Unser Gespräch ist damit beendet, und Oonoo dreht zusammen mit der Musik auch unsere Anspannung auf. Die nächsten zwei Stunden sagt niemand von uns auch nur ein Wort. Felix und ich wissen, was jetzt auf dem Spiel steht – nämlich unser Vorhaben, entlang der so mühselig geplanten Route durch den Westen der Mongolei zu laufen und in ein paar Wochen an unserem großen Ziel für diese Reise, dem v-förmigen Bergsee Khukh Nuur, anzukommen. Wie wichtig uns dieses Ziel ist, zeigt ein kleines, rotes Fähnchen, das auf unserem GPS-Gerät die Koordinaten von Khukh Nuur markiert.

»49°49′19.2″N 91°44′10.3″E – Wir haben's geschafft!«, steht da geschrieben.

Kaum zu glauben, dass gerade all das davon abhängt, ob ein Mann, den wir erst seit ein paar Stunden kennen, seinen Daumen gleich nach oben oder nach unten strecken wird. Hoffentlich ist sich Oonoo sicher. Und zwar zu einhundert Prozent. Sonst sitzen wir in ein paar Tagen irgendwo in den Bergen an einem ausgetrockneten Flussbett und müssen uns eingestehen, dass die letzten Tropfen Trinkwasser die in unseren Flaschen sind.

Während ich hier sitze und stumm aus dem Fenster starre, frage ich mich, warum es mich immer wieder in solche Abenteuer treibt. Warum kann ich es nicht schön finden, entspannt an einem Strand zu liegen oder bei geführten Touren das Schönste der Länder ganz bequem serviert zu bekommen? Ich glaube, dieser Drang nach Abenteuern und nach dem Außergewöhnlichen abseits der breitgetretenen Pfade, der steckt in einem drin – oder eben nicht.

Schon als Mädchen habe ich in meinem Zimmer einmal die Woche heimlich eine Auswanderer-Sendung gekuckt, während meine Eltern dachten, ich würde Hausaufgaben machen. Was war ich beeindruckt von dem Mut der Auswanderer! Als ich dann die Ferien mit meinen Eltern auf einem Campingplatz am Gardasee verbracht habe, habe ich die Szenen dieser Sendung nachgespielt. Von einer Afrikanerin am Strand habe ich mir Rastazöpfe flechten lassen, um den anderen Urlaubern vorzutäuschen, ich käme von woanders her. Mit den Zöpfen auf dem Kopf habe ich gespielt, wir wären gerade in Afrika oder Australien. In einem dieser fernen Länder am anderen Ende der Welt eben. Ganz weit weg. Von wegen Italien!

Der Gedanke bringt mich zum Lachen, und tatsächlich wundere ich mich nach dieser kleinen Zeitreise gar nicht mehr so sehr darüber, dass ich jetzt in einem alten russischen Auto irgendwo im am dünnsten besiedelten Land der Welt unterwegs bin. Felix reiße ich mit meinem Lachen aus seinen Tagträumen. Er wirft einen Blick auf das GPS.

»Luftlinie sollten es nur noch knapp fünf Kilometer sein bis Tolbo. Wird Zeit, dass wir Nomaden finden, die uns weiterhelfen können.«

Für Oonoo deutet Felix erst auf seine Augen und dann in einer kreisförmigen Armbewegung nach draußen. Oonoo antwortet mit ein paar bellenden Sätzen, nickt, und ich glaube, wir haben uns verstanden. Er kurbelt das Fenster runter, als könne er dann besser nach draußen sehen, und hält Ausschau. Während ich darauf hoffe, dass irgendwo am Horizont eine Jurte auftaucht, hört plötzlich die Schotterpiste auf. Warum auch immer: Hier ist die Straße geteert, zumindest für ein kurzes Stück von ein paar Hundert Metern. Zum ersten Mal seit sechs Stunden rumpelt es nicht mehr, und ich weiß, dass wir ganz knapp vor der Stelle sind, die alles entscheiden wird. Hinter einer Kuppe kann ich direkt am Straßenrand einen kleinen See erkennen. Tolbo Nuur kenne ich von unseren Karten und den Satellitenbildern zu Hause. Jetzt liegt er vor mir, mit hellblauer, seidener Oberfläche, in der sich die Wolken spiegeln, und sieht schöner aus, als ich ihn mir je hätte vorstellen können. Trotzdem kann ich den Moment nicht so richtig genießen. Ich bin wahnsinnig aufgeregt, ob Oonoo seinen Daumen gleich nach oben oder nach unten strecken wird. Daran, dass Felix mindestens genauso still ist wie ich und alle zwei Sekunden den Punkt auf dem GPS-Gerät kontrolliert, erkenne ich, dass auch er die Spannung kaum mehr aushält.

»Alles gut bei dir da vorne?«, versuche ich, die Stimmung etwas aufzulockern.

»Mhm.«

»Wie weit ist's denn von hier zu unserem Startpunkt? Knapp zehn Kilometer, oder?«

»Mhm.«

»Machst du dir Sorgen, was gleich passieren wird?«

»Nein, passt schon. Ich will's jetzt nur endlich wissen.«

Ich sage nichts mehr, muss innerlich aber grinsen. Das ist typisch, dass Felix manchmal nicht zugeben kann, wenn ihm eine Situation Kopfzerbrechen bereitet. Vor mir sowieso nicht, und ich glaube, noch nicht einmal vor sich selbst.

Wie aus dem Nichts taucht dann plötzlich der Nomade auf, den wir brauchen. Als hätten wir ihn bestellt. Auf einem dürren Pferd trabt er die Böschung hoch und wird unserer Ungewissheit ein Ende setzen. Im Guten, hoffentlich. Weil der Nomade auf dem Pferd so groß ist, dass er nicht mehr zum Fenster reinschauen kann, steigt Oonoo aus und lässt uns wortlos zurück. Ich beobachte die Szene aus dem geschlossenen Fenster.

Ich schätze den Nomaden wie Oonoo auf Mitte 50, allerdings ist seine Haut deutlich rauer. Sein linkes Auge ist bis auf einen ganz schmalen Schlitz zugeschwollen, und graue Bartstoppel säumen sein Kinn. Oonoo und er flüstern, als könnten wir sonst etwas Geheimes von ihnen erfahren. Dabei zeigen beide aber immer wieder in die Richtung, in die wir laufen wollen. Das Pferd wiehert unruhig und tänzelt auf der Stelle, während der Nomade die Zügel immer strammer zieht. Ich kann nicht sagen, wie lange die beiden tatsächlich gesprochen haben – mir kam es vor wie eine Ewigkeit. Und ich habe keinen Schimmer, in welche Richtung sich ihr Gespräch entwickelt. Wie es für die Mongolen so typisch scheint, verziehen die beiden Männer keine Miene.

»Lass uns auch mal aussteigen«, sagt Felix. »Ich halt's hier kaum mehr aus.«

So gerne würde ich mich von Felix jetzt in den Arm nehmen lassen. Aus Respekt den beiden Mongolen gegenüber lasse ich das aber bleiben. Ich kann noch nicht einschätzen, wie sie dem

Kontakt zwischen Mann und Frau gegenüberstehen. Stattdessen
schaue ich Felix beim nächsten Blickkontakt lange in die Augen,
und für ein paar Sekunden scheint alles um uns herum zu verschwimmen. Es fühlt sich an, als hätten wir in diesem Moment
wortlos den Pakt geschlossen, dass wir dieses Vorhaben gemeinsam meistern wollen. Komme, was wolle. Im Gedanken füge ich
dieses stumme Abkommen unserem Masterplan hinzu.

Als Oonoo um die Motorhaube biegt, rutscht mir fast das Herz in
die Hose. Daumen hoch oder Daumen runter? Durch die Schei-
ben hindurch sehe ich, wie der Nomade auf seinem scheuenden
Pferd davon trabt. Oonoo steht kurz regungslos vor uns, schaut
dann dem Nomaden nach und lässt seinen Blick am Horizont
entlanggleiten. Er stoppt ungefähr an der Stelle, wo der Fluss auf
unser erstes Etappenziel Sagsay treffen sollte. Ohne jede Regung
in seinem runden Gesicht schaut er uns jetzt an, er winkt uns zu
sich. Er zeigt in Richtung unseres Startpunktes und tippt mit dem
Finger in der Luft den Verlauf des Flusses nach. Er spricht zwei
Namen aus, die klingen wie »Sagsay« und »Ölgii«.
Dann streckt Oonoo den Daumen nach oben.
Er grinst breit, und mir steigen vor Erleichterung Tränen in
die Augen. Oonoo wiederholt die Geste noch ein paarmal. Und
uns bleibt nichts anderes übrig, als diesem fremden Mongolen zu
glauben und ihm unser Schicksal anzuvertrauen.

Hier sind wir schließlich. Auf den letzten Kilometern, bevor Oonoo uns im Nirgendwo aussetzt. Mir pumpt das Adrenalin durch
den Körper. Ich starre gespannt aus dem Fenster und warte jeden
Meter darauf, dass wir unser Trinkwasser endlich fließen sehen
können. Oonoo fährt weiter und weiter, lenkt den Kleinbus ruckartig um Grashügel und tiefe Kuhlen im Boden, die aussehen, als
hätte dort ein Fels eingeschlagen. Von Wasser ist keine Spur, zehn

Kilometer lang nicht. Erst 50 Meter vorher sehen wir ihn endlich, den Fluss. Hohes Gras hält sein Ufer versteckt.

Oonoos Kleinbus rumpelt über das letzte Stück Wiese. Und dann – dann werden wir ausgesetzt. Alles geht ganz schnell. Die Szene zieht wie in Trance an mir vorüber.

Wir starren Oonoo nach, bis er nur noch ein winziger Punkt am Horizont ist. Dann verschwindet er ganz. Und wir, wir bleiben zurück. Stehen hier, ausgesetzt in der mongolischen Wildnis. Unsere Rucksäcke liegen vor unseren Füßen und sind alles, was wir jetzt noch bei uns haben. Noch nie zuvor ist mir so eine starke Brise Abenteuerluft um die Nase geweht. Sie riecht nach Salbei und Kamille.

9. KAPITEL

STUMME GESPRÄCHE UND GEKRITZEL IM SAND

Weit sind wir nicht gekommen. Ich starre auf den staubigen Boden und merke, wie sehr ich mich anstrenge. Mein Blick folgt, wann immer Bat-Thahan mit dem kleinen krummen Ast einen neuen Strich in den Sand setzt. Nach jeder kurzen Bewegung macht er eine kleine Pause, als wolle er uns mehr Zeit zum Denken geben. Immer wieder schaue ich dann nach oben in sein Gesicht und warte insgeheim darauf, dass er irgendwann doch was sagt. Dass er einfach anfängt, uns alles zu erklären, und dann lachen wir alle herzlich darüber, wie schwer wir es uns doch gemacht haben. Bat-Thahan aber bleibt stumm, und er lacht auch nicht. In seine raue Haut graben sich tiefe Falten. Sie erinnern daran, wie kalt der Winter, wie heiß der Sommer, wie anstrengend der Tag und wie hart das Leben hier draußen sein muss. Und in seinen beinahe schwarzen Augen, da liegt ein Ausdruck, als wäre er mit seinen Gedanken in einer ganz anderen Welt verloren.

Überhaupt hat Bat-Thahan in der letzten halben Stunde – seit wir durch die niedrige Holztür in seine Jurte gestiegen sind – nur ein einziges Wort gesagt. Nämlich seinen Namen, den er selbst so ausspricht: Bat-Thahan. Er hat sich dabei verbeugt, mit einer Hand auf dem Rücken, die andere um seinen Bauch gelegt.

»Bat-Thahan«, hat er dann noch einmal wiederholt und schließlich auf sich gezeigt. »Bat-Thahan.«

Mit einer Handbewegung Richtung Teppich bat er uns dann, auf dem Boden Platz zu nehmen. Er selbst kniete sich gegenüber auf das dreckige Schafsfell. Bat-Thahans Frau und seine Kinder bleiben schüchtern hinter ihm stehen. Von da an war es ganz still. Niemand sagte mehr was. Bat-Thahan hob die eine Ecke des Fells an, grub mit seinen Fingern kurz im Sand und pulte dann den kleinen, krummen Ast aus dem Boden.

Seitdem kritzelt er in den Sand, und wir geben uns alle Mühe, seine Bildchen zu deuten. Wieder setzt er mit dem krummen Astende an, malt den nächsten Strich. Ein kleines Quadrat ist jetzt fertig, ein Würfel mit zwei Beinchen.

Д

Bat-Thahan atmet laut aus und ein und fängt nun doch an, etwas zu murmeln. Ganz leise und mehr zu sich selbst als zu uns. Er flüstert vor sich hin und bricht ein Stückchen von seinem Zeichen-Ast ab. Mit seinen dunklen, glasigen Augen mustert er den Stummel, und für einen Bruchteil glaube ich, dass so was wie Zufriedenheit in seinem Ausdruck liegt. Als könnte er mit dem kurzen Stöckchen nun besser weitermalen. Dann zeichnet er das nächste Symbol in den Sand. Strich für Strich, dieses Mal ohne Denkpause für uns, malt er sowas wie eine Mistgabel mit extragroßen Zinken neben den Würfel.

Ψ

Bat-Thahan verzieht keine Miene, auch dann nicht, als er uns endlich anschaut. Jetzt sagt er etwas. Ist das Mongolisch, oder Kasachisch? Die einzelnen Silben hören sich abgehakt an, als würde er Wort für Wort ausspucken.

Bat-Thahan zeigt mit dem krummen Stummel auf die Zeichnung. Und plötzlich wird mir klar: Was er in den Sand kritzelt, sind keine Bilder, sondern kyrillische Buchstaben. Wahrscheinlich wollte Bat-Thahan für uns genau das aufschreiben, was er gerade auch gesagt hat. Er denkt wohl, wir würden seine Sprache begreifen, wenn wir sie nur einmal vor Augen haben, und lesen können, was wir im Gespräch nicht verstehen. Ich schaue zu Felix rüber, der lächelt Bat-Thahan verstohlen an und zuckt nur mit Schultern. Ich mache es ihm nach. Plötzlich fangen wir alle an laut zu lachen. Auch Bat-Thahan, der wohl gemerkt hat, dass wir seine Sprache noch lange nicht begreifen, nur weil er die Worte in den Sand schreibt, anstatt sie zu sprechen. Und auch die Mutter und die Kinder lachen jetzt, als wäre alles ein riesiger Scherz gewesen.

Selten habe ich vorher eine Begegnung in einem fremden Zuhause erlebt, die so schüchtern und so stumm war. Unsere Begegnungen mit Mongolen haben bisher entweder viel kürzer gewährt, zum Beispiel als ich mit den Nomaden vor unserem Zelt saß. Oder man war eben abgelenkt, weil man was zu tun hatte. Wie Oonoo, der sich aufs Autofahren konzentrieren konnte. Hier, in der Jurte von Bat-Thahan und seiner Familie sitzen wir uns stumm gegenüber. Niemand geht, alle schauen uns an. Und wir haben keine mongolischen Vokabeln mehr übrig, um die Verständigung zu erleichtern.

Egal wo auf der Welt, egal in welchem Bergdorf oder Dschungelort: Irgendwer kennt immer ein Wort, das alle verstehen – und wenn es der Name eines Fußballspielers ist. Und auch, wenn es keine gemeinsame Sprache gibt, wird sofort wild gestikuliert und mit Vokabeln um sich geworfen, die denen einer anderen Sprache ähnlich genug sind, um den Sinn zu erfassen. Hier, in dieser Jurte irgendwo im Westen der Mongolei, passiert das alles nicht. Niemand fängt an, mit Händen und Füßen zu gestikulieren, und es gibt keine Wörter, die ähnlich klingen wie das, was wir verstehen. Was es bestimmt noch ein kleines bisschen schwerer macht, ist die Tatsache, dass es unsere allererste Begegnung ist, zu der wir in eine Jurte eingeladen werden. Wir wissen nicht, ob es unhöflich wäre, Gegenstände anzufassen, oder ob wir die schüchterne Familie überrumpeln würden, wenn wir plötzlich anfingen, wild unsere Arme durch die Luft zu schwingen. Bei den Vorbereitungen habe ich irgendwo gelesen, dass man auf keinen Fall die Fußsohlen auf jemanden richten darf. Stattdessen soll man sich auf die Knie setzen. Aber wie war das doch gleich – gibt's nicht noch etwas, was man mit den Füßen nicht anstellen soll? Was können wir schon wissen über Gepflogenheiten, die sich über viele Jahrhunderte an diesem Ort entwickelt haben. Vielleicht wäre es ja sogar respektlos, die ganze Zeit in einer für sie fremden Sprache zu sprechen und zu hoffen, dass die Nomaden irgendwann doch ein Wort aufschnappen, das sie ableiten können.

Und überhaupt: Auch wir sind überrumpelt von dieser Begegnung. Wir fühlen uns auf diesem Fleckchen Erde noch nicht einmal angekommen. Es ist keine zwei Stunden her, dass Oonoo uns hier ausgesetzt hat und wir ihm nachgeschaut haben; dass die feine Sandwolke, die er beim Wegfahren hinter sich hergezogen hat, immer weiter verflogen ist. Ich verarbeite gerade erst noch, dass wir jetzt wirklich losgelaufen sind. Kaum setzen wir die ersten Schritte und stellen unsere Rucksäcke so ein, wie sie sich am bequemsten anfühlen – wenn man das behaupten kann – schon sehen wir hinter der nächsten Kurve das kleine, dreckig-weiße Rundzelt mit dem dampfendem Schornstein. Die Jurte von Bat-Thahan. Die erste, die wir außerhalb einer Ortschaft sehen. Und die taucht viel zu schnell am Horizont auf.

Auch wir blieben dann nicht mehr lange unbemerkt: Riesige Falken glitten uns in der Luft entgegen, kreisten über unseren Köpfen. Ein Hund preschte kläffend auf uns zu. Gefolgt von einem kleinen Mädchen mit roten Backen und ihrem Bruder, der auf einem Pferd stolz nebenher trabte. Schon von weitem rief uns das Mädchen was zu, beim zweiten oder dritten Rufen haben wir sie verstanden. Es klang wie » Sai bai nuu«, »hallo«. Es war ein Willkommen auf Mongolisch, als hätte das kleine Mädchen mit ihrem Bruder nur darauf gewartet, dass wir sie endlich besuchen kommen.

Kaum war sie bei uns, nahm sie meine Hand. Wieder mal konnte ich nicht begreifen, was da passierte. Warum rannte die Kleine auf uns zu und nicht vor uns weg? Ihr Bruder drehte das Pferd, trat ihm mit Schwung seine Fersen in den Bauch und galoppierte zurück. Das Mädchen zeigte auf die Jurte, plapperte munter vor sich hin, hüpfte auf und ab und wollte dann wieder losrennen – bis sie merkte, dass wir mit unseren schweren Rucksäcken nicht so schnell hinterherkamen. Sie drehte wieder um, lief zu uns zurück und zerrte ungeduldig an meinem Ärmel. Ihre Mutter wartete neben der Tür zur Jurte auf uns und wirkte mit ihren verschränkten Armen sehr skeptisch. Als wir vor ihr standen, sagte sie nichts. Lächelte kaum erkennbar und flehte mit einem Blick in die Jurte das Familienoberhaupt herbei, Bat-Thahan. Als Einziger der Familie stellte er sich uns vor. Auch sein Gesichtsausdruck blieb unverändert. Mit den markanten Wangenknochen und den kurz geschorenen Haaren sah sein schmales Gesicht sehr ernst, sehr bestimmend aus. Der Mund war nur eine schmale, blasse Linie. Sein Händedruck aber war schwach und währte nur ganz kurz. Nur das kleine Mädchen sprang aufgeregt von mir, zu Felix, zu ihm und zog uns abwechselnd an den Ärmeln. Sie lachte, als Einzige der Nomadenfamilie.

Als wir schließlich alle auf dem Boden in der Jurte Platz genommen haben, kritzelte Bat-Thahan den Würfel mit Beinen und die Mistgabel in den Sand – und begreift jetzt, dass wir seine Sprache einfach nicht verstehen können. Nicht als gesprochene Worte und auch nicht als Symbole in den Sand gezeichnet. Es ist das erste Mal, dass wir alle schallend lachen, und es scheint, als würde dieses Lachen eine Mauer zwischen uns und der Nomadenfamilie niederreißen.

Aus den Augenwinkeln habe ich vorher die Mutter beobachtet, wie sie sich abwechselnd über Bat-Thahans Gekritzel beugt und in Pantoffeln zum Ofen in der Mitte der Jurte schlürft. Ab und zu hebt sie vorsichtig den Deckel eines riesigen gusseisernen Bottichs an – jedes Mal zieht dann eine Dampfwolke aus dem Topf durch die Jurte und hängt sich in den knallbunten Teppichen fest, die die Zeltwände und den Boden fast lückenlos bedecken. Es ist eine kleine Welle von feuchtem, modrigem Geruch, bei dem ich an einen Stall denken muss, der längst ausgemistet werden sollte.

Als mich die Mutter zu sich winkt, um mir zu zeigen, was in dem Bottich auf dem Ofen vor sich hinköchelt, muss ich mich bemühen, dass ich mein Gesicht nicht verziehe. Als sie den Deckel hebt, schlägt mit der Geruch mitten ins Gesicht, und ich sehe, warum mein Gedankenspiel gar nicht so falsch ist: In trübem Wasser kocht ein Haufen fettiges Schafsfleisch. Mit Knochen, Sehnen und dem Schwanz. Bestimmt sind bei so einem Anblick die ganzen Vorurteile über mongolisches Essen entstanden. Das Ganze ist mehr Fett als Fleisch und wabert wie Wackelpudding, wenn die Mutter es mit ihrem Kochlöffel anstößt. Während sie sich offenbar sehr über diese Mahlzeit freut, dreht es mir fast den Magen um. Ich hoffe, dass Felix und ich weiterlaufen, bevor es Abendessen gibt.

Ich drehe mich zu ihm und will meine Angst vor dem Teller Schafsfett mit ihm teilen. Er hingegen macht es sich gerade gemütlich. Hat unser Ohne-Wörter-Buch und die alten, russischen Militärkarten aus dem Rucksack geholt. Jetzt sitzt er in der Mitte, und alle anderen beugen sich gespannt über das, was er zeigen will. Obwohl das Abendessen immer näher rückt, ist diese Begegnung mittlerweile viel zu außergewöhnlich, um sie einfach ziehen zu lassen. Also setze ich mich neben Felix, gleichzeitig springt das jüngste Kind auf und versteckt sich hinter den Beinen der Mutter, die immer noch neben dem Ofen steht.

Bat-Thahan sitzt neben mir. Ich lächle ihn an und strecke meine Hand nach seinem Zeichen-Stummel aus. Ich will auch was in den Sand malen. Will alles versuchen, um diese Nomadenfamilie besser kennenzulernen und ihnen gleichzeitig verstehen zu geben, was wir in ihrem Land vorhaben. An ihren Blicken erkennen wir, dass es ihnen ein riesiges Rätsel sein muss, warum wir ausgerechnet hier bei ihnen im Tal gelandet sind. Bat-Thahan drückt mir den kleinen, krummen Ast in die Hand. Ich rutsche zur Seite, um mehr Zeichenfläche im Sand zu haben, und überlege, was ich für die Nomadenfamilie malen könnte. Ich will mit was Einfachem anfangen, mit etwas, das in jeder Sprache gleich ist und gleich aussieht. Zahlen.

Wir malen unser Alter in den Sand. 22. 30. Ich zeige auf die 22, danach auf mich. Auf die 30, danach auf Felix. Jetzt versteht uns die ganze Familie, manche von ihnen lachen, die Mutter tuschelt mit dem ältesten Sohn, schaut zu mir und wird ganz rot, als sie merkt, dass ich sie dabei beobachtet habe.

Bat-Thahan nimmt das Stöckchen wieder und macht es uns nach. Er ist 46. Seine Frau 39. Nach und nach deutet er auf die einzelnen Familienmitglieder und malt jedes einzelne Alter in den Sand. Insgesamt wohnen sie zu elft in der Jurte. Als Bat-Thahan das letzte Alter malt, ist der staubige Sandstreifen zwischen Teppich und Tierfell voller Zahlen.

Neben uns blättern die Kinder kichernd in unserem Oh-ne-Wörter-Buch. Darin abgebildet: 600 Zeichnungen, die sämtliche Lebenssituationen widerspiegeln sollen. Das Mädchen, das uns schon ganz am Anfang an der Hand zur Jurte gezogen hat, setzt sich jetzt zu mir und legt das Buch in meinen Schoß. Sie hat die Seite mit den Tieren aufgeschlagen, zeigt auf die Kuh und tippt sich dann schnell und mit einem stolzen Grinsen auf die Brust. Das macht sie auch bei Schaf, Hund, Katze und Pferd. Diese Tiere grasen im nahen Umkreis der Jurte, sie gehören ihrer Familie. Das Mädchen blättert weiter und kommt auf die Gemüse-Seite. Fragend schaut sie mich an, und als die Mutter uns im nächsten Moment die Teller mit dem Abendessen in die Hände drückt, wird mir klar, warum das Mädchen bei den Bildchen von Kartoffeln, Tomaten und Salat so ratlos dreinschaut. Sie kennt es nicht.

Ich lege das Buch beiseite und weiß nicht, was ich mit meinem Teller anfangen soll. Ehrlich gesagt: Es sieht schlimmer aus als befürchtet. Obwohl oder gerade weil es genau dasselbe ist, was ich vorher im Topf schwimmen hab sehen. Unverändert. Ohne Beilage, ohne Gewürz. Nur das Kochwasser ist weg. Aber den Schwanz hab ich bekommen. Ich glaube, er ist das Fettigste von allem. Mit einem gezwungenen Lächeln schaue ich die Mutter an und bedanke mich.

»Bayarlalaa.«

Sie zeigt auf den Schwanz, haspelt ganz schnell irgendwas und streckt dann ihren Daumen nach oben. Auch Bat-Thahan neben mir nickt jetzt ganz eifrig, deutet erst auf den Schwanz, dann auf seinen Hintern und zeigt dann auch den Daumen nach oben. Scheint so, als gebührt mir die größte Ehre, weil ich genau dieses eine beste Stück vom ganzen Schaf abbekommen hab. Eine wahre Delikatesse muss das sein.

Wie kriege ich das nur runter? Nicht nur den Schwanz, sondern den ganzen, vollen Teller. Vielleicht kann ich es großzügig mit Felix teilen?

Wir haben nicht miteinander gesprochen, seit wir nachmittags auf dem Teppich Platz genommen haben, aber ich sehe genau, was er jetzt denkt. Ihn trifft der Teller auf seinem Schoß gerade noch schlimmer als mich. Er konnte nicht ahnen, was ihm schwant, weil er es vorher nicht im Topf hat schwimmen sehen.

Wie vorher schon, als wir Zahlen in den Sand gekritzelt haben, sind auch jetzt alle Augen auf uns gerichtet. Elf Paare und keins von ihnen soll sehen, wie wir den ersten Löffel Fett in unseren Mund schieben. Die Familie empfängt uns mit größter Gastfreundschaft, sie teilt ihr Essen mit uns – widmet mir sogar das beste Stück vom Tier. Was wir jetzt auf keinen Fall tun dürfen, ist, irgendeine Form von Ekel zu zeigen – nicht die kleinste. Felix lächelt, sieht dabei völlig übertrieben erfreut aus, und behält sein künstliches Lächeln bei, als er mir zuflüstert:

»Kopf ausschalten. Und nicht viel Kauen.«

Einfach runter damit? Was anderes bleibt mir wohl kaum übrig. Also denke ich an Pudding – die Konsistenz kommt ja ganz gut hin – und versuche, die glitschigen Stückchen nicht zu lange auf der Zunge liegen zu haben. Ich lasse mir Zeit, spüle das Essen mit viel Milch runter und versuche, zwischendurch immer wieder zu lächeln. Auf die Nomaden scheint das sehr glaubhaft zu wirken, am Ende kann ich gerade noch den Nachschlag abwehren. Mein Magen fühlt sich an, als würde ein kiloschwerer Gummiball drin liegen, und Felix kriegt nicht einmal mehr die restliche Milch runter.

Ich lege meine Hände aufeinander und unter mein Ohr, mache kurz die Augen zu. Dann forme ich sie zu einem Zelt und zeige nach draußen. Den ganzen Nachmittag über haben wir es nicht geschafft, weiterzulaufen. Dabei sind wir heute keine zwei Kilometer weit gekommen. Auch jetzt lässt uns die Familie ungern gehen. Nur auf das trockene Plateau oberhalb des Flusses neben der Jurte – bis dahin dürfen wir. Als würden wir sonst weglaufen, nehmen die Kinder zu fünft unsere Rucksäcke und ziehen sie nach draußen. Genau an der Stelle schlagen wir dann unser Zelt auf – mit der Hilfe aller Familienmitglieder, die erst neugierig aber mit kleinem Sicherheitsabstand im Halbkreis um uns stehen, und dann, als wir unser Zelt zusammengefaltet auf den Boden legen, plötzlich alle mit anpacken wollen.

Ich ahne, dass das Zelt genau wie in Chowd auch hier kein richtiger Rückzugsort sein wird, und kann es immer weniger erwarten, endlich dort zu sein, wo nicht einmal mehr Nomaden leben. Ich sehne mich nach Ruhe und nach Privatsphäre.

Die Buben schwingen wie Kämpfer das Gestänge durch die Luft, zischen durch die Zähne und lassen die Stangen mit einem Klimpern aneinander schlagen, die Mädchen streichen die Bodenplane von unserem Zelt glatt.

Wir brauchen mindestens dreimal so lange wie sonst, um unser Zelt aufzuschlagen, und als die Mutter drinnen in der Jurte aufs Neue den Ofen anschürt, merken wir, dass wir es noch einmal umbauen müssen. Die Rauchschwaden ziehen direkt zu unserem Zelt und hüllen es in einen grau-schwarzen, ungesunden Dunst.

Als das Spiel zu Ende ist, bei dem eins der Kinder immer wieder kichernd den Reißverschluss zu unserem Vorzelt aufzieht, nachdem wir ihn zugezogen haben, ziehe ich mir meinen Schlafsack bis unters Kinn. Ich höre die kleinen Kinderschritte, wie sie im hohen Gras um unser Zelt schleichen. Dann schreit Bat-Thahan nach den Geschwistern, und endlich wird es still. Jetzt höre ich nur noch Insekten zirpen und ab und zu eins der Tiere, wie es ganz in der Nähe Gras ausrupft.

Es vergehen viele Minuten, in denen Felix und ich gar nichts zueinander sagen. Tief in eigenen Gedanken versunken liegen wir Schulter an Schulter nebeneinander. Ich versuche, das zu verarbeiten, was wir heute erlebt haben. Wie uns Oonoo nach sechs Stunden holpriger Fahrt mitten im Nichts ausgesetzt hat – und dann dieser allererste Tag mit einer echten Nomadenfamilie. Verarbeiten kann ich das nicht ansatzweise, ich weiß nicht einmal, wo ich anfangen soll, zu denken. Alle möglichen Situationen hüpfen mir wild als Gedankenfetzen durch den Kopf. Ich komme von einem zum nächsten und schaffe es nicht, einen wirklich klaren Gedanken zu fassen. Unendlich klein komme ich mir vor und wahnsinnig weit weg von einer Welt, die wir kennen.

Ich versuche, mir in Vogelperspektive unser Zelt vorzustellen. Wie Felix und ich nebeneinander liegen und zoome dann nach draußen. Ich stelle mir das grüne Zeltdach vor, daneben der Fluss, die Jurte von Bat-Thahan und drumherum verstreut das ganze Vieh. Weiter weg die Marslandschaft um Chowd und die Wüste Gobi in der einen Richtung. Ein schroffes Gebirge und die Landesgrenzen, Russland, China und Kasachstan in der anderen. Zum ersten Mal wird mir klar, dass es jetzt wirklich kein Zurück mehr gibt. Hier kommen wir nur wieder weg, wenn wir immer weiterlaufen. Kilometer für Kilometer.

Am nächsten Morgen quälen wir uns mit der aufgehenden Sonne aus unseren Schlafsäcken. Wir wollen die ersten richtigen Kilometer hinter uns bringen – und dieses Mal auch wirklich weiterkommen. Vor allem aber wollen wir zu einer Zeit loslaufen, wenn es auf alle Fälle noch zu früh für ein Nomadenfrühstück mit den Resten von gestern Abend ist. Weil wir nicht wissen, wann es zu spät wäre, entscheiden wir uns, so schnell wie möglich aufzubrechen. Morgens auf leeren Magen kriege ich den Haufen Fett ganz bestimmt nicht runter.

Eine Sache will ich der Nomadenfamilie vorher aber noch erklären: was wir vorhaben. Dazu kam es gestern nämlich nicht mehr, weil ich plötzlich das Essen im Schoß liegen hatte.

Als wir unser Zelt abgebaut und die Rucksäcke gepackt haben, geht auch die hellblaue, verwitterte Holztür der Jurte auf. In der nächsten Sekunde springt das Mädchen raus und winkt uns zu sich. Ich nehme die alten, russischen Militärkarten aus der wasserdichten Hülle und steuere auf die Jurte zu. In der anderen Hand halte ich das Ohne-Wörter-Buch – das kann hier schließlich nie schaden.

Während ich immer noch erschlagen bin von all den neuen Eindrücken vom Vortag, dreht sich die Welt der Nomadenfamilie längst weiter. Die Mutter sitzt auf einem hölzernen Schemel und melkt eine Yak-Kuh, die Geschwister jagen die Herde in Richtung Jurte. Bat-Thahan kommt mit der Sense vom kleinen Feld hinter der Jurte wieder. Ich wedle mit den Karten in der Hand, zeige auf Bat-Thahan, die Geschwister, die Mutter, Felix, mich und die Jurte. Das Mädchen versteht dieses Mal sofort, dass ich ihnen was zeigen will, und ruft mit ihren Händen als Sprachrohr die ganze Familie zusammen.

Es dauert nicht lange, da sitze ich genau wie gestern am selben Platz auf dem Teppich. Dieses Mal rutschen aber alle ganz eng zusammen und schauen mir über die Schulter. Schüchtern ist jetzt niemand mehr – als hätten wir uns gestern ausgesprochen und alles übereinander erzählt. Vielleicht war es die Nacht, die wir so dicht neben der Jurte verbracht haben, die alle Distanz zwischen uns wie ausgelöscht hat.

Ich klappe das Ohne-Wörter-Buch auf einer Seite auf, die ein Zelt, einen Schlafsack und ein Lagerfeuer zeigt. Als ich auf die einzelnen Symbole tippe, beobachte ich, wie mich elf staunende Gesichter anstarren. Ich blättere um: Ein Wanderer, ein Rucksack, Fluss und Regen.

Jetzt gebe ich der Familie die russischen Karten. Eine für Bat-Thahan und die Mutter, zwei für die Geschwister. Als sie die kyrillischen Buchstaben erkennen und Ortsnamen lesen können, fangen alle aufgeregt an, zu tuscheln und zu plappern, wie es auch die Nomaden in Chowd schon gemacht haben. Jetzt werden ihre Augen riesig, und alle wollen die eine Karte sehen, auf der auch unser aktueller Standort eingezeichnet sein muss.

Felix sagt den Namen der Hauptstadt Ulan-Bator, mit meiner Hand verwische ich die Zahlen von gestern, die immer noch den staubigen Sandstreifen zwischen Teppich und Tierfell säumen. Es scheint, als hätte niemand aus der Familie drauftreten wollen. Mit meinem Zeigefinger male ich stattdessen ein Flugzeug in den Sand, wiederhole Ulan-Bator und sage dann Chowd. Eifrig nicken die Nomaden mit ihren Köpfen. Felix zeigt ihnen Chowd auf der Karte und macht mit den Händen die Bewegung, als würde er ein Lenkrad steuern. Dann zeigen wir auf die Stelle an der wir ausgesetzt wurden. Wir fahren mit den Fingern die gesamte Strecke auf drei verschiedenen Kartenausschnitten nach, die wir in den kommenden Wochen laufen wollen.

Jetzt ist es Bat-Thahan, der Zeige- und Mittelfinger so von vorn nach hinten schwingt, als würden die Finger laufen. Er schaut fragend. Wir nicken. Dann bekommen wir von ihm den Daumen nach oben. Er lächelt beeindruckt und schwingt weiter seine Finger von vorn nach hinten. Die ganze Familie schaut jetzt auf seine Hand, und er scheint zu erklären, was er gerade rausgefunden hat. Nur die Mutter sieht so aus, als könnte sie es nicht glauben. Sie dreht sich um und kramt etwas aus einem alten Sack hervor, auf den sie vorhin die Zudecken der ganzen Familie gestapelt hat. Daneben steht ein Micky-Maus-Koffer. Sie zieht zwei große Brocken Käse aus dem Sack, legt uns jeweils einen in die Hand und drückt unsere Hände mit ihren ganz feste zusammen. Als sollten wir gut auf die Stückchen Käse aufpassen. Wir nicken beide und wiederholen uns ganz oft:

»Bayarlalaa. Bayarlalaa. Bayarlalaa.«

Danke. Danke. Danke.

Wir schauen jedes Familienmitglied an, bedanken uns bei allen einzeln, und ich halte besonders lange inne, als ich Bat-Thahans Hand ein letztes Mal schüttle. Auch bei ihm bedanke ich mich unzählige Male. Dieses Mal ist er es, der meine Hand feste drückt und gar nicht mehr loslassen will.

Als wir aus der Jurte treten, steht die Sonne in ihrer ganzen Größe am Himmel. Alle elf Familienmitglieder haben sich jetzt aufgestellt wie für ein perfektes Gruppenfoto und schauen uns nach. Ein letztes Mal rufen wir ihnen ein »Bayarlalaa« zu und schwingen beide unsere Zeige- und Mittelfinger, als würden die Finger laufen. Ich sehe, wie ein Lächeln über die Gesichter huscht.

Ab sofort ist das die Geste, mit der wir den Mongolen unser Vorhaben erklären. Wir schwingen unsere Finger, und sie verstehen uns.

STREIT IM SUMPF

Mit einem Seufzer bleibe ich stehen und schaue zu Felix rüber. Wie die Figur aus einem alten Computerspiel, die auf Befehl der Pfeiltasten auf- und abspringt, hüpft er von einem buckeligen Grashügelchen zum nächsten. Hoch konzentriert, um ja nicht in den Spalt zwischen den Hügeln abzurutschen.

Seit zwei Stunden durchqueren wir bei Nieselregen diesen Sumpf, der sich hier in der Senke um den Fluss gebildet hat. Wir sind in einem Gebiet, in dem der Boden früher das ganze Jahr über gefroren war. Seit ein paar Jahrzehnten tauen die oberen Schichten aber auf, weil es immer wärmer wird. Obwohl ich das irgendwann während unserer Vorbereitungen gelesen habe, habe ich mir nicht weiter überlegt, was das für unseren Weg bedeuten könnte. Als ich Felix jetzt beim Hüpfen zusehe, beantwortet sich mir diese Frage von selbst. Und ich muss zugeben, dass ich mittlerweile leicht genervt bin. Innerlich fluche ich.

»Von wegen Dürre!«

»Tolle Karten, wenn nicht mal ein Sumpf eingezeichnet ist!«

Ich muss dazu sagen, dass es alles andere als angenehm ist, mit diesem Rucksack, der fast halb so groß ist wie ich und heute ungefähr 18 Kilo wiegt, andauernd auf und ab, nach vorne und zur Seite zu springen, um auf dem nächsten Quadratmeter einigermaßen festem Untergrund zu landen. Und bloß nicht den

Fuß verstauchen! Das kostet übermäßig viel Kraft, viele wunde Stellen auf der Hüfte, weil der Rucksack bei jedem Sprung nach oben wippt und dann wieder auf dem Knochen bremst. Gleichzeitig kommen wir nur langsam vorwärts. Viel zu langsam, wenn man unser Vorankommen daran misst, wie weit auf dem GPS das blaue X entfernt ist, das unsere minimale Tagesdistanz für heute markiert.

»Ich kann mir ja denken, dass wir noch keine vier Kilometer weit gekommen sind«, rufe ich Felix zu, als ich meine Laune nicht länger für mich behalten kann. »Aber können wir nicht schon jetzt auf einem dieser blöden Hügel 'ne kurze Pause machen?! Und sag jetzt bloß nichts von Rhythmus, das kann ich nicht mehr hören.«

Seit wir uns vor ein paar Tagen von Bat-Thahan und seiner Familie verabschiedet haben, geben wir uns Mühe, in einen guten Laufrhythmus zu finden. Zu Hause dachten wir ja noch, der wäre ganz klar: Nach den ersten vier Kilometern werden wir die erste Pause für einen ordentlichen Schluck Wasser mit Magnesium-Calcium-Orangengeschmack-Pulver einlegen, um gar nicht erst zuzulassen, dass unsere Muskeln am Nachmittag schwer wie Blei werden. Außerdem werden diese ersten vier Kilometer eine gute Distanz sein, um die Rucksäcke zurechtzurücken und an einer neuen Stelle umzuschnallen. Das Gepäck soll schließlich nicht täglich an denselben Punkten scheuern. Nach ungefähr acht Kilometern wird's Mittagessen geben. Das ist sehr euphorisch und optimistisch ausgedrückt, denn dieses Essen ist, wenn überhaupt, ein kleiner Mittagssnack: ein Kalorienriegel, der buchstäblich nach zwei Bissen weg ist. Immerhin haben wir am Anfang unseres Marsches noch die Wahl zwischen verschiedenen Geschmacksrichtungen. Vanille, Erdbeere, Schoko-Banane und Nuss. Die Nachmittage über werden wir, abgesehen von ein paar kurzen Trinkstopps, durchlaufen, bis wir nach insgesamt ungefähr 15 Kilometern einen schönen Zeltplatz für die Nacht gefunden haben. Das kleine blaue X auf dem GPS haben wir dann erreicht, und wir können unsere Rucksäcke guten Gewissens absetzen. Wir sind im Zeitplan. Etappe beendet.

Soviel zur Theorie. An Tagen wie heute funktioniert die für mich überhaupt nicht. Das Frühstück – Haferflocken, eingeweicht in einen Schluck aufgewärmtes Flusswasser – habe ich heute Morgen kaum runterbekommen. Und weil wir natürlich kein Essen wegwerfen können, hat Felix den Rest meiner Portion übernommen. Dafür knurrt jetzt mein Magen, obwohl wir in diesem Sumpf ganz bestimmt noch keine vier Kilometer vorangekommen sind. Das Blöde ist: Wenn ein Tag so träge anfängt, mündet das in einen Teufelskreis: Wir essen früher, haben früher wieder Hunger, die Strecke am Nachmittag ist umso länger, trotzdem müssen wir uns an unsere Tagesrationen halten. Masterplan, Nummer 4.

Gerade brauche ich trotzdem eine kurze Verschnaufpause. Meine Laune sinkt sonst mit jedem nächsten Hüpfer immer weiter, und weil ich gerade keine Möglichkeit habe, das mit mir allein auszumachen, wird Felix es sein, der sie ungefiltert abbekommt. Wir diskutieren kurz – das erste Mal auf dieser Reise –, weil Felix ungern eine Rast einlegt, wenn er kaum Strecke hinter sich gebracht hat. Das kenne ich von unseren Bergtouren zu Hause. Unterwegs gibt's eine Banane, die Brotzeit erst auf dem Gipfel.

Jetzt argumentiert Felix: »Lass uns doch erst mal noch weiterlaufen, so kommen wir nie voran. Dahinten hört der Sumpf bestimmt eh bald auf.«

Mir rutscht daraufhin raus, dass ich keinen verdammten Hügel mehr hinter ihm herspringe, wenn wir nicht kurz Pause machen. Als wäre das nicht deutlich genug, füge ich noch ein »Sonst kannst du den Scheiß hier alleine weiterlaufen!« an. »Mach halt nicht so 'ne Eile! Kein Mensch kann das so genießen!«

Felix schaut mich entgeistert und erschrocken an.

»Hallo?! Geh mich mal nicht so an, ich hab dir gerade überhaupt nichts getan!«

Ich ziehe einen Joker, ein Versöhnungsangebot: Kaffee. So bekomme ich auch meine Pause.

Während ich diese dampfende Tasse jeden Morgen zu schätzen weiß, ist sich Felix sicher, er könne ohne nicht in den Tag starten. Deswegen haben wir uns auf die leichteste Kaffeeausstattung geeinigt und sie in Felix' Rucksack verstaut: ein Döschen mit 150 Gramm Kaffeepulver, für das ich ein paar Kleckse Shampoo opfern musste, dazu ein paar lose Filter. Es braucht immer einen von uns, der den Filter mit beiden Händen aufhält und Acht gibt, dass er sich nicht die Fingerspitzen verbrüht. Während der andere das heiße Wasser Schluck für Schluck aufgießt. Zehn Minuten dauert das ungefähr, dann haben sich in dem blauen Gummi-Campingbecher, der sich auf einen Zentimeter zusammenstauchen lässt, ungefähr 100 Milliliter trübe Brühe gesammelt.

Das Kaffeekochen wird damit zu einer Art Morgenritual, bei dem es um viel mehr geht als um den Schluck Koffein, der am Ende dabei rauskommt. Draußen in der Natur einen Kaffee zu brühen, ist für uns ein Moment, bei dem wir nichts tun, als der Ruhe um uns herum zu lauschen. Wir sitzen auf dem Boden und lassen unsere Blicke durch die Landschaft vor uns schweifen. Es ist ein Moment der bewussten Entschleunigung, bevor wir uns in diesen neuen Abenteuertag stürzen.

Als ich den letzten, pulvrigen Schluck aus dem Gummibecher sauge, fühle ich mich deutlich besser. Vor allem bin ich versöhnlich gestimmt und sehe ein, dass ich an unserer ersten Diskussion nicht ganz unschuldig war.

»Tut mir leid, wenn ich patzig war«, entschuldige ich mich bei Felix und will damit unser Schweigen der letzten 20 Minuten brechen. So einfach will Felix es mir nicht machen.

»Du weißt, dass bestimmt Tage kommen werden, da müssen wir noch härter im Nehmen sein. Das geht dann halt nicht, dass wir gleich die Fassung verlieren. Da müssen wir uns beide am Riemen reißen. Steht sogar im Masterplan.«

Obwohl ich weiß, dass er recht hat, kann ich mir meinen Ausrutscher nicht ganz eingestehen.

»Sooo schlimm war's jetzt auch wieder nicht.«

Felix antwortet mit einem ernsten Blick, ich mit etwas Einsicht.

»Ja ... gut. Solche Hakeleien können wir uns echt sparen. Aber es ist schon schwer, immer die Fassung zu bewahren, wenn man immer nur unter sich ist. Und das ist ja erst der Anfang.«

Weiter breittreten möchte ich diese erste Diskussion nicht – außerdem finde ich, dass für den Moment alles gesagt ist. Für mich selbst notiere ich in Gedanken, dass ich künftig einmal tief durchatmen will, bevor ich Felix aus einer schlechten Laune raus einen Satz an den Kopf werfe. Dann wechsle ich das Thema.

»Weißt du, worüber ich mir die ganzen letzten Tage den Kopf zerbreche? Warum reagieren die Mongolen so grundverschieden auf uns? Die einen sind so eingeschüchtert, dass sie weglaufen und sich verstecken. Und die anderen ziehen uns am Ärmel zu sich nach Hause. Ich versteh das einfach nicht.«

Felix schwappt seinen letzten Schluck im Becher hin und her, als würde er die Antwort aus dem Kaffeesatz lesen wollen. Ich hoffe, dass unsere Diskussion auch für ihn beendet ist und beruhige mich damit, dass ich Felix noch nie nachtragend erlebt habe.

Für einen Moment ist er still, bevor er auf das neue Thema eingeht.

»Vielleicht ist das was, was wir erst nach einer Zeit verstehen können«, antwortet er dann. »Ich kann mir aber vorstellen: Bat-Thahans Familie sieht bestimmt viel seltener Fremde als die Menschen in Chowd. Was auch heißt, dass sie vielleicht seltener unangenehme Erfahrungen gemacht haben und aufgeschlossener und neugieriger sind.«

Ich nicke. »Ja, kann sein. Und es ist vielleicht auch ein bisschen was davon, was Toja gesagt hat: Die Menschen in Chowd können sich keinen Reim darauf machen, was wir von ihnen wollen. Vielleicht ja genau wie die chinesische Gruppe nur ihre Bodenschätze? Für die Nomaden, die uns hier laufen sehen, stellt sich die Frage nicht mehr wirklich.«

Felix steht auf und packt Kocher, Becher und Kaffeepulver wieder in seinen Rucksack. »Na komm, lass uns weiterspringen. Bestimmt hört der Sumpf bald auf. Laut Karte beginnt da vorne eine leichte Steigung.«

Als wir weiterlaufen, lässt mir unsere Diskussion von vorhin doch keine Ruhe. Im Gegensatz zu Felix bin ich manchmal nämlich schon etwas nachtragend – vor allem mir selbst gegenüber. Was ich wirklich nicht gut kann: mir selbst zu verzeihen, wenn ich jemand anderen vielleicht verletzt habe. Um jemanden zu kränken, braucht es meistens natürlich etwas mehr als ein paar patzige Sätze. Da fängt mein schlechtes Gewissen aber schon an. Ein kurzer Schlagabtausch reicht aus, damit es mir stundenlang leidtut – hinterher, versteht sich. Wenn so was abends passiert, liege ich anschließend ewig wach, bevor ich einschlafen kann, während Felix längst damit abgeschlossen hat und friedlich döst. Meistens muss ich dann noch mindestens fünfmal betonen, wie sehr es mir leidtut und wie wenig ich meinte, was ich gesagt habe. Felix kennt mich mittlerweile gut genug – wenn er sich nach einer kleinen Hakelei zum Einschlafen umdreht, fügt er an

»Schlaf gut ...« meistens noch ein »...und weck mich bloß nicht, um dich noch mal zu entschuldigen. Ich weiß, dass du's nicht so gemeint hast« an.

Auch jetzt kann ich einfach nicht anders. Ich beeile mich, soweit das mit den vielen Stolperfallen unter meinen Füßen und dem Gewicht auf meinem Rücken möglich ist, um zu Felix aufzuschließen.

»Hey, Felix! Tut mir ehrlich leid. Wegen so was sollten wir nicht diskutieren. Du hast recht, dass noch ganz andere Situationen auf uns zukommen werden. Da ist das vergeudete Energie.«

Felix bleibt kurz stehen, bis ich auf demselben Hügelchen angekommen bin, und nimmt mich dann feste in den Arm. Ich stelle mir vor, dass wir dabei mit den riesigen Rucksäcken und dick in unsere Jacken eingepackt aussehen müssen wie zwei unbeholfene Michelin-Männchen.

»Ist schon gut. Ich glaube, ich bin erschrocken, weil du zu Hause irgendwie besser die Fassung bewahrst. Wahrscheinlich ist es aber normal, dass man das hier nicht immer schafft. Wir müssen nur darauf aufpassen.«

Als wir uns wieder voneinander lösen, fügt Felix mit einem Grinsen hinzu: »Im Masterplan steht außerdem, dass wir dem anderen kleine Nervenzusammenbrüche verzeihen.«

Die nächste halbe Stunde lang springen wir nebeneinander her und helfen uns gegenseitig, wenn die Hügelchen vom Sumpf besonders weit auseinandergerissen wurden. Manchmal ist das Gras so dick, dass wir das nur schwer erkennen können. Dann nehmen wir unsere Wanderstöcke her, um uns langsam vorzutasten, und den ausgestreckten Arm des anderen, um sicher auf dem nächsten Hügel zu landen. Ich nutze diese Nähe und unseren Zusammenhalt, um Felix ein Geständnis zu machen.

»Weißt du, zu Hause hatte ich ja auch vor diesen ersten kleinen Streitereien ein bisschen Angst.«

Ich hüpfe auf denselben Hügel, auf dem Felix gerade recht sicher zum Stehen gekommen ist.

»Weil ich befürchtet habe, dass sie eine Distanz zwischen uns aufbauen könnten. Als Selbstschutz sozusagen, falls wir uns danach wirklich nicht mehr verstehen. Weißt du, wie ich meine?«

Felix nickt. »Glaube schon. Du meinst, dass wir uns mit jeder Diskussion weiter voneinander entfernen, weil wir keinen Freiraum haben, um uns zu beruhigen, ohne dass wir den anderen andauern vor der Nase haben. Oder?«

»Genau.«

»Und was denkst du jetzt darüber?«

Ich überlege kurz, um die richtigen Worte zu finden. Ich will nicht, dass dieser Gedanke zu viel Gewicht bekommt – weil wir auf dieser Reise noch viele Tage vor uns haben, an denen sich im schlimmsten Fall alles wieder ändern kann.

»Gerade habe ich das Gefühl, dass uns dieser erste Streit näher zusammengeschweißt hat. Ich weiß auch nicht, ich kann das echt schwer erklären. Vielleicht weil wir wieder eine neue Schwäche des anderen erlebt haben und danach darüber hinwegsehen konnten.«

»Na, das ist doch gut«, ist alles, was Felix dazu sagt, bevor er auf den nächsten Hügel springt. Und Felix hatte recht – es ist einer der letzten. Endlich. Keine 100 Meter mehr, dann beginnt eine leichte Steigung den steinigen Hügel rauf, der sich vor uns erhebt. Auf der russischen Karte sieht es so aus, als könnten wir parallel am Hang entlanglaufen und nach ungefähr drei Kilometern wieder zum Fluss absteigen.

»Dann hoffen wir mal, dass wir den Sumpf jetzt hinter uns lassen«, sage ich, als ich mich beim Anstieg noch mal umdrehe.

Im Gegensatz zu heute Morgen habe ich neue Energie. Gerade

fühle ich mich erstaunlich stark, weil uns der Sumpf außer unserem ersten Streit nichts anhaben konnte.

Noch kann ich nicht ahnen, dass schon morgen Abend jeder Funken dieser Stärke aus meinen Körper gewichen ist – und Felix mich so schwach erleben wird, wie schon lange nicht mehr.

11. KAPITEL

WAR'S DAS JETZT?

ANGEKOMMEN IN SAGSAY,
3. SEPTEMBER

Puh. Jetzt liege ich hier und kann mich kaum mehr regen. Keine Ahnung, was los ist. Heute Morgen habe ich mich beim Loslaufen schon schwergetan und mich nur damit motivieren können, dass wir in ungefähr zwölf Kilometern unsere erste Etappe abschließen und in Sagsay ankommen werden. Obwohl es ein paar Kilometer mehr waren und die Jurten und Häuser am Ortsrand nicht so richtig näher rücken wollten, hab ich's geschafft. Auf der Suche nach einem Bett, mit dem wir uns für die ersten sechs Tagesmärsche belohnen wollten, haben wir dann einen Mann gefunden, der uns im Spielzimmer seiner Kinder einquartiert hat. Eine andere Unterkunft gibt es hier nicht. Der Mann lebt mit seiner Familie im Hof, wir dürfen die Nacht – wenn auch auf dem Boden – im Trockenen verbringen. Es gibt sogar einen Holzofen im Zimmer und einen Wasserhahn gleich vor der Tür. Super alles! Eigentlich ... Trotzdem habe ich nicht mal mehr die Kraft, Felix beim Kochen zu helfen. Gerade zieht er alleine durchs Dorf, um nach einem kleinen Laden zu suchen. Ich habe keine Energie, um ihn zu begleiten, und noch nicht mal mehr, um weiterzuschreiben.

Eigentlich sollte sich dieser Eintrag um die Gefühlsexplosion drehen, als wir in der Ferne endlich die Häuser von Sagsay erkennen konnten.

Wie in Trance liege ich auf meiner Campingmatratze auf dem Betonboden. Unser Gastgeber hat darauf einen großen bunten Teppich für uns ausgerollt. Vorne im Raum steht ein kleiner Tisch mit einem uralten Kochfeld, das den Strom über eine Solarplatte bekommt, die außen an der Fensterscheibe hängt. Auf einem verkratzen Aufkleber an der Seite des Kochfelds steht unterhalb von kyrillischen Buchstaben sehr stolz gedruckt: »Made in U.S.S.R.«

Eine Herdplatte aus der Sowjetunion, und ich wundere mich noch nicht einmal. Dass hier im Westen der Mongolei die Zeit stehen geblieben ist, weiß ich ja längst.

Neben dem Tisch stehen zwei Plastikstühle, die unser Gastgeber extra reingebracht hat. Auf einem hat es sich sein kleiner Sohn gemütlich gemacht, der in seinen Händen ein Playmobil-Männchen gegen ein kleines Stück Ast kämpfen lässt. Wenn hier wer fehl am Platz ist, dann sind das Felix und ich – schließlich ist das sein Spielzimmer, in dem uns sein Vater einquartiert hat.

Die Familie selbst hat sich draußen im Hof, der von einer gut zwei Meter hohen Steinmauer eingeschlossen wird, eine Jurte aufgestellt. So ganz können sie einfach nicht ankommen in der moderneren Welt. Das Kind hat ein gemauertes Spielzimmer, die Familie besitzt ein Mofa und sogar einen Geländewagen. Beides steht in einer Garage. Nur sie selbst leben weiterhin ohne Wände in einer Jurte auf einem festen Grundstück.

Und dann gibt es da noch einen mehrstöckigen Rohbau, der offenbar schon vor Jahren angefangen, aber nie fertig gebaut wurde. Manche Wände fallen sogar schon wieder zusammen. Die Holzpfähle, die eine Öffnung in der Mauer anstelle einer Eingangstüre stützen, faulen vor sich hin. Als uns unser Gastgeber vorhin mit einer Wodkaflasche in der Hand auf sein Grundstück geführt hat, hat er immer wieder auf diese Ruine gedeutet. Mit seiner tiefen, kratzigen Stimme hat er »zochid buudal« wiederholt.

»Zochid buudal, zochid buudal, zochid buudal.«

Eine der wenigen mongolischen Vokabeln, die wir zu Hause so lange wiederholt haben, bis wir sie nicht mehr vergessen können.

Hotel, Hotel, Hotel.

Sieht so aus, als hätte er im Wunsch nach einem neuen Leben auf den Tourismus gesetzt. Vielleicht weil er im Fernsehen – das gibt es erstaunlicherweise immer, sobald ein Ort mehr als zehn Einwohner hat – gesehen hat, dass es anderswo funktioniert: Reichtum durch Touristen. Also hat er angefangen, in ein Hotel zu investieren, bis ihm anscheinend während des Baus das Geld ausgegangen ist. Einen entscheidenden Punkt hat er nämlich außer Acht gelassen: Wo es keine Touristen gibt, braucht es kein Hotel. Und wenn sich von Zeit zu Zeit doch mal ein paar einzelne Reisende nach Sagsay verirren, dann muss eben das Spielzimmer seines Sohnes herhalten.

Meine müden Augen bleiben an Felix hängen. Der schnippelt mit unserem kleinen Klappmesser mit Feuereifer Kartoffeln, Karotten und eine Zwiebel. Klack, klack, klack, klack, klack. Dazu wird es Tomatensoße geben, Reis und eine Cola. Klack, klack, klack, klack, klack. Zwei Snickers als Nachtisch. Ein Festmahl und wahrscheinlich mehr, als wir die ganzen letzten Tage zusammen gegessen haben. Wir haben es geschafft, uns gemäß Masterplan an unsere Tagesrationen zu halten – satt geworden sind wir aber nicht immer. Vor allem nicht, wenn es abends keine Astronautennahrung gab, weil die besonders anstrengenden Tagen vorbehalten ist, sondern nur ein paar Spaghetti mit Salz und Pfeffer. So war es gestern Abend, als wir uns ausgelaugt von den letzten Tagen, früh und mit knurrenden Mägen in unsere Schlafsäcke gerollt haben. Zum Einschlafen haben wir fantasiert, was wir uns im Dorfladen in Sagsay wohl alles kaufen können und wie wir dann nicht auf dem Boden, sondern auf Stühlen an einem gedeckten Tisch sitzen werden.

Ich muss ehrlich gestehen, dass solche Spinnereien längst nichts Ungewöhnliches mehr sind. Wenn man so viel Zeit zum Nachdenken hat, ohne abgelenkt zu werden, dann kommen komische Gedanken zu komischen Zeiten. Wie vor ein paar Tagen, als ich unsere T-Shirts im Fluss ausgespült habe. Wie aus dem Nichts musste ich dabei an eine Radtour mit meinem Papa denken und daran, wie wir uns im Wald auf Trampelpfaden verfahren haben. Wie alt war ich da wohl? Acht, neun? Zehn höchstens. An diesen Tag im Sommer habe ich sicher seit zehn Jahren nicht mehr gedacht. Warum ausgerechnet jetzt?

Abends im Zelt, wenn ich vor dem Einschlafen noch eine Weile wach liege, kommen mir die meisten komischen Gedanken. Ich spinne von einem in den nächsten und schließe meistens damit, was wir morgen Abend zu essen kochen können. Und manchmal entsteht dann eine richtige Unterhaltung, wenn der Hunger besonders groß ist. Wie eben auch gestern Abend.

»Du, Felix. Wenn's gestern und heute nur Nudeln gab, dann ist bald mal wieder Astronautennahrung dran.«

»Mensch, stimmt! Was haben wir noch alles?«

»Hm. Kartoffeleintopf, Käse-Makkaroni, Chili con Carne.«

»Chili, super!«

»Aber weißt du was?! Morgen sind wir ja erst mal in Sagsay, da können wir sicher was einkaufen. Kartoffeln vielleicht sogar!«

»Oder Karotten. Ooooder beides! Dann können wir einen Gemüsetopf machen.«

»Vielleicht gibt's sogar ein paar Kräuter! Und Schokolade zum Nachtisch. Schokolade gibt's doch irgendwie in jedem Land.«

Während alle unsere Fantasien aus diesem Gute-Nacht-Gespräch in Erfüllung gegangen sind, Felix unser Glück nicht fassen und seine Vorfreude kaum mehr aushalten kann, ist mir jeder Appetit aus dem Körper gewichen. Felix schnippelt weiterhin so schnell, wie ich es noch nie bei ihm gesehen habe, und ich hoffe, dass ich Hunger bekomme, bis das Gemüse gar ist.

Als Felix dieses Festmahl später in unsere Bambusschüsseln aufteilt und er sich einen Löffel nach dem anderen in den Mund schiebt, kriege ich keinen Bissen runter. Beim Anblick, wie ich in meiner dampfenden Schale rumstochre und die Kartoffeln im Kreis herumschiebe, würde wohl niemand meinen, dass ich die letzten sechs Tage kaum was gegessen habe und dafür gut 80 Kilometer gelaufen bin.

»Sag mal, was ist denn los mit dir? Du musst doch Hunger haben?!«

Felix schaut enttäuscht in meine Schüssel, die immer noch fast voll ist.

»Ich weiß ja, und du hast dir so viel Mühe gegeben. Keine Ahnung, was los ist. Aber gerade hab ich gar keinen Appetit. Am liebsten würde ich mich hinlegen.«

»Kannst du dann ja auch. Aber bitte iss erst mal was. Wenigstens ein bisschen.«

»Hmm.«

»Nein, ehrlich. Mindestens die Hälfte. Sonst werden die nächsten Tage echt hart, wenn du so ausgehungert bist.«

Weil ich weiß, dass Felix nicht locker lassen wird, zwinge ich mich, ein paar Löffel runterzuwürgen. Gleichzeitig ärgere ich mich. Wann kriege ich wieder so ein gutes, gesundes und nahrhaftes Essen? Und so viel davon! Schön blöd, dass ich mich ausgerechnet jetzt so flau fühle.

Obwohl der kleine Sohn unseres Gastgebers neben mir immer noch einen hektischen Kampf zwischen der Playmobil-

Figur und dem Stöckchen nachahmt und mich dabei immer wieder neugierig beobachtet, verkrieche ich mich direkt nach dem Essen wieder in meinen Schlafsack. Draußen ist es noch hell. Und weil die Sonne noch so weit oben am Himmel steht, schätze ich, dass es nicht später als 18 Uhr sein kann. Felix kniet sich neben mir auf den Boden und sieht ehrlich besorgt aus.

»Bist du sicher, dass du nicht mit raus kommen willst? Es ist noch so warm.«

Ich schüttle den Kopf, weil ich gerade nicht einmal mehr die Kraft habe, einen Satz zu formen. Anstatt mir Energie zu geben, hat mir das Essen den letzten Rest genommen.

Ich kann mich vage erinnern, dass Felix noch eine ganze Weile neben mir saß, während ich in einen unruhigen Schlaf gefallen bin. Obwohl ich zwischendurch immer wieder zu mir gekommen bin, habe ich meine Augen nicht mehr aufbekommen. In meinem Schlafsack habe ich gebibbert, während mir der Schweiß auf der Stirn stand. Um mich herum sind sicher noch einige Stunden lang Felix und die Familie unseres Gastgebers ein und ausgegangen. Sie sind schon nachmittags immer wieder reingekommen und haben recht scheinheilig nach dem Feuer geschaut, während sie uns aus den Augenwinkeln beobachtet haben. Trotzdem kann ich mich nicht an mehr von diesem Abend erinnern.

Als ich am nächsten Morgen aufwache, bereitet Felix draußen im Hof unser Frühstück vor. Langsam komme ich wieder zu mir. Ich sehe, wie die Sonnenstrahlen im Staub vor dem Fenster brechen. Wie der Junge von gestern Abend mit einem kleinen Spielzeugauto auf dem Kochfeld still und heimlich ein Rennen fährt und dabei immer wieder zu mir rüber schielt. Wie die Hausherrin dem kläffenden Hund draußen vor dem Fenster Essensreste zuwirft. Es riecht verbrannt, und aus dem Kaminrohr der Jurte im Hof steigt schwarzer Qualm auf.

Als ich nach draußen gehe, stoppt das Treiben für eine Sekunde. Alle schauen sie mich entgeistert und mit großen Augen an. Ich fühle mich unwohl. Was die wohl von mir denken?

»Da bist du ja!« Felix kommt auf mich zu und nimmt mich feste in den Arm. Dann streckt er mich von sich und mustert mich kritisch.

»Bisschen zerknautscht siehst du immer noch aus. Aber besser als gestern Abend. Viel besser.«

»Ich fühl mich auch wieder ganz gut. Und ausgeschlafen. Und ich hab Hunger.«

Felix lacht. »So kenne ich dich. Mann, bin ich froh, dass es dir besser geht! Ich hab mir ehrlich Sorgen gemacht, dachte schon, du hast dir was Ernstes eingefangen. Weißt du eigentlich, wie lange du geschlafen hast?«

»Wie lange?«

»Fast 16 Stunden!«

»Was??? Das ist nicht dein Ernst. So lange hab ich noch nie geschlafen!«

»Offenbar hast du's gebraucht. Ich war draußen und hab ein paar Fotos gemacht. Als ich zurückgekommen bin, bist du nicht aufgewacht. Und heute Morgen auch nicht, als ich wieder aufgestanden bin.«

»Das gibt's doch nicht. Vielleicht habe ich mir einen Keim eingefangen? Oder es war die Erschöpfung der letzten Tage. So schwach wie gestern Abend habe ich mich ehrlich schon richtig lange nicht mehr gefühlt.«

»Dann iss jetzt erst mal ordentlich was. Ich hab frische Milch von den Nomaden bekommen und schneide uns einen Apfel ins Müsli. Kurz dauert's aber noch.«

Ich bitte Felix, mich zu rufen, wenn unser Frühstück fertig
ist. Die Minuten bis dahin will ich nutzen, um den Tagebuch-
eintrag von gestern fertig zu schreiben. Ich lehne mich an die
Hauswand und genieße die warmen Sonnenstrahlen. Das weiße Papier strahlt so grell, dass ich die Augen zusammenkneifen
muss.

SAGSAY, TAG 2, 4. SEPTEMBER

16 Stunden später. Kaum zu glauben, dass ich so lange geschlafen hab. Ich war völlig neben mir. Aber das
ist jetzt vorbei, ich fühle mich frisch und munter und bin
glücklich, dass wir hier sind. In Sagsay. Gestern wollte
ich eigentlich aufschreiben, wie die Gefühle in mir ex-
plodiert sind, als ich nach sechs Tagesmärschen unser
erstes Etappenziel am Horizont erkennen konnte. Felix
und ich sind vor Freude ausgeflippt! Wir haben die Wanderstöcke durch die Luft gewirbelt und mit den schweren Rucksäcken auf unseren Rücken getanzt. Es ist un-
beschreiblich schön, aus eigener Kraft an einem neuen
Ort anzukommen und zu merken, dass der eigene Traum,
die eigene Route, Wirklichkeit werden. Zum ersten Mal
war ich mir sicher, dass wir diese Reise mit all ihren Hür-
den und Anstrengungen schaffen können – wenn wir nur
zusammenhalten. Dieses Gefühl, mit den kleinen Jurten
und den bunten Hausdächern vor Augen, will ich nie mehr
vergessen. Das ist echtes Glück.

Beim Frühstück bekomme ich doppelt so viel wie Felix, um
neue Kraft zu tanken. Weil es nach meinem Schwächeanfall
trotzdem zu früh wäre, heute weiterzulaufen, machen wir
einen Tag Pause und vereinbaren mit unserem Gastgeber, dass
wir noch eine zweite Nacht im Spielzimmer verbringen dürfen.

»Vergiss es, wir laufen heute auf keinen Fall weiter«, sagt Felix mit gespielter Strenge.

Obwohl ich die Augen verdrehe und versuche, etwas enttäuscht zu wirken, bin ich insgeheim wahnsinnig erleichtert. Ich merke natürlich, dass es keine gute Idee wäre, mich schon heute in die nächste Etappe zu stürzen. Trotzdem hätte ich alleine nicht die Entscheidung getroffen, einen weiteren Tag hier zu bleiben. Ganz einfach, weil ich weder vor mir selbst, geschweige denn vor Felix zugeben will, dass ich immer noch am Schwächeln bin. Weit würde ich aber nicht kommen, deswegen habe ich gehofft, dass mir Felix diese Entscheidung abnehmen wird.

»Lass uns die freie Zeit doch nutzen und die Gegend erkunden«, schlage ich vor, als ich meine Müslischüssel auskratze.

»Ich will auf keinen Fall den ganzen Tag in diesem abgeschotteten Hof festsitzen. Und es schadet sicher nicht, wenn mein Kreislauf langsam wieder in Schwung kommt.«

Wir wollen ein paar Kilometer Richtung Osten laufen. Dorthin, wo das Tal um Sagsay langsam in Gebirge übergeht. Und dorthin, wo sich der Fluss den Weg bahnt, dem wir auf unserer zweiten Etappe bis nach Ölgii folgen wollen. Auf unserem GPS und den russischen Karten ist die Strecke von Сагсай nach Өлгий mit gut 40 Kilometern eingezeichnet. Obwohl die Etappe mit Abstand unsere kürzeste ist, hat uns ausgerechnet dieser Streckenabschnitt bei den Vorbereitungen viele Sorgen beschert.

»Dann schauen wir mal, ob das Ufer so aussieht, wie wir es uns vorstellen«, sagt Felix als er aufsteht und seine Füße in die Wanderschuhe zwängt. »Lass doch gleich loslaufen und das Kochzeug später aufräumen.«

Felix drängelt nicht ohne Grund. Zu Hause haben wir akribisch versucht, die Gegend um Sagsay richtig einzuschätzen. Im Gegensatz zu den anderen Etappen liegt der Fluss zwischen Сагсай und Өлгий nicht frei in einem breiten Tal, sondern geht laut den topografischen Linien auf den alten russischen Karten vom Ufer direkt in einen Berghang über. Stundenlang haben wir von zu Hause aus versucht, auf Satellitenbildern im Internet zu erkennen, wie viel Platz dazwischen liegt. Um die Strecke relativ gefahrlos entlangzulaufen und abends das Zelt aufzuschlagen, reichen zwei schmale Meter. Aber: Gibt es die überhaupt?

Nach vielen nichtssagenden Bildern, die offenbar zu verschiedenen Jahreszeiten aufgenommen wurden, mal mit viel, mal mit wenig Wasser, und wenigen Alternativen haben wir uns erfolgreich eingeredet, dass zwei Meter ja wohl wirklich nicht viel sind, und das Ufer breit genug scheint. Ein wirklich gutes Gefühl hatten wir aber nie. Wird Zeit, den Fluss, sein Ufer und die Berge zum ersten Mal in Echt zu erkunden.

Unsere großen Rucksäcke lassen wir im Spielzimmer, als wir uns auf den Weg machen. Wir haben nur das Nötigste dabei, weil wir nachmittags wieder zurück sein wollen. Zwei Trinkflaschen, Fladenbrot mit Käse und die Regenjacken, weil sich am Himmel dicke, dunkle Wolken formen. Das wäre der erste richtige Regen seit Monaten.

Es ist ungewohnt, ohne schweres Gepäck auf dem Rücken durch die Landschaft zu laufen. Obwohl ich mir vorgenommen habe, es heute ruhig angehen zu lassen und meine Energie aufzusparen, bin ich euphorisch, weil sich das Wandern plötzlich so leicht anfühlt. Ich lasse meinen Blick über die Gipfelkette ziehen, auf die wir gerade zulaufen. So ist das immer bei mir: Ich liebe die Berge und wann immer ich einen vor mir habe, will ich rauf.

Obwohl ich das nicht laut ausspreche, sehe ich Felix an, dass er gerade dasselbe denkt.

»Weißt du was? Lass uns doch da vorn auf den kleinen Hügel steigen. Von dort aus können wir den Fluss bestimmt gut überblicken«, schlage ich vor.

Wir kraxeln über Felsen und machen große Bögen um Tierkadaver und Skelette, die den Hang säumen. Dazwischen leere Plastikkanister oder ausrangierte Teppiche. Dieser Berg scheint gleichzeitig Tierfriedhof und Müllhalde zu sein. Wir entscheiden uns, lieber etwas weiter zu laufen und den Aussichtspunkt über eine andere Flanke zu erreichen – anstatt andauernd über Knochen und Kanister zu steigen.

Von hier aus haben wir einen noch besseren Blick über das weite Tal und sehen sogar bis zu dem Fluss zurück, dem wir die letzte Woche lang gefolgt sind. Ich male mir aus, wie dort unten unser Zelt gestanden hat. Dort, wo sich der Fluss in einer engen Schleife durch die Bergflanken windet. Wie wir in seinem kalten, sprudelnden Wasser gebadet haben, gleich nachdem wir unsere Rucksäcke auf dem Boden aufgesetzt haben. Wie wir abends noch lange nach Sonnenuntergang vor dem Zelt gesessen sind und Glühwürmchen gezählt haben. Von hier oben sehe ich, dass wir dabei genauso ausgesetzt waren, wie wir uns gefühlt haben. Außer Sagsay, das Anfang der Woche noch mehr als 80 Kilometer weit weg war, gibt es weit und breit kein Anzeichen von Zivilisation. Keine Häuser, keine Straßen, keine Strommasten, keine Leitungen. Noch nicht einmal eine Jurte. Der Ort ist wild, er ist unberührt. Genauso, wie wir es uns ausgemalt haben.

Wir kraxeln die letzten Meter über ein oranges Geröllfeld rauf zum höchsten Punkt. Um uns herum erstrecken sich 360 Grad Panoramablick auf die endlose Landschaft, die von Steppe in

Grasland in Berge übergeht. Und zum ersten Mal sehen wir jetzt
auch den Fluss, der Sagsay und Ölgii verbindet.

Minuten vergehen, in denen wir hier stehen und nichts
sagen. Es ist so still, dass ich meine Ohren hören kann, und
das tue ich sonst nie. Der Moment ist endlos. Wie lange wir
uns tatsächlich anschweigen, kann ich nicht sagen. Zwischendurch setze ich mich, und Felix holt die Wasserflasche aus
dem kleinen Rucksack. Mit den Fuß kicke ich einen Stein über
die Felskante nach unten. Der fällt lange und springt dabei
immer wieder am Berghang auf. Dong. Dong. Dong. Dong.
Irgendwann höre ich ihn nicht mehr. Dann werden meine Gedanken lauter.

Ich schlucke. »Du ... Die Berge kommen direkt aus dem Wasser.« Als ich das ausspreche, frage ich mich, ob es darauf eine gute
Antwort geben kann. Mir fällt nichts ein, Felix auch nicht.

»Mhm«, ist alles, was er rausbringt.

Ich versuche, in meinem Kopf die Bilder abzuspielen, die ich
mir zu Hause von diesem Ort hier ausgemalt habe. Aber jetzt,
wo ich ihn zum ersten Mal in echt sehe, ist meine Erinnerung
an die Landschaft wie ausgelöscht. Die Realität hat meine Fantasie abgelöst. Und das ist ein seltsames Gefühl, an einem Ort
zu sein, den man sich vorher ganz anders vorgestellt hat. Vor
allem, wenn er in Gedanken besser war. Das kann man ein
bisschen damit vergleichen, wenn man eine ganz eigene und
genaue Vorstellung von Charakteren in einem Buch hat und
sie später in einem Film sieht, in dem plötzlich alles ganz anders ist. So geht es mir in diesem Moment mit dem Fluss nach
Ölgii.

Die Frage ist überflüssig. Das weiß ich eigentlich. Trotzdem
stelle ich sie – mit einem letzten Funken Hoffnung: »Ist das der
richtige Fluss? Von unseren Karten, der auf den Bildern?«

»Natürlich.«

Und obwohl es niemand von·uns ausspricht, wissen wir beide, was das für uns bedeutet.

Dass unser Plan an dieser Stelle nicht aufgeht.

Dass wir diesem Fluss nicht nach Ölgii folgen können.

Dass unsere Zweifel während der Planung gerechtfertigt waren.

Dass wir jetzt eine Lösung finden müssen, wo wir zu Hause keine gesehen haben.

Weil es kein Ufer gibt, sondern das Wasser direkt den Felsen entlang fließt.

Weil nicht mal hier, wo die Berge erst langsam höher werden, Platz zum Laufen bleibt. Nicht links, nicht rechts.

Weil der Wasserpegel vielleicht sogar steigen wird, wenn sich die dunklen Wolken über uns öffnen. Unser Gastgeber sagt Unwetter vorher. Einen richtigen Wolkenbruch soll es geben.

»Schau mal da vorne, kurz vor der Kurve. Da ist ja noch nicht einmal ein Zentimeter Platz zwischen dem Fluss und dem Berg.« Eindeutiger könnte es nicht sein. In unserer Route klafft eine 40 Kilometer lange Lücke.

»Und das ist noch nicht mal die engste Stelle. Hier dachten wir ja noch, da wäre locker Platz. Die wirklichen engen Abschnitte kommen ja erst in 15 oder 20 Kilometern ...«, sagt Felix. Er macht eine kurze Pause. »... dachten wir.«

»Na ja, viele Möglichkeiten gibt's nicht.«

Ich bin aufgestanden und drehe mich einmal im Kreis, um die ganze Landschaft überblicken zu können.

»Wir müssen nach Ölgii. Und wir werden laufen. So viel steht fest. Dann gibt es nur einen Weg.«

»Die Berge«, sagt Felix.

»Genau«, antworte ich. »Auch wenn es ausgerechnet das ist, was wir auf keinen Fall wollten: ein Aufstieg ins Gebirge.«

▲
Die Straßen in Chowd
sind ausgestorben ...

◄ ... und außerhalb der
Orte verwandeln sie
sich schnell in einen
Fluss. Auf unserer
Karte ist die hier übri-
gens als Hauptstraße
markiert.

◄ Bei Bat-Thahan und seiner Familie ist die Schüchternheit bald verflogen. Bat-Thahan selbst möchte sich trotzdem lieber nicht fotografieren lassen.

◄ Felix und unser Fahrer Oonoo. Am Himmel kreisen Falken.

◄ Was hier so lustig ist?

◄ Nomadenromantik.

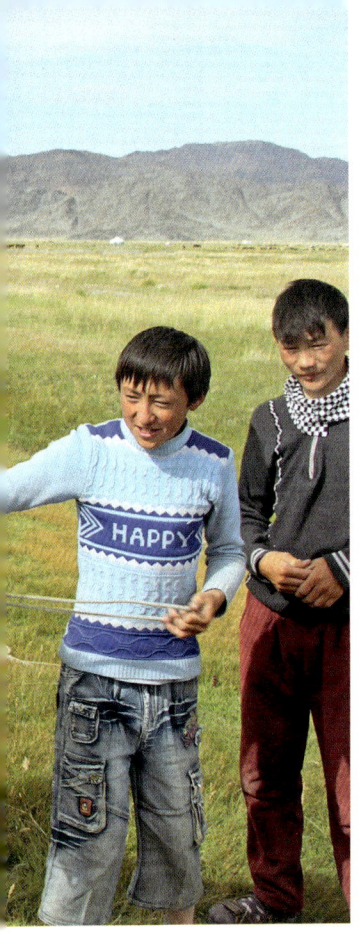

◄ Ich – auf einem Pferd.

◄ Erste Aufgabe des
Tages: Die Yak-Kühe
zum Melken eintreiben.

Lange dauert es danach nicht – und wir sind umgeben
von der endlosen, mongolischen Weite.

◄ Nur wir zwei, ...

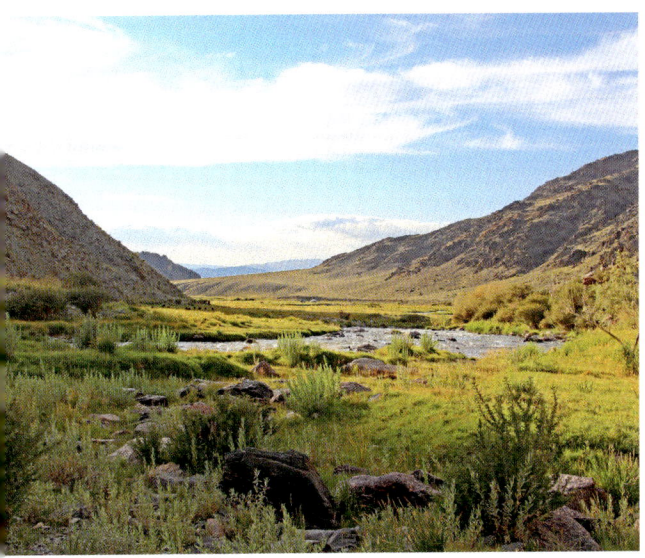

▲
... eiskalte Duschen im Fluss ...

◄ ... und die schöns-
ten Zeltplätze der Welt.

◄ »Später will ich ein Foto machen. Sonst glaube ich mir das selbst nicht mehr. Das ist ja fast schon zu kitschig.«

◄ Hinter Sagsay laufen wir geradewegs in ein Unwetter rein. Das ist das letzte Bild von diesem Tag.

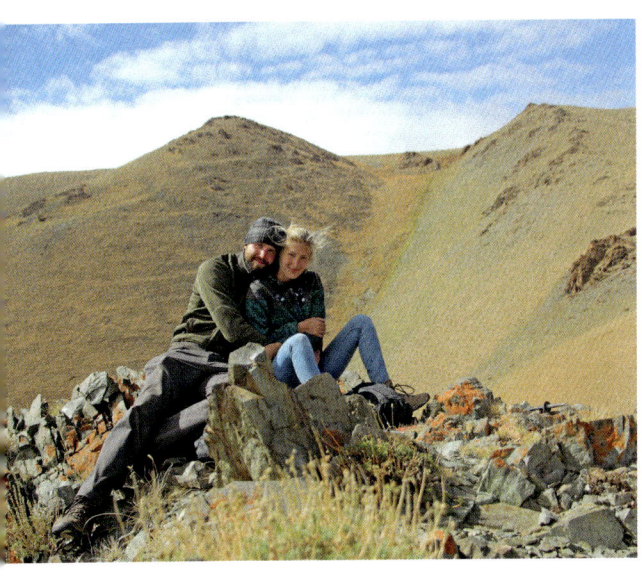

◄ Auf dem Weg zum höchsten Berg bei Ölgii ...

◄ ... und das Panorama vom Gipfel. Die schneebedeckten Berge im Hintergrund liegen wahrscheinlich schon in China.

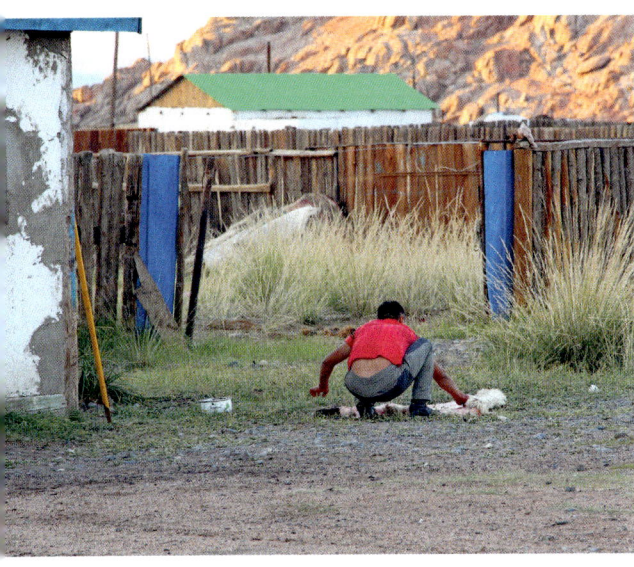

◄ Batdahls Bruder schrubbt das Ziegenfell sauber.

◄ Batdahl meint, er hätte andauernd Reifenpannen. Und dann würden immer alle mit anpacken. Wie hier auf dem Weg nach Ulaangom.

Auf der Etappe zwischen Tarialan und Khukh Nuur
müssen wir so oft auf die Karten schauen wie nie. Der
Fluss teilt sich hier in unzählige Arme auf, die teilweise
ausgetrocknet sind. Welche ist die beste Route?

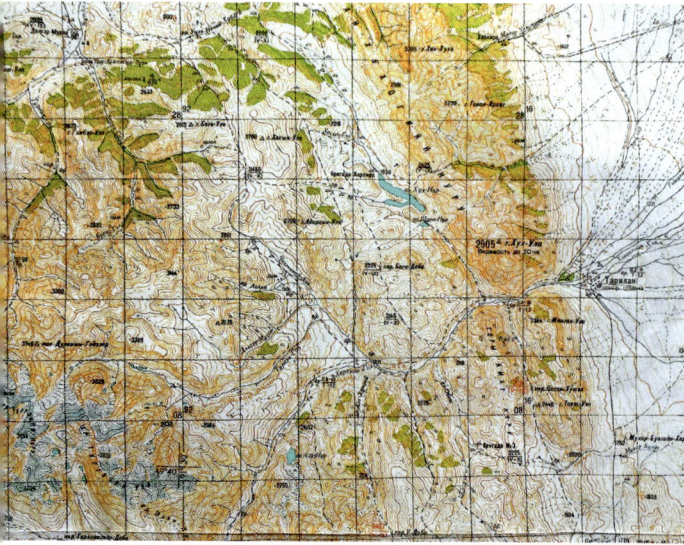

◄ Der Kartenaus-
schnitt, der die Umge-
bung um Tarialan und
Khukh Nuur zeigt.

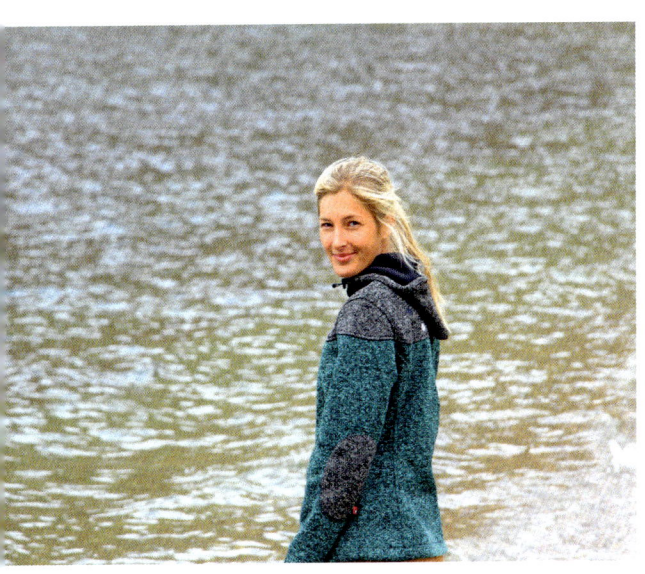

▲
Irgendwo hinter diesen
Hügeln muss er sein –
Khukh Nuur, das große
Ziel unserer Reise.

◄ Und dann haben
wir es tatsächlich
geschafft. Zu Fuß. Ich
stehe am Ufer und bin
überwältigt von so viel
Glück.

◄ Kann mich mal jemand kneifen? Wir stehen mitten in einem Nomadenumzug!

◄ »Es ist, als würde sich die ganze Schönheit der Mongolei genau hier vereinen.«

◄ Die letzte Begegnung schenkt uns alle Kraft, die wir in diesem schwierigen Moment brauchen.

▲
Ein Gespräch ohne Worte, aber mit unseren Karten. Die Nomaden verstehen, dass wir in der Mongolei zu Fuß unterwegs sind.

◄ Gebannt schauen wir dabei zu, wie die Nomaden nach und nach im Tal verschwinden.

»Ohne Zugriff auf Trinkwasser. Und das Wetter soll umschla-gen«, ergänzt Felix meinen Satz.

Ich schlucke. »Ist das nicht zu gefährlich?«

12. KAPITEL

WENN ES WIRKLICH SCHLIMM IST, JAMMERT MAN NICHT MEHR

Natürlich habe ich nicht auf die Uhr geschaut. Trotzdem bin ich sicher, dass es bestimmt zwei Stunden her sein muss, als wir das letzte Mal miteinander gesprochen haben. Für eine schnelle Trinkpause haben wir zwischendurch angehalten. Aber auch da hat Felix kein Wort verloren. Ich auch nicht. Obwohl ich es verstehen könnte, wenn Felix fluchen und schimpfen würde. Stattdessen kämpft er sich Schritt für Schritt den Berg hoch, immer ein paar Meter vor mir. Mit einer Hand stützt er sich auf den Wanderstock auf, in der anderen schleppt er einen Fünf-Liter-Wasserkanister. Ungefähr alle zweihundert Meter stoppt er kurz, um den Kanister von der einen in die andere Hand zu wechseln. Je länger wir laufen, desto kürzer werden die Abstände.

Als wir für die kurze Pause angehalten haben, habe ich gesehen, dass Felix in beiden Handflächen blaurote Striemen an der Stelle hat, an der der dünne Plastikhenkel in seine Haut einschneidet. Auch darüber hat Felix kein Wort verloren, und ich habe ihm nicht gesagt, dass mein Rucksack mit den knapp sechs Litern Wasser, die ich heute trage, so schwer ist, dass meine Lungen schon jetzt bei jedem Einatmen brennen. Dabei haben wir noch einige steile Kilometer vor uns.

Ich glaube, damit ist es ähnlich wie als Kind, wenn man krank war: Wenn es wirklich schlimm ist, jammert man nicht mehr.

Das heute ist definitiv kein normaler Lauftag. Ich kann mich nicht erinnern, dass es vorher auf irgendeiner unserer Reisen schon mal einen Moment gab, in dem etwas nicht mehr in unsere Rucksäcke gepasst hat – und wir es trotzdem mitnehmen mussten. Diese fünf Liter Wasser müssen das Erste sein, was Felix jemals in den Händen mitschleppen muss. Viereinhalb Liter sind in seinen Rucksack gequetscht, und die Reißverschlüsse sehen so aus, als könnten sie jeden Moment in alle Richtungen explodieren. An einem normalen Lauftag kommt es auch nicht vor, dass Felix' Rucksack so groß ist, dass ich von hinten seinen Kopf nicht mehr sehe. Ich würde das heute als Ausnahmezustand bezeichnen – da schwingt immerhin die Hoffnung mit, dass es einen Normalzustand gibt. Und der tritt vielleicht morgen schon wieder ein. Morgen, wenn wir uns hoffentlich wieder bergab und auf unsere Trinkwasserquelle zubewegen, anstatt mit jedem Schritt weiter von dem Fluss wegzulaufen. Insbesondere das ist es, was diesen Tag zu allem anderen macht als zu einem normalen Lauftag.

Dass wir den Fluss im Rücken haben, war zu Hause nicht geplant. Ganz im Gegenteil. Es war von vornherein eine der wichtigsten Voraussetzungen, dass wir immer Zugang zu Wasser haben. Einerseits natürlich, weil der Körper Wasser am allerwenigsten entbehren kann. Andererseits, weil das sonst bedeuten würde, dass wir noch mehr tragen müssen.

Genauso ist es heute. Weil der einzige Weg nach Ölgii über diesen Bergkamm führt, wiegt mein Rucksack um die 23 Kilo. Sechs Liter Wasser inklusive. Hätte mir vorher jemand das Bild von Felix gezeigt, wie ich es seit Stunden vor Augen habe – wie er sich mit dem Kanister in den Händen und gebückt von dem Gewicht auf seinem Rücken den Berg nach oben schleppt – ich hätte ihm wahrscheinlich einen Vogel gezeigt und gelacht. Gerade ist mir nicht zum Lachen zumute.

Ich bin so in Gedanken versunken, dass ich fast über einen kleinen Felsen stolpere, der direkt vor mir aus dem Weg ragt. Kurz bleibe ich stehen, stelle die Brustschnalle meines Rucksacks weiter und atme ein paarmal tief ein. Für ein paar Atemzüge bleibt die Zeit und alles um mich herum stehen. Ich zupfe meine Kapuze zurecht und wische mir mit dem Handrücken den Nieselregen von der Nase. Ich kann mich kaum aufraffen, weiterzulaufen. An meinen Beinen müssen Betonklötze hängen. Am liebsten würde ich alle paar Meter stehen bleiben. Es sind aber immer die ersten Schritte nach jeder noch so kurzen Pause, die härter sind, als eine ganze Weile am Stück zu laufen. Vorausgesetzt, man hat den richtigen Tritt gefunden.

Den suche ich heute schon, seit wir losgelaufen sind. Rhythmus, wo bist du? Ich erinnere mich an einen alten Wandertrick: Für den nächsten Streckenabschnitt vor der Mittagspause konzentriere ich mich auf nichts als das gleichmäßige Klack, Klack, Klack meiner Wanderstöcke. In den Alpen hat mir das bei langen und anstrengenden Touren schon oft geholfen. Warum sollte das nicht auch im Altai klappen?

Ich ignoriere meine Beine, die sich wie Blei anfühlen.

Konzentrier dich!

Klack. Klack. Klack. Klack. Klack, klack. Klack.

Mit jedem Schritt auf dem felsigen Boden hämmern die Wanderstöcke in meinem Kopf. Wenn ich nicht gerade einem großen Stein ausweichen muss, der aus dem Weg ragt, ist das Klacken gleichmäßig. Fast schon meditativ.

Konzentrier dich weiter!

Dann vergisst du vielleicht irgendwann, wie schwer deine Beine gerade sind.

Klack. Klack. Klack. Klack.

Dann vergisst du die 23 Kilo auf deinem Rücken, die dich nach unten drücken, wenn du dich zu weit nach vorne lehnst.

Klack. Klack. Klack. Klack.

Dann vergisst du vielleicht auch die dunkelgrauen Wolken, die den Nieselregen vertreiben und sich über euch gerade zu einem heftigen Regenschauer zusammenbrauen.

Klack. Klack. Klack. Klack.

Ich kann meinen Kopf einfach nicht ausschalten. Wie viele Klacks es wohl noch braucht, bis es endlich nicht mehr bergauf geht? Ich schätze, dass meine Schritte ungefähr 60 Zentimeter lang sind. Ich zähle mit. Noch 166, dann wären wir ungefähr 100 Meter weiter.

Klack. Klack. Klack. Klack.

Mann!

Es funktioniert nicht, das mit der Meditation. Obwohl ich nicht stehen bleiben will, hören meine Füße einfach auf zu laufen. Ich schaue zu Felix hoch, der sich gerade ein paar gute Meter weiter vorne die Steigung nach oben kämpft.

»Entweder hier oder gar nicht«, flüstere ich ein paarmal ganz leise nur für mich, bevor ich mich durchringen kann, ganz langsam weiterzulaufen. »Entweder hier oder gar nicht.«

Gestern war das unser entscheidendes Argument, als wir von der Bergkuppe auf den Fluss runtergeschaut haben, der Sagsay und Ölgii miteinander verbindet. Nur ein paar Sekunden hat es gedauert – und uns beiden war klar, dass unser Plan, den wir wochenlang ausgearbeitet haben, nicht länger funktionieren wird.

Mit viel Zeichensprache und etwas Geld hätten wir unseren Gastgeber vielleicht überreden können, uns mit seinem Geländewagen nach Ölgii zu fahren. In unserer Karte ist eine Straße von Sagsay aus eingezeichnet, die den Bergkamm in einem Bogen quert. Hätten wir ihm genug Tugrik in die Hand gedrückt – er hätte sich bestimmt darauf eingelassen. Für ihn wäre das schnell verdientes Geld gewesen. Für uns ein Tabubruch.

Ich kann mir vorstellen, dass das für den einen oder anderen nicht so einfach nachzuvollziehen ist. Tabubruch? Das ist ein Wort, das viel wiegt. Aber übertrieben ist es nicht – obwohl ich weiß, dass es später schwierig sein wird, solche Entscheidungen zu erklären. Trotzdem will ich es dann immer wieder versuchen. Mit ähnlichen Argumenten, mit denen ich mich manchmal selbst überreden muss, wenn ich mich für so ein Vorhaben entscheide, das hart werden wird. Sehr hart.

Ich glaube, das ist eine Einstellungssache: Genauso haben wir es uns in den Kopf gesetzt – wir wollen den Westen der Mongolei zu Fuß durchqueren. Und sobald wir in ein Auto steigen, das vorher nicht zu unserem Plan gehört hat, geben wir in dem Moment auf, in dem wir auf dem Sitz Platz nehmen. Das Ziel, das wir uns ganz zu Beginn gesetzt haben, werden wir nie wieder erreichen können. Der Traum wird an der Stelle ein Loch haben, als wir gefahren und nicht gelaufen sind. Was ist größer: die Risiken, die wir eingehen, oder das Loch im Traum?

In unserem Gespräch gestern antworten Felix und ich auf diese Frage fast gleichzeitig.

»Das Loch im Traum. Das wäre größer.«

Auf dieser neuen Strecke über die Berge gibt es nur ein Risiko, das wir während unserer Vorbereitungen nicht einkalkuliert haben. Und das ist, zu wenig Wasser dabeizuhaben.

»Das haben wir ja selbst in der Hand«, argumentierte Felix gestern und wusste da noch nicht, dass er den Kanister buchstäblich in der Hand haben wird.

Wir waren uns schnell einig. Obwohl solche Entscheidungen, die von der geplanten Route wegführen, ganz bestimmt zu den schwersten gehören, die auf so einer Reise plötzlich auftauchen können. Wir werden diese Etappe trotzdem laufen. Und damit hat es gestern schon angefangen, kein normaler Tag mehr zu sein. Denn mit dieser Entscheidung ist das stumme Einverständnis gefallen, alle Strapazen ohne Jammern und Schimpfen hinzunehmen.

Den Nachmittag haben wir damit verbracht, ungefähr 15 Liter Wasser für mindestens zwei Tage in und an unseren Rucksäcken zu verstauen. Wir wissen ja nicht sicher, wann wir wieder zum Fluss absteigen können. Unserem Gastgeber haben wir außerdem dabei geholfen, mit dem Mund einen halben Liter Diesel aus seinem Geländewagen zu saugen. Für unseren Kocher.

15 Liter. Reicht nicht auch weniger? Das frage ich mich immer wieder, als ich nach den ersten Packversuchen jedes Mal eine andere Flasche in der Hand halte, als wir die Reißverschlüsse gerade so zugebracht haben. Aber nein. Weniger reicht nicht. So viel haben wir die letzten Tage gebraucht, um morgens die Haferflocken einzuweichen, tagsüber unseren Durst zu stillen und abends die Astronautennahrung zu kochen. Plus eine kleine Reserve, falls wir länger unterwegs sein werden als gedacht.

Wenn ich in den Himmel schaue, bin ich nicht mehr sicher, wie wir den Kocher abends überhaupt anbekommen sollen. Der sanfte Nieselregen von vorher hat sich mittlerweile wie vorhergesagt in eine ordentliche Dusche verwandelt. Was nicht richtig nass wird, ist trotzdem feucht und klamm. Nicht gerade die besten Voraussetzungen. An so einem Tag muss natürlich alles zusammenkommen.

Als könnte Felix in diesem Moment meine Gedanken lesen, bleibt er stehen und dreht sich um.

»Brauchst du 'ne kurze Pause?«

Ich strecke meinen Arm aus und kann zusehen, wie sich die Regentropfen in meiner Handfläche schnell zu einer kleinen Pfütze sammeln.

»Bei dem Regen?«

»Na ja. Sieht nicht so aus, als würde das bald wieder aufhören, oder? Und es hilft ja nichts, wenn du eine Pause brauchst.«

»Brauchst du keine?«

»Hm. Doch, wäre schon gut. Aber ich will nicht, dass wir auskühlen. Unser Zelt können wir jetzt ja eh noch nicht aufschlagen. Bisschen müssen wir schon noch.«

Ich schaue mich um. Soweit ich sehen kann, gibt es keinen Unterschlupf. Keine Bäume, keine Felsen. Noch nicht einmal einen Hügel, der uns vor den Windböen schützen könnte. Dass wir immer wieder mal an zerbröselten Tierskeletten und Schädeln vorbeilaufen, wundert mich gar nicht. Es ist trist und grau, der Hang ist von Steinen überzogen, und manchmal schaffen es ein paar einsame Grashalme, aus der harten Erde Richtung Tageslicht zu sprießen. Was für eine karge Landschaft.

In solchen Momenten trifft es mich mehr denn je, wie alleine wir sind. Wie ausgesetzt. Selbst wenn ich jetzt nicht weiterlaufen wollte – was würde es bringen? Außer dass wir klitschnass werden und frieren. Es ist ja nicht so, dass uns irgendwann irgendjemand abholen würde. Felix hat recht, dass es am besten ist, einfach weiterzulaufen. Wenn die Regenwolken an der Bergkette hängenbleiben, ist es besser, so schnell wie möglich auf der anderen Seite wieder runterzukommen.

»Dann lass uns aber doch kurz was trinken und zwei Riegel rausholen«, schlage ich schließlich vor. »Kommst du zufällig an die obere Tasche in meinem Rucksack ran? Ich will ihn nicht unbedingt abnehmen.«

Bei so vielen Kilos kostet es mich mehr Energie, den Rucksack langsam auf den Boden sinken zu lassen und mir dann wieder auf den Rücken zu hieven, als ihn einfach draufzubehalten. Was machen schon ein paar Minuten länger aus, wenn wir so viele Stunden pro Tag laufen?

Felix schüttelt den Kopf. »Da komm ich nicht ran, tut mir leid. Wegen dem ganzen Wasser.«

»Meinst du nicht, wir können was davon ausschütten und die Flaschen abends mit Regen volllaufen lassen?«

Felix zögert.

»Ein gutes Gefühl hätte ich dabei, ehrlich gesagt, nicht. Das Wetter ändert sich hier so schnell. Was, wenn wir jetzt die Flaschen ausleeren, und dann hört es doch auf zu regnen?«

Nach der Pause muss Felix mir helfen, den Rucksack wieder auf den Rücken zu bekommen.

»Du schleppst echt ganz schön viel.«

Ich nicke, will aber nicht zugeben, wie viel Energie mir der schwere Rucksack wirklich raubt. Felix hat schließlich genauso zu kämpfen und verliert darüber kein Wort. Mein »Passt schon« kauft er mir trotzdem nicht ab, sondern streckt mir seinen Müsliriegel entgegen, von dem er nur einmal abgebissen hat.

»Magst du den Rest?«

Ich schüttle den Kopf. »Danke.«

Es ist nicht so, dass ich keinen Hunger habe. Wahrscheinlich könnte ich zehn Müsliriegel essen, wenn wir so viele hätten. Zu Hause hätte ich Felix' Angebot auch angenommen. Hier habe ich nicht für eine Sekunde drüber nachgedacht. Mit jedem Tag im Nirgendwo, mit jedem Schritt und vor allem mit jeder Strapaze verändert sich was. Bei jedem im Einzelnen und auch zwischen uns. Es ist, als würde uns die Einsamkeit, die überall um uns herum herrscht, immer weiter aneinander drücken. Es gibt nur uns beide. Felix und mich. Mich und Felix. Wir sind keine Einzelkämpfer, sondern ein Team. Wenn es einem schlecht geht, leidet auch der andere darunter. Wenn einer nicht laufen kann, laufen beide nicht. Wenn es einem gut geht, geht es dem anderen besser. Wenn einer Hunger hat, teilt der andere. Auch wenn der eigene Hunger dadurch schlimmer wird. Es ist einfacher, selbst mehr zu ertragen, als den anderen leiden zu sehen. Er ist der einzige Mensch, den man gerade hat. Und schließlich: Wenn sich der eine aufrafft und wieder losläuft, folgt der andere.

»Ich komm gleich nach«, rufe ich Felix hinterher, der sich seinen Wanderstock unter den Arm geklemmt hat, den Kanister unter den anderen und sich gleichzeitig den letzten Bissen seines Müsliriegels in den Mund schiebt.

In der Seitentasche meines Rucksacks taste ich umständlich nach meinen kleinen Kopfhörern (bloß nicht den Rucksack abnehmen!) und weiß ganz genau, mit welchem Lied ich jetzt Regen und Rucksack vergessen kann:

Eins von Marcus Wiebusch, »Springen« heißt es.

Es ist eins von den Liedern, die dich nach nur wenigen Taktschlägen mitreißen und aus voller Kehle motivieren. Zu Hause beim Joggen hat es mich schon einige Extra-Kilometer laufen lassen. Jetzt soll es mich einfach nur laufen lassen.

Ich drehe die Lautstärke auf, schüttle mir die Regentropfen von der Kapuze, ziehe sie mir dann enger um den Kopf und setze einen Schritt vor den anderen. In Gedanken singe ich den Refrain mit. Für die volle Lautstärke fehlt mir die Puste. Ich höre das Lied in einer endlosen Schleife. Mir rasen so viele Erinnerungen durch den Kopf – an Tänze im warmen Sommerregen als Kind und an blutrote Sonnenuntergänge – dass ich

erst später merke, dass meine Regenjacke nicht länger dicht gehalten hat.

Marcus Wiebusch singt sicher noch 20-mal, bis hinter der
nächsten Kuppe keine neue mehr auftaucht und wir plötzlich so
weit oben stehen, dass es nicht mehr weiter raufgeht. Weil ich
sehe, dass Felix mir schon von weitem etwas zuruft, nehme ich
die Stöpsel aus den Ohren.

»... ben's geschafft! Wir haben's geschafft! Wir sind oben!«

Felix kramt das GPS aus seiner nassen Hosentasche. Beim
Blick darauf zieht er die Augenbrauen nach oben.

»Das waren neun Kilometer. Nur bergauf.«

»Was meinst du, wie hoch wir jetzt sind?«

»Auf jeden Fall zu hoch zum Übernachten. 2.300, 2.400 Meter?«

Ich schau mich um und nicke.

»Könnte hinkommen. Hier wird's nachts natürlich echt
kalt.«

Ich weiß, was das bedeutet. Felix spricht es aus.

»Hier oben können wir unser Zelt nicht aufschlagen. Erst recht
nicht bei dem Wetter.«

Wenn ich jetzt ans Weiterlaufen denke, will ich mich am
liebsten irgendwo verkriechen. Wenn schon in keinem Bett
mit einer richtigen Decke über dem Kopf, dann wenigstens im
Zelt. Hauptsache trocken. Aber die Zeit, zu der ich an dieser
Stelle vielleicht kurz protestiert und gegen Weiterlaufen argumentiert hätte, ist vorbei. Dafür kann ich keine Kraft mehr
aufbringen – die brauche ich für Wichtigeres. Weiterlaufen,
zum Beispiel, bis wir etwas weiter unten einen Platz für unser
Zelt gefunden haben. Und für die Nacht, für die werde ich
auch Kraft brauchen. Eine große Portion, sogar. Denn die
wird noch härter werden als dieser Tag im Regen – und die

Geduldsprobe für unsere Beziehung, vor der wir uns vorher immer gefürchtet haben.

13. KAPITEL

16 STUNDEN IM ZELT

Meine Finger sind so kalt, dass jede Bewegung wehtut. Weil alles nass ist und der eisige Wind in starken Böen über die Haut pfeift, fühlt es sich an, als müsste der dünne Wasserfilm in meinem Gesicht und auf den Händen jeden Moment gefrieren.

»Hey, Felix! Ich krieg den Hering einfach nicht rein! Ich spür meine Hände schon gar nicht mehr!«

Felix Gesicht kann ich unter Mütze und Kapuze kaum erkennen. Ich bin nicht mal sicher, ob er mich überhaupt sieht. Er kniet auf unserem Zelt, das ausgebreitet auf dem nassen Boden liegt, und hat Hände und Beine so weit es geht in alle Richtungen ausgestreckt. Sieht fast aus wie früher bei »Twister«, diesem Spiel aus den Sechzigern, bei dem man versuchen musste, sich auf dem Spielfeld mit den grünen, gelben, blauen und roten Farbkreisen möglichst breit zu machen. Jetzt versucht Felix einfach nur, das Zelt auf dem Boden zu halten, während die Windböen an der Plane reißen.

»Ich kann das nicht einfach loslassen!«, schreit er zurück. »Du musst erst zu mir rüberkommen!«

Wir winden uns umständlich aneinander vorbei, ohne dabei irgendwas loszulassen, und schaffen es schließlich, in den Sekunden zwischen zwei Windböen die Plätze zu tauschen. Jetzt liege ich auf dem Zelt, während Felix mit den Füßen einen

Hering nach dem anderen in den Boden stampft. Natürlich haben wir uns das Gewicht gespart, das ein Gummihammer auf die Waage bringt. Meistens ist der Boden entweder weich genug oder wir finden einen Stein, um die Heringe reinzuklopfen. Oder es ist wie heute, und nichts von beidem trifft zu.

Noch nie haben wir so lange gebraucht, um die Heringe in den Boden zu schlagen. Bei dem Wetter brauchen wir alle 20. Und selbst dann bin ich mir nicht sicher, ob unser Zelt auf dem Boden bleibt. Wahrscheinlich liegt es an den Bergen um uns herum, dass der Wind nicht immer aus einer Richtung kommt, sondern sich manche Böen in Wirbel verwandeln. Wenn sie dann nicht von vorne auf unser Tunnelzelt drücken, sondern seitlich auf den Stoff einschlagen, flattert der so laut, als würde die Zeltwand in tausend Fetzen reißen. Das ändert sich auch nicht, als wir das Zelt, so gut es geht, mit sämtlichen Leinen gespannt haben.

Von innen sind der Sturm, wie er gegen die Wände peitscht, und der Regen, wie er auf das Dach prasselt, noch viel lauter. Es klingt, als würde die Welt um uns herum untergehen, und das Zelt mit seinen flatternden Nylonwänden ist alles, was uns davor schützen kann. Nach und nach reicht Felix mir alle unsere Sachen rein. Auch alles Nasse. Sowohl unsere Regenjacken und -hosen und auch die Hüllen für die Rucksäcke haben in der letzten Stunde aufgegeben. Nichts hat mehr dichtgehalten. Überall hat es den Regen durchgedrückt.

»Wir müssen das ins Zelt reinnehmen«, antwortet Felix auf meinen fragenden Blick, als ich ihm seine nasse Mütze zurück nach draußen geben will.

Dann zuckt er mit den Schultern.

»Wenn wir die Sachen im Vorzelt lassen, werden sie über Nacht noch weggeschwemmt oder so.«

»Nicht witzig.«

Ich spanne eine Schnur quer durchs Zelt und hänge daran unsere Mützen auf, damit wenigstens die trocknen können. Daneben die durchsichtige und wasserfeste Hülle unserer russischen Karten. Das Risiko, dass auch da irgendwann das Wasser durchsickert, möchten wir nicht eingehen.

Unsere Rucksäcke schiebe ich in die hinterste Ecke, in der wir nachts mit den Füßen liegen. Die Säcke mit Kocher und Kamera passen kaum noch daneben. Von den drei Quadratmetern des Innenzelts sind jetzt ungefähr noch zwei übrig. Wie sollen wir hier heute Nacht schlafen? Mir macht es weniger aus, mich zwischen all der Ausrüstung zusammenzurollen. Für Felix, der manchmal so sehr auf ein Mindestmaß an Raum um sich herum erpicht ist, ist das wahrscheinlich das Albtraumszenario schlechthin: zu zweit, eng zusammengepfercht auf keinen drei Quadratmetern und das Stoffdach nur einen Meter vom Boden entfernt. Sogar wenn er sitzt, muss er den Kopf einziehen. Und da, wohin er sonst seine Beine ausstrecken kann, liegt sein 70 Liter großer Rucksack neben meinem.

In normalen Nächten lagern wir das alles im Vorzelt – weil das aber keinen Boden hat, sondern mehr als Überdachung dient, ist das heute Nacht keine Option. An allem, was bei diesem Wetter dort draußen liegt, kriecht die Nässe in jeden Winkel.

Nachdem ich alles im Innenzelt verstaut habe, sind im Vorzelt nur noch die Wasserflaschen und Felix, der sich mit seinen knapp 1,90 Metern gekrümmt und mit eingezogenem Kopf auf einer Mülltüte niedergelassen hat. 30 mal 30 Zentimeter trockene Fläche. Als Felix einen Blick an mir vorbei und auf unseren Schlafplatz werfen kann, schaut er – wie ich es befürchtet habe – noch bedröppelter drein.

»Wir haben ja gar keinen Platz mehr. Wo sollen wir denn liegen?«

»Tja, du weißt doch: Ansonsten wird das über Nacht noch weggeschwemmt. Deine Worte.«

»Oh Mann.«

Kurz schweigen wir einander an. Mit einem Paar Socken, das ich am nächsten Tag entbehren könnte, wische ich die Kartenhülle trocken, die ich nicht entbehren kann. Felix stößt von innen gegen das Zeltdach, auf dem sich in einer kleinen Kuhle, die der Wind immer wieder zusammendrückt, eine Pfütze gesammelt hat. Das Wasser springt nach oben weg, doch schon sammeln sich die nächsten Tropfen.

»Und jetzt?« Felix schaut mich mit eingezogenem Kopf fragend an.

»Wie, und jetzt?«

»Na, was sollen wir denn jetzt so lange hier drin machen?«

»Na ja. Ist ja nicht so, dass wir wahnsinnig viel Auswahl hätten«, sage ich und kann zum ersten Mal zumindest ein klein wenig die Frage der Geschäftsfrau aus dem Flugzeug nach Moskau nachvollziehen.

Was wir denn zur Unterhaltung dabeihätten?

Ich habe ihr geantwortet, dass wir Sachen rein zur Unterhaltung nicht nur wegen des Gewichts sofort aussortiert hatten, sondern auch, weil wir sie nicht brauchen werden. Wir seien schließlich für das Draußensein in der Mongolei, für Abstand und Zeit nur für uns. Keine Ablenkung, kein Schnickschnack, keine Komfortzone.

Gerade könnte ich die Antwort nicht mehr so selbstbewusst formulieren. Wenn man stundenlang in einem winzigen Zelt festsitzt, braucht man ein gutes Buch zwar nicht zum Überleben – schön wär's aber trotzdem. Und es würde die Zeit, bis Regen und Sturm aufhören, bestimmt ein bisschen schneller ver-

gehen lassen. Alles, was wir dabei haben, ist ein Taschenbuch im
Mini-Format mit »Geschichten zum Nachdenken«. Unser einziger Schnickschnack sozusagen. Dabei haben wir uns auch was gedacht: Je komplizierter die Geschichten zu lesen sind, desto länger braucht man für die wenigen 160 Seiten. Mehr Gewicht war wirklich nicht drin.

Ich krame im Rucksack nach dem Buch und halte es Felix hin. Der schaut auf das GPS.

»Es ist noch nicht mal vier Uhr. Wenn ich das Buch jetzt anfange, hab ich es schon vor dem Abendessen durch.«

»Vier? Siehste, deswegen schauen wir hier sonst nicht auf die Uhr. Dann hätten wir wenigstens nicht gewusst, dass wir hier noch ganz schön lange festsitzen werden.«

Bevor Felix antworten kann, drückt der Wind das Zelt zur Seite. Die Böe reißt einen Hering aus dem Boden. Der schwingt mit jedem nächsten Windstoß an der Leine gegen die Zeltwand.

»Scheiße!« Felix zieht mit einem Ruck den Reißverschluss auf und macht einen Satz nach draußen. »Hilf mir bitte mal schnell, wir müssen alles nachspannen!«

Der Sturm zerrt und reißt unser Zelt so sehr in alle Richtungen, dass die verstellbaren Leinen nach und nach länger werden. Ein paar von ihnen schlackern schlaff zwischen Zelt und Hering in den Böen mit.

»Mach du die hinten, ich kümmere mich um die vorne!«, rufe ich zu Felix rüber. »Und am besten gleich etwas fester, damit wir nicht andauernd rausrennen müssen.«

Wir müssen trotzdem andauernd rausrennen. Als ich die Leinen eine gute Stunde später wieder nachspanne, bleibe ich danach ganz kurz draußen stehen, anstatt, so schnell es geht, ins Zelt zu kriechen. Wie bedrohlich das alles ausschaut. In der Bergkette auf der einen Seite hängen dichte Nebelschwaden und tiefe

Wolken fest. Die Gipfel kann ich gar nicht mehr sehen, obwohl sie nur wenige Hundert Meter höher sind als unser Zeltplatz. Und am Himmel spielt sich ein Naturschauspiel ab, das man eigentlich genießen müsste, wäre man ihm nicht mit nichts außer ein paar flatternden Nylonwänden ausgesetzt. Soweit ich sehen kann, ist der Himmel überzogen mit dunkelgrauen Wolken in allen verschiedenen Farbtönen. Riesige dicke Wolken, die sich beeindruckend immer weiter nach oben türmen. Der Wind schiebt die Wolken mit so einer Wucht an, dass ich dabei zusehen kann, wie sie in Sekunden über uns hinweg fliegen. Würde man das mit der Kamera festhalten – der Videoclip würde aussehen, als hätten wir ihn vorgespult. Der Horizont ist unsichtbar, weil Himmel und Erde im Regen miteinander verschwimmen. Ich höre nichts, außer den Regen, wie er auf mich, auf unser Zelt und die Felsen um uns herum einprasselt. Und den Wind, wie er entlang der Bergkette pfeift, über unser Zelt drüber, und sich ab und an in kleine Wirbel verwandelt, die ich wegen der vielen kleinen Regentropfen einmal sogar mit den bloßen Augen erkennen kann.

Mir prasselt der Regen auf die Schultern, aber meine Jacke ist sowieso noch nass. Erst als ich merke, dass es das Wasser langsam wieder durch die Kapuze drückt, krieche ich zurück ins Zelt. Wie lange das wohl noch dicht hält?

Felix sitzt auf unseren Luftmatratzen im Schlafbereich und hat seine Beine ins Vorzelt ausgestreckt. Er sucht nach einem ebenen Fleckchen für unseren Kocher, stellt ihn dazu immer wieder um und kippelt zur Probe, damit die Flamme nicht aus Versehen irgendeine der Nylonwände berührt. Oder sein Hosenbein.

»Ist's schon Zeit zum Essen?«, frage ich, als ich mich auf seinen Oberschenkeln abstützen will, um an ihm vorbeizukriechen.

»Hunger haben wir doch eh«, ist seine knappe Antwort. Gefolgt von: »Hey, so funktioniert das nicht. So haben wir hier doch nie Platz. Ich muss erst raus, dann kannst du an mir vorbei.«

Ich merke, dass Felix nicht nur etwas angespannt ist, sondern in Gedanken auch anderswo. Ohne dass ich ihn darauf ansprechen muss, weiß ich, dass ihm der fehlende Platz zu schaffen macht. Oder eher die Angst davor, was das bei ihm auslösen könnte. Es ist genau die Situation, wie sie hier gerade ist, die uns zu Hause so viele Sorgen bereitet hat. All die Bedenken wie »Kann eine Beziehung das überstehen? Mit so viel Nähe, die manchmal weniger gewollt und mehr erzwungen ist?« und »Was passiert, wenn man zu sehr aufeinander sitzt?« sind jetzt näher denn je. So nahe, dass ich sie nicht wie zu Hause einfach beiseiteschieben kann. Dazu ist kein Platz. Ich sitze mit dem Rücken ans Vorzelt gedrückt. Flucht unmöglich. Und wer weiß, wie lange das noch anhalten wird. Bis morgen früh auf jeden Fall. Und dann? Hat der Sturm dann alle Regenwolken weggeblasen? Und wir können die Zeit auch draußen verbringen, wenn wir nicht laufen?

Auch jetzt fällt mir wie heute Nachmittag schon auf, wie ausgesetzt wir dem allen sind. Nicht nur Sturm und Regen, sondern auch einander. Und uns selbst. Das Nirgendwo hat keinen Fluchtweg. Komme, was wolle.

Während wir das Abendessen zubereiten – kochen kann man das wirklich nicht nennen – entspannen wir beide wieder etwas. Zum ersten Mal heute. Vielleicht, weil wir endlich Zeit zum Runterfahren haben. Noch steht das Zelt. Und wir sitzen im Trockenen. Und vielleicht auch, weil wir wieder merken, dass wir von Tag zu Tag zu einem besseren Team zusammenwachsen. Es sind nicht immer die großen Gesten oder die großen Worte, die das beweisen. Sondern manchmal winzige

Handgriffe, die passieren, ohne dass wir den anderen darum bitten müssen. Wie gerade zum Beispiel: Felix tastet unter und neben sich den Boden ab, und ich weiß, er sucht nach dem Henkel, um damit den Topf von der Flamme zu heben. Ich habe in der Zwischenzeit die Tüte mit der getrockneten Astronautennahrung vorbereitet und unseren kleinen Gewürzstreuer zwischen uns gestellt. Das Schälchen zum Essen steht vor uns. Alles passiert im Umkreis von weniger als einem Meter – weiter ist die nächste Zeltwand nie weg. Und wenn Felix den Topf mit kochendem Wasser schließlich anhebt, dann weiß ich, dass ich am besten die Tüte mit dem Essen aufhalte, sie dabei aber nicht hochhebe.

Dass mittlerweile jeder seine kleinen Aufgaben hat und immer weiß, was zu tun ist, stimmt mich auch in der beklemmenden Enge unseres Vorzelts versöhnlich. Und ich kann mich sogar mit dem Gedanken anfreunden, dass es eben gerade ist, wie es ist: nass und eng. Daran kann niemand von uns beiden etwas ändern. Ich nicht. Felix auch nicht. Niemand kann was dafür. Und ich kann mir keinen Menschen vorstellen, neben dem ich gerade lieber zusammengepfercht in diesem Zelt kauern möchte.

Ich drücke Felix einen Kuss auf die Wange.

Gleich nach dem Essen kriechen wir in die Schlafsäcke. Ich ahne, dass das eine lange Nacht werden wird, denn die hat noch nicht einmal angefangen. So düster es draußen ist – irgendwo weit über diesen gigantischen Wolken muss die Sonne am Himmel stehen. Manchmal tröstet mich dieser Gedanke: Dass weit oben immer die Sonne scheint – egal, wie grau es unten aussieht.

Ich ziehe mir den Schlafsack bis unter die Nase und drehe mich auf die Seite, rüber zu Felix, der gerade vertieft in unserem Buch liest. Danach bin ich wieder dran – jeder darf eine Kurzgeschichte lesen, dann bekommt der andere das Buch, wenn er auch mag.

Als ich Felix beobachte, fällt mir zum ersten Mal auf, dass diese Reise bei ihm schon jetzt ihre Spuren hinterlassen hat. Obwohl ich ihn 24 Stunden täglich neben mir habe – minus ein paar Minuten für Toilettengänge –, sehe ich die Veränderung. Abgesehen davon, dass sein Bart länger geworden ist, hat er sich auch in eine Richtung verändert, die sich nicht so leicht wieder abrasieren lässt. Er ist dünner geworden, sogar im Gesicht. Um seine Augen haben sich viele kleine Fältchen gebildet, die mir zu Hause nur aufgefallen sind, wenn Felix lacht. Ich glaube auch, dass seine Augen tiefer in ihre Höhlen gerutscht und die Ringe etwas dunkler geworden sind.

Als Felix die Seite umblättert, sehe ich, dass seine Hände nicht nur von der Sonne dunkler, sondern auch rauer geworden sind. Die Striemen, die der Wasserkanister heute stundenlang in die Handflächen gerieben hat, sind immer noch da.

Am meisten ist es aber der Ausdruck, der in Felix' Augen und in seinem Gesicht liegt, der mir gerade zum ersten Mal auffällt. In ihm liegt eine ungewöhnliche Gelassenheit. Nicht dass Felix zu Hause nicht gelassen wäre. Jetzt ist es anders. Es sieht vielmehr aus, als würde er mit vielem rechnen. Als würde er auf das nächste Erlebnis, den nächsten schönen Moment, aber auch auf die nächsten Strapazen und Herausforderungen warten. Mit dem Wissen, dass sie kommen werden. Früher oder später.

Ob man mir wohl auch so was ansieht? Eine Veränderung? Ob ich jetzt schon gezeichnet bin von den vergangenen Wochen? Abgenommen habe ich. Das merke ich vor allem daran, dass ich meinen Rucksack mittlerweile viel enger um die Hüfte schnallen muss. Alles andere weiß ich nicht. In einen Spiegel hab ich ja schon lange nicht mehr geschaut.

Felix klappt das Buch zu und schaut nachdenklich nach unten.

»Sag mal, hast du dir das hier eigentlich so vorgestellt?«

»Was genau meinst du?«

»Na, alles. Das mit dem Laufen ...« Felix macht eine kurze Pause, ich sehe ihm aber an, dass er noch nach den richtigen Worten sucht. Er schaut an mir vorbei, irgendwo hinter mich, wo man an der Zeltwand die Regentropfen runterrennen sehen kann. Es dauert kurz, bis er weiterredet.

»Ich meine nicht nur das Laufen. Hast du dir das so vorgestellt, dass es sich so anfühlen wird, so weit weg von allem zu sein? Dass wir so ... ausgesetzt sind?«

Ich sortiere die richtigen Worte. Für mich ist das keine Frage, auf die ich einfach so antworten kann. Da steckt mehr Tiefe drin.

»Hm. Weißt du, ich hab vorher schon viel überlegt, wie es hier sein wird. Natürlich hab ich das. Hast du bestimmt auch. Und ich hab mir schon auch mal vorgestellt, wie wir laufen oder wie wir abends zum Beispiel im Zelt liegen. Wie heute.«

Jetzt muss ich eine kurze Pause machen, um nach den richtigen Sätzen zu suchen. Felix gibt mir die Zeit.

»Und obwohl ich mir das vor allem in den letzten Wochen und Tagen vor unserer Abreise oft vorgestellt habe, war es irgendwie nie richtig. Ich kann nicht sagen, was falsch war. Es war besser oder schlechter. Aber eben einfach nicht so, wie es jetzt ist. Ich kann's irgendwie nicht erklären.«

Felix nickt.

»Ich glaub, ich weiß ganz gut, was du meinst. Ich hab heute beim Laufen schon darüber nachgedacht. Ich schätze, so was kann man sich vorher einfach nicht richtig vorstellen. Weil alles, was man bisher erlebt hat, anders war als das hier. Wahrscheinlich können wir uns heute noch nicht mal vorstellen, wie es morgen sein wird.«

Ich nicke. Felix redet weiter.

»Ich hab dich das gefragt, weil ich wissen wollte, ob es sich für dich anfühlt, als hätten wir uns zu wenig vorbereitet. Als hätten wir uns zu wenig darauf eingestellt, was alles passieren kann.«

»Warum sollte es? Fühlst du dich zu wenig vorbereitet?«

»Hm. Nein. Also mit nichts, was wir konkret hätten planen können. Aber ... ich wusste nicht, dass sich Einsamkeit so anfühlen kann. Erst recht nicht, wenn man eigentlich zu zweit ist.«

Ich schlucke, weil Felix damit etwas sagt, was ich bis jetzt verdrängt habe. Die große Einsamkeit, die uns manchmal verschluckt wie die Nebelwand, durch die wir heute gelaufen sind. Und die mir manchmal, gerade in schwierigeren Momenten, auch Angst macht.

»Es gibt eben einen Unterschied«, sage ich dann, »zwischen Alleinsein und Einsamkeit. Alleine sind wir nicht, aber einsam kann man auch zu zweit sein. Und ich schätze, das ist das Normalste der Welt. Dass wir uns hier einsam fühlen. Wer würde das nicht?«

Anstatt was zu sagen, zieht Felix seinen Arm aus dem Schlafsack und drückt mich feste. Eine ganze Weile lang liegen wir so da, und ich beobachte die Regentropfen, die am Zelt runterrennen und wegfliegen, wenn der Wind daran rüttelt. Ich merke noch, wie mir die Augen zufallen. Es ist immer noch hell. Trotzdem gebe ich mir keine Mühe, sie offen zu halten.

Als ich hochschrecke, ist es schwarz um mich herum. Etwas hängt in meinem Gesicht. Die Zeltwand. Kurz dauert es, bis ich begreife, wo ich bin und was gerade passiert.

»Scheiße.«

In der kleinen Tasche, die auf Kopfhöhe an die Zeltwand genäht ist, krame ich nach meiner Stirnlampe. Hier hat alles seinen Platz – Chaos funktioniert nicht. Im weißen Licht sehe ich es:

Die Zeltwand auf meiner Seite hängt nach Innen, liegt quasi auf mir drauf.

»Scheiße, scheiße, scheiße.«

Ich trage nur Unterwäsche, weil sich der Schlafsack ohne weitere Kleidungsschichten am besten aufheizt. Trotzdem überlege ich nicht, sondern krieche schnell aus ihm raus. Ich muss aufpassen, mich nicht aus Versehen auf Felix' Kopf aufzustützen, der nur 20 Zentimeter neben mir liegt. Wie kann er einfach nicht aufwachen, noch nicht einmal jetzt?

Ich schlüpfe barfuß in meine feuchten Wanderschuhe und stolpere halbnackt aus dem Zelt. Meine Befürchtung stimmt: Die Windböen, die immer noch mit riesiger Wucht auf unser Zelt einschlagen, haben auf der einen Seite mehrere Heringe aus dem Boden gerissen. Und mitgenommen. Zumindest so weit, dass sie der Lichtkegel nicht mehr erreicht. Die anderen Heringe hängen lose mit der Spitze im Boden.

Immerhin hat der starke Regen nachgelassen. Trotzdem habe ich keinen Elan, nach den vermissten Heringen zu suchen. Nicht bei dem Sturm, nicht bei der Kälte, nicht nachts und erst recht nicht in Unterwäsche.

»Schatz, alles gut?«, kommt es verschlafen aus dem Zelt.

Hat Felix mich gerade »Schatz« genannt? Das wirft mich sogar in diesem Moment so aus der Bahn, dass ich kurz aufhöre, nach der Tasche mit den Ersatzheringen zu suchen. Mein Herz macht einen kleinen Sprung.

»Ist alles gut?«, wiederholt er noch einmal, weil ich nicht geantwortet habe.

»Passt schon, bleib liegen! Ich muss das Zelt neu spannen, ein paar Heringe sind weg. Ist aber halb so wild.«

Als ich wieder reinkrieche, schaut Felix mich verwundert an.

»Warst du so draußen?«

Ich zucke mit den Schultern. »Musste schnell gehen. Wenn es schlimmer wird, müssen wir vielleicht noch nachts zusammenpacken und weiterlaufen. Bevor uns alles um die Ohren fliegt und auch die Sachen im Zelt nass werden.«

»Das wär furchtbar. Ehrlich furchtbar«, sagt Felix.

»Ich glaub' aber nicht, dass es nässer wird. Gerade nieselt es nur noch.«

»Okay.« Felix nickt, hat aber immer noch die Falte zwischen den Augenbrauen, die er immer nur dann hat, wenn er sich Sorgen macht oder stark nachdenkt.

»Danke. Beim nächsten Mal geh' ich raus.«

In dieser Nacht gibt es noch drei nächste Male. Mit jeder Böe reißt der Sturm an unserem Zelt, das mit einem lauten Flattern von Seite zu Seite schwankt. Immer wieder lockern sich die Leinen, immer wieder muss einer von uns nach Draußen. Wir wechseln uns ab.

Felix hat sich mittlerweile Ohropax in die Ohren gestöpselt. Sein Kommentar: »Das klingt viel zu beunruhigend, als dass ich wieder einschlafen könnte. Wenn wir wegfliegen, will ich es lieber nicht hören.«

Als wir unser Zelt in dieser Nacht zum letzten Mal nachspannen müssen, bin ich wieder an der Reihe. Als ich mich aus dem Vorzelt nach draußen ducke, sehe ich, dass der Horizont im Osten heller wird. Und jetzt plötzlich ist um uns herum alles still. Kein Regen. Kein Sturm. Noch nicht einmal ein Lüftchen. Als wäre das alles nie da gewesen.

Die letzten Wolken ziehen über die Berge weg und färben sich langsam rosa. Die Sonne geht auf. Das bedeutet, dass wir diese stürmische Nacht tatsächlich einigermaßen trocken überstanden haben. Das bedeutet auch, dass es schon zwischen halb acht und acht Uhr sein muss. Wahnsinn. 16 Stunden lang saßen wir in diesem Zelt fest. Zu zweit – eingepfercht auf nicht einmal mehr drei Quadratmetern. Ich lächle. Ich hätte nicht gedacht, dass das so schön sein kann.

FELIX FEHLT

Ich werfe ein Steinchen nach dem anderen in den Fluss. Mit einem »Pflopp« tauchen sie unter. Das Wasser ist so klar, dass ich die Steine am Grund liegen sehen kann.

Wasser hat mich schon immer beruhigt. Das gleichmäßige Rauschen, das friedliche Gluckern. Gerade funktioniert das nicht.

Wie lange kann man diese emotionale Achterbahnfahrt eigentlich aushalten? Manchmal geht es schneller als ein Fingerschnippen, und wir rutschen von einem Hoch in ein Tief und von einem Tief in ein Hoch. Ohne Vorwarnung. Während uns die Nacht im Zelt alle Kräfte gekostet hat und unsere Energietanks in den Reservebereich abgerutscht sind, hat sie der Sonnenaufgang heute Morgen genauso schnell aufgefüllt. Und nach ein paar Kilometern Laufen haben wir vor Glück sogar getanzt – dann konnten wir zum ersten Mal wieder auf den Fluss runterschauen und wussten, dass wir ab sofort mit jedem Schritt zurück zu unserer Route laufen. Um uns herum hat sich das graue Gebirge in beigen und roten Fels verwandelt. Der Wegesrand war gespickt von lila Steinen. Lila Steine! Alles war wieder bunter.

Und jetzt – nur ein paar Stunden später – sitze ich alleine an diesem Fluss und bin nicht sicher, ob ich mir jemals in meinem Leben so große Sorgen gemacht habe.

Felix ist weg. Er wollte nur kurz ein paar Bilder machen. In das enge Tal reinfotografieren, durch das sich der Fluss aus Sagsay schlängelt. Die andere Seite der Route sehen, die uns vor ein paar Tagen vor die bisher schwerste Entscheidung dieser Reise gestellt hat.

Wie lange ist es jetzt her, dass er losgelaufen ist?

In der Zwischenzeit habe ich das Zelt aufgebaut und innen ausgewischt. Wie lange das wohl dauert? 15 Minuten, schätze ich.

Ich habe eine Lasche zusammengenäht, die das Innen- mit dem Außenzelt verbindet und letzte Nacht gerissen ist. 20 Minuten.

Ich habe unsere Wäsche im Fluss gewaschen. 20 Minuten.

Und über dem Zelt aufgehängt. 5 Minuten.

Seitdem sitze ich hier am Fluss und werfe Steinchen ins Wasser. Dabei habe ich jedes Zeitgefühl verloren. Aber die Sonne, die direkt vor mir über den Hügeln steht, ist seitdem ein deutliches Stück nach unten gewandert. Ich halte meine Handfläche unter den Feuerball. Das ist eine grobe Faustregel: Jeder Fingerbreit steht für ungefähr 15 Minuten, bis die Sonne untergeht. Seit Felix weg ist, ist sie mindestens fünf Finger nach unten gewandert.

Ich atme einmal tief ein. Ich darf mich nicht verrückt machen. Was soll Felix hier schon passiert sein? Abstürzen kann er eigentlich nirgendwo. Und sonst? Wovon geht hier sonst schon Gefahr aus, außer von der Natur? Bestimmt verliert er sich nur in einem Motiv. Ich kann ihn mir gut vorstellen, wie er irgendwo am Boden hockt, mit den Kameraeinstellungen spielt und einfach nicht so richtig zufrieden sein will.

Um mich abzulenken, hole ich aus dem Rucksack mein Tagebuch raus. Weil schon so viele Erinnerungen drinstecken, hüte

ich das mittlerweile mindestens genauso gut wie meinen Reise-
pass und die Militärkarten. Ich weiß immer ganz genau, in welche Tasche ich es geschoben habe.

ZWISCHEN SAGSAY UND ÖLGII – ENDLICH WIEDER AM FLUSS! 6. SEPTEMBER

Wenn ich das hier später lese, lache ich hoffentlich darüber. Felix ist zum Fotografieren losgezogen und schon ewig weg. Er wollte »nur mal eben über den Hügel«, das ist aber mindestens schon eine Stunde her.

Wie schön es hier ist, kann ich deswegen nicht wirklich ge-nießen – dabei könnte das alles hier die Doppelseite eines Hochglanz-Bildbandes schmücken: Unser Zelt steht direkt am Flussufer. Als ich vorhin im Fluss stand, ist mir das Wasser bis zum Bauchnabel gegangen, und es ist so klar, dass ich meine Füße auf dem Grund sehen konnte. Auf der anderen Seite des Flusses erheben sich steile Flanken, die dann in sanfte Hü-gel übergehen. Um meinen Kopf fliegen und zwitschern immer wieder kleine Vögel, die in winzigen Höhlen in den Felsflan-ken wohnen. Sie flattern so glücklich umher, als wäre es das erste Mal nach dem Unwetter, dass sie wieder nach draußen können. Und was wirklich Wahnsinn ist, sind die Farben! Der klare, hellblaue Fluss vor diesem beigen und roten Gestein. Und – und das ist ehrlich kein Witz – von der einen auf die ande-re Flussseite spannt sich gerade ein Regenbogen unter dem blauen Himmel. Keine Ahnung, wo der plötzlich herkommt, so ganz ohne Regen. Es ist fast schon zu kitschig.

Ich blättere eine Seite weiter, um unter dem neuen Eintrag Platz für ein Bild zu lassen. Alles um mich herum wirkt gerade so un-wirklich, dass ich es mir später wahrscheinlich nicht mal mehr selbst glauben werde. Sobald Felix mit der Kamera zurück ist, will ich deswegen ein Foto machen. Hoffentlich ist der Regenbo-gen dann noch da. Ich klappe das Tagebuch zu und schaue mich um. Immer noch keine Spur von ihm. Jetzt kann ich nicht mehr ruhig sitzen bleiben.

Ich ziehe mir meine Wanderschuhe an und laufe in die Richtung los, in die auch Felix losgezogen ist. Ein flacher Hügel, auf dem oben kleine Wildblumen und Disteln wachsen, trennt unseren Schlafplatz von der Schlucht, durch die der Fluss aus Sagsay kommt. Auch von hier oben sehe ich Felix nicht. Dafür komme ich an einem Platz vorbei, der noch bis vor kurzem die Lagerstätte von Nomaden gewesen sein muss: Die wenigen Grashalme, die hier aus dem harten Boden sprießen, sind innerhalb einer großen kreisrunden Fläche abgeknickt und ausgetrocknet. Man braucht nicht viel Fantasie, um sich vorstellen zu können: Hier hat eine Jurte gestanden. Ein paar Meter weiter liegt ein bisschen Brennholz verstreut auf dem Boden. Das müssen die Nomaden von weiter her mitgebracht haben – an größeren Bäumen sind wir schon lange nicht mehr vorbeigekommen. Das flache Plateau hinter dem nächsten großen Felsen war der Schlachtplatz: Die Erde ist vom Blut noch immer braun verfärbt, und die Knochen – das Einzige, was Mongolen von einem Tier nicht verwerten – liegen verstreut daneben.

Irgendwie unheimlich, dieser Ort. Vor allem gerade, ganz allein. Ich drehe mich zu unserem Zelt um, das ich erst 300 oder 400 Meter hinter mir gelassen habe. Solange ich es im Blick behalte und sehen kann, falls Felix von einer anderen Seite zurückkommt, kann ich noch ein Stück weitergehen.

Den Hügel steige ich auf der anderen Seite wieder runter – seitlich, damit unser Zelt nicht auf der anderen Seite dahinter verschwindet. In diesem Winkel laufe ich geradewegs auf die Schlucht zu. Je näher ich komme, desto tiefer ziehen die Felswände meinen Blick in die Schlucht hinein. Das Licht der letzten Sonnenstrahlen bricht durch die Wolken, direkt oberhalb des

Flusses. Das Wasser glitzert, und das Ufer auf der anderen Seite ist mit einem Teppich aus gelben Blumen überzogen. Ich lasse meinen Blick von der einen zur anderen Seite schweife. Das Ufer entlang. Von Felswand zu Felswand.

Wo steckt Felix?

Verlassener und verlorener denn je stehe ich auf diesem Hügel.

Irgendwo im Nirgendwo.

Ganz alleine.

Ich merke, dass mir Sorge und Verzweiflung Tränen in die Augen treiben. Wein jetzt bloß nicht! Das hat noch niemandem bei irgendwas geholfen. Und überhaupt, das ist auch ganz und gar nicht meine Art. Die Mongolei bringt einfach alles durcheinander.

Ich atme ein paarmal tief ein und versuche, ganz rational zu überlegen, was zu tun ist. Viele Möglichkeiten gibt es ja nicht. Eigentlich nur zwei.

Erstens: Ich könnte zum Zelt zurückgehen und auf Felix warten.

Zweitens: Ich könnte auf diesem Hügel bleiben und auf Felix warten.

Warten oder warten.

Im zweiten Fall hätte ich immerhin einen guten Blick auf die Schlucht, zu der Felix wollte. Trotzdem. Das ist nichts für mich. Ich will etwas tun. Als ich mir den Kopf über eine dritte Möglichkeit zerbreche, sehe ich hinter einem Felsen ganz unten irgendetwas auftauchen.

Einen Rücken?

Felix' Rücken?

Es ist schwer, in der tief stehenden Sonne etwas zu erkennen. Ich kneife meine Augen zusammen. Dann verschwindet es wieder. Mein Herz klopft schneller. Mein Puls rast. Ich laufe ein paar Schritte den Hang nach unten. Der Felsen ruht auf dem kargen

Boden. Jetzt bewegt sich nichts mehr. Habe ich mir das nur eingebildet? Werde ich jetzt verrückt?

»Felix!«

»Feeeeeeeelix!«

»Feeeeeeeelix?«

Ich rufe so laut ich kann. Bin noch ein paar Hundert Meter entfernt, und die leichte Brise trägt meine Stimme in die falsche Richtung.

»Feeeelix!«

Da ist es wieder. Etwas bewegt sich hinter dem Felsen.

Ein Rücken.

Felix' Rücken!

Er steht neben dem Felsen und schaut erstaunt zu mir rauf. In der Hand die Kamera, auf den Ohren seine Kopfhörer. Er nimmt sie ab und winkt mich zu sich.

»Komm runter, hier ist es so schön!«

»Weißt du, wie lange du weg warst?«, rufe ich ihm noch von weitem zu.

»Was ist denn los?« Felix legt seine Hände auf meine Schultern, als ich vor ihm stehe.

»Ich hab mir so Sorgen gemacht!«

Und da sind sie, die Tränen, die ich vorher noch zurückhalten konnte. Jetzt nicht mehr. Ich komme mir vor wie ein kleines Mädchen.

»Aber warum denn? Es ist doch alles gut. Was soll hier denn passieren? Komm, lass uns mal auf den Stein da vorne setzen.«

Felix nimmt mich an der Hand und führt mich zu einem kleinen Felsvorsprung ein paar Meter weiter. Das gibt mir Zeit, meine Fassung wiederzufinden. Wir setzen uns nebeneinander und lassen die Füße von dem Plateau nach unten baumeln. Ich setze neu an und schaue Felix dabei direkt in die Augen.

»Ich hab mir ehrlich Sorgen gemacht. Du warst ewig weg. Wirklich ewig. Über eine Stunde, eineinhalb wahrscheinlich sogar.«

Felix schaut unschuldig drein.

»Aber ich kann doch auch mal weg sein?«

»Darum geht's nicht. Natürlich kann jeder von uns auch mal weg sein. Aber ich dachte, du gehst nur kurz ein Foto machen – das hast du gesagt – und bist nach 20 Minuten oder so wieder da. Ich hab einfach nicht damit gerechnet. Das ist alles.«

Felix zieht mich zu sich rüber und drückt mich feste an sich.

»Tut mir leid. Das wollte ich nicht. Ich saß hier in der Sonne. Hab Musik gehört. Hab nachgedacht. Und natürlich Fotos gemacht. Mir war nicht klar, dass das so lange war.«

Eine ganze Weile lang sitzen wir jetzt still nebeneinander und schauen zu, wie die Sonne langsam hinter den Bergen verschwindet und die Schlucht, den Fluss und alles um uns herum in ein sanftes Rot taucht.

»Ich weiß nicht, warum ich so krass reagiert habe«, sage ich dann.

»Weiß ich auch nicht. Normal bist du ja nicht so der Sorgenmensch.«

»Hm. Ich glaub, ich weiß es eigentlich doch.«

»Und?«

»Ich kenn das nicht, dass mir Alleinsein Angst macht. Aber hier, hier habe ich mich völlig aufgeschmissen gefühlt ... Richtig allein. Richtig ausgesetzt. Ich mein, hier sind wir absolut abhängig voneinander. Und ich wüsste nicht, was ich tun soll, wenn du plötzlich nicht mehr da wärst ...«

Allein der Gedanke treibt mir neue Tränen in die Augen.

»... wenn ich mir vorstelle, du wärst einfach nicht wiedergekommen, weil was passiert wäre oder so. Was mache ich denn dann?«

Ich schaue Felix an, weil er nichts sagt. Wieder sitzen wir einfach still nebeneinander. Felix sieht so aus, als würden ihm gerade einige Gedanken durch den Kopf schwirren, die er erst mal sortieren muss. Er antwortet erst, als ihm das gelungen ist.

»Ich weiß nicht, wie wir diese Reise zu Ende hätten bringen sollen, wenn wir nach einer Woche gemerkt hätten, dass unsere Beziehung für so eine Herausforderung nicht gut genug ist. Das habe ich mir gestern im Zelt überlegt.«

»Aber das ist ja was anderes, als wenn einer von uns plötzlich ganz alleine dastehen würde.«

»Klar, ich weiß. Ich bin ja auch noch hier.«

Felix lächelt flüchtig und legt seine Hand auf mein Bein.

»Ich mein ja nur: Wenn wir hier kein Team sind, funktioniert das alles nicht. Und nicht nur ein Team, sondern ein gutes. Keine Ahnung, was sonst die Lösung wäre. Aber darüber müssen wir ja nicht nachdenken.«

Ich nicke. Mehr muss ich darauf nicht sagen. Ich spüre, dass wir in dem Moment beide – vielleicht zum ersten Mal – sicher sind, dass unsere Beziehung für so eine Herausforderung eben schon die richtige ist. In Gedanken klammere ich Punkt 3 auf unserem Masterplan ein.

Bevor wir zum Zelt zurücklaufen, knipst Felix ein paar Fotos. Von mir, von uns, vom Blick in die Schlucht. Falls wir später mal eine Erinnerung nötig haben.

»Weißt du was, heute machen wir's uns so richtig gemütlich«, sagt Felix, als wir auf unserem Rückweg wieder an den Brennholzresten der Nomaden vorbeikommen.

»Du willst ein Feuer machen, oder?«, antworte ich mit einem Grinsen.

Ich hätte wetten können, dass das kommt. Wann immer wir draußen schlafen und es die Möglichkeit gibt – Felix macht ein

Feuer. Selbst dann, wenn es eigentlich nicht unbedingt nötig wäre. Zum Beispiel, weil es Sommer ist und überhaupt nicht kalt. »Für die Gemütlichkeit«, argumentiert Felix dann. Ich habe ihn nie gefragt, was wirklich dahinter steckt. Und heute macht es Sinn – schließlich hat es in den vergangenen Nächten nie mehr als sechs oder sieben Grad gehabt.

Ich weiß nicht, ob es das Lagerfeuer ist oder die vielen Emotionen, die in den vergangenen Tagen immer und immer wieder ausgebrochen sind – die Stimmung zwischen Felix und mir ist anders als sonst. Nicht weniger schön, nicht weniger verbunden. Vorsichtiger aber, würde ich sagen. Es ist schwer zu beschreiben, was es genau ist. Wir packen uns ganz bestimmt nicht mit Samthandschuhen an. Trotzdem habe ich das Gefühl, dass wir einander heute Abend mit besonders viel Bedacht behandeln. Dass wir liebevoller sind und auch anhänglicher. Beim Abendessen drängen wir dem anderen beinahe eine größere Portion auf, und danach reißen wir uns um Dinge, die wir sonst beide nicht mögen. Abspülen zum Beispiel.

Am Feuer rutschen wir heute besonders eng zusammen. Wir reden den ganzen Abend über nicht viel, sondern schauen stumm den Flammen zu, als die Vögel von den Felsflanken plötzlich aufgeregt zwitschern.

Ich taste nach meiner Stirnlampe. »Was schreckt die denn aus dem Schlaf hoch?«

»Vielleicht ein Fuchs?«, antwortet Felix und dreht sich in die andere Richtung um. »Wahnsinn, hier sieht man ohne Licht keinen Meter weit.«

Und das ist nicht übertrieben. Hier herrscht eine Dunkelheit, die wir von zu Hause nicht kennen. Selbst mit meiner Stirnlampe tue ich mich heute Nacht schwer, etwas in der Ferne zu erkennen. Die Nacht ist so schwarz, wie ich es bisher nur in der Sahara erlebt habe. Die Dunkelheit verschluckt alles, als würde die Welt ein paar Schritte weiter von uns weg einfach aufhören. Als würden wir in einem unendlichen schwarzen Loch schweben. Ich schaue in den Himmel.

»Es ist Neumond.«

Mit dem Mond ist die letzte Lichtquelle einer mongolischen Nacht verschwunden. Weil wir nichts Auffälliges sehen können, drehen wir uns zurück zum Feuer.

Es dauert dann nicht lange, dann steht neben Felix ein Mann. Wir haben ihn nicht kommen sehen. Auch nicht gehört. Als hätte ihn die Dunkelheit ausgespuckt. Mir rutscht das Herz in die Hose, so sehr erschrecke ich mich. Ich glaube sogar, ich kann über Felix' Arm, der an meiner Schulter lehnt, seinen Puls beschleunigen spüren. Niemand sagt etwas. Auch nicht der Fremde. Sein Gesicht kann ich nicht erkennen, weil zu viel Nacht zwischen uns liegt. Er ist eine schwarze Gestalt.

Erst als er einen Schritt näher ans Feuer tritt, um seine Hände darüber zu halten, enthüllen die lodernden Flammen ein bisschen mehr von ihm.

Der Fremde ist alt. Sehr alt. So alt, dass er mit gekrümmten Rücken vor dem Feuer steht. Seine Hände sind so knochig, dass seine Gelenke aus den verkrüppelten Fingern ragen. Ich schaue vorsichtig hoch in sein Gesicht, das genauso mager und ausgehungert wirkt. Seine Backen sind tief nach innen gefallen und lassen seine Wangenknochen ungewöhnlich weit nach außen stehen. Er trägt einen langen, weiten Rock, der nichts mit der traditionellen Kleidung der Nomaden zu tun hat. Darüber mehrere sehr dreckige Jacken, die stark riechen, und einen Schal, den er sich um den Kopf gewickelt hat. Er sieht aus, als wäre er schon immer alleine hier draußen – mit nichts und niemandem als sich selbst. Das Einzige, was dem widerspricht, ist der Ausdruck in seinen Augen. Der ist nicht traurig. Auch nicht einsam, hilflos

oder unglücklich. Vielmehr liegt eine tiefe Ruhe in seinen Augen.
Als wäre er hier genau richtig.

»Sai bai nuu«, flüstert Felix ihm zu.

Der Fremde antwortet nicht. Er setzt sich aber neben uns, als
Felix mit seiner flachen Hand auf den Boden neben ihm klopft.
Ohne uns auch nur einmal anzuschauen, fängt er an, mongolische Sätze vor sich hin zu brabbeln. Dabei zeigt er immer wieder
auf das Feuer, auf sich und streckt seinen Arm dann in Richtung
der tiefschwarzen Nacht.

»Hast du eine Ahnung, was er meinen könnte?«, flüstere ich
Felix zu.

Mir fällt auf, dass ich auch laut reden kann. Der Fremde versteht uns ja sowieso nicht, und es ist auch nicht so, dass wir etwas
zu verheimlichen hätten.

»Vielleicht will er sagen, dass er da draußen irgendwo zu Hause
ist? Und gekommen ist, weil er das Feuer bemerkt hat?«

Ich zucke mit den Schultern.

»Vielleicht, ja. Könnte aber auch alles andere bedeuten.«

Es ist eine komische Situation, wie wir zu dritt so eng um das
Feuer sitzen. Gemeinsam mit dem Fremden, der plötzlich wie
aus dem Nichts kam und uns jetzt stumm Gesellschaft leistet.
Was er wohl von uns will? Im ersten Moment hat er mir einen
riesigen Schrecken eingejagt. Man könnte hier mit vielem rechnen, was uns nächtliche Besuche abstatten könnte. Yaks, Schafe,
Ziegen, Füchse. Alle möglichen Krabbeltiere. Bestimmt rechnet
man hier aber nicht mit einem einsamen Menschen, der plötzlich auftaucht. Nach dem ersten Schrecken habe ich mich aber
schnell wieder gefangen. Felix ist ja da. In mir hat sich das Gefühl
breit gemacht, dass wir uns keine Sorgen machen müssen.

Ich stehe auf und hole unsere Thermoskanne aus dem Zelt, die
wir dort schon für die Nacht deponiert haben. Pfefferminztee.
Der Fremde scheint sich überhaupt nicht zu wundern, was ich

plötzlich mache. Er sitzt weiterhin regungslos neben Felix am Feuer. Erst, als ich ihm einen Becher mit dampfendem Tee entgegenstrecke, schaut er mich ganz kurz an. Er blickt mir direkt in die Augen. Dann nickt er kurz und nippt am Tee. Ich biete ihm auch einen von unseren abgezählten Riegeln an, weil er so aussieht, als könnte er ein paar Kalorien vertragen. Den lehnt er stumm ab.

An diesem Abend sitzen wir noch lange mit dem Fremden vor unserem Feuer. Nach dem kurzen Gebrabbel am Anfang hat niemand von uns einen Mucks gemacht. Die Nacht ist still, nur das Knistern der Flammen liegt in der Luft. Ich schaue zu Felix und dem Fremden, die ihre Blicke beide in dem lodernden Feuer verloren haben.

Erst als die Flammen ganz klein und dunkelrot geworden sind, steht der Fremde wieder auf. Vorsichtig deutet er mit seinem krummen Finger auf die Decke, auf der wir sitzen. Eine dünne, alte Fleece-Decke, die wir zu Hause in einer Kurzschlussreaktion eingepackt haben, als wir schon auf dem Weg zum Flughafen waren.

»Eine kleine Decke schadet nie«, hat Felix da gesagt.

Hat sie auch nicht. Gebracht hat sie uns aber auch noch nichts.

»Sollen wir sie ihm geben?« Ich drehe mich unsicher zu Felix. Der zuckt mit den Schultern.

»Na ja, warum nicht? Er sieht so aus, als würde er sie dringender brauchen.«

Es ist das zweite Mal, dass der Fremde dann mit uns spricht. Dieses Mal verstehen wir ihn.

»Bayarlalaa.«

Danke.

Ich nicke ihm mit einem Lächeln zu. Dann verschwindet der Fremde wieder. Ich bewundere Menschen, die mit dem glücklich sind, was sie haben. Vor allem, wenn das nicht viel ist. Der Fremde scheint dafür ein schönes Beispiel zu sein.

Nach wenigen Schritten verschluckt ihn die Dunkelheit, und es ist, als wäre er nie da gewesen.

Felix und ich werfen uns einen Blick zu, aber wir sagen nichts. Wir wissen beide, dass wir diese Begegnung aus dem Nichts nicht erklären können. Und vielleicht müssen wir uns daran gewöhnen – dass wir hier, in dieser fremden, einsamen Welt, vieles nie verstehen werden.

15. KAPITEL

WIRKLICH WILLKOMMEN?

Ich öffne die Augen und brauche ein paar Momente. Wo bin ich? Das Licht um mich herum leuchtet gelb, und es liegt eine Feuchtigkeit in der Luft, die mir ein paar Haarsträhnen ins Gesicht klebt. Es riecht nach nassem Gras, und wenn ich ehrlich bin auch ein bisschen nach getragener Kleidung. Ich höre Vögel zwitschern und das leise Gurgeln von Wasser. Neben mir liegt Felix. Richtig. Ich liege im Zelt. Wir sind in der Mongolei. Zu Fuß. Und alleine. In solchen Momenten kann ich es immer noch nicht glauben, dass wir uns wirklich in dieses Abenteuer gestürzt haben.

Ich spüre, dass es Zeit ist für eine kurze Pause. Mein Kopf braucht ein paar Tage, um nach und nach zu verarbeiten, was wir hier erleben. Wie uns Oonoo ausgesetzt hat. Diese erste Begegnung mit Bat-Thahans Nomadenfamilie und die stummen Gespräche im Sand zwischen den Teppichen. Dann die Einsamkeit. Mein Schwächeanfall in Sagsay. Die Entscheidung, über den Bergkamm zu laufen und die bisher härteste Etappe mit Regen und Sturm. Die lange Nacht im Zelt. Felix' Verschwinden. Der seltsame Besuch gestern Abend von dem Fremden, der genauso still verschwunden ist, wie er aufgetaucht war. Moment mal. Das habe ich echt nicht nur geträumt?

Mir fällt es immer schwerer, klare Gedanken zu fassen, so groß ist das Chaos in meinem Kopf. Jeden Moment kommen so viele neue Eindrücke hinzu, ohne dass ich Zeit habe, die älteren zu sortieren. Mittlerweile geht das eben schon so weit, dass ich morgens aufwache und in den ersten Sekunden nicht mehr weiß, wo ich bin. Und damit meine ich nicht den Platz, an dem wir unser Zelt für die Nacht aufgeschlagen haben – ich meine, dass ich noch nicht einmal mehr weiß, dass ich gerade irgendwo in der Mongolei auf dem Boden liege. Erschreckend. Das ist mir in den vergangenen Tagen öfter passiert.

Auch mein Körper hat eine Pause nötig. Das merke ich, als ich mich auf meiner Camping-Matratze auf die andere Seite drehen will. Ich bin noch nicht ganz bereit, in diese feuchte Kälte nach draußen zu kriechen. Mir schießt ein Stechen von der Hüfte in den Rücken. Ich seufze. Mittlerweile tut mir alles weh, morgens ist es immer am schlimmsten. Auf den Hüftknochen haben sich die wunden Stellen an beiden Seiten in blaurote Flecken verwandelt. Bei verschiedenen Bewegungen tun meine Knie an verschiedenen Stellen weh. Am schlimmsten ist aber die Verspannung in den Schultern, die von Tag zu Tag allerhöchstens ein klein bisschen an eine andere Stelle wandert, aber auf keinen Fall besser wird. Die ersten Schritte jeden Morgen warte ich deswegen darauf, bis ich nach den kühlen Nächten auf dem harten Böden langsam warm werde und ich in den richtigen Tritt finde. Mit jedem Schritt lösen sich immerhin ein paar Verspannungen, und wenn ich mich mit anderen Gedanken ablenke, merke ich die Wehwehchen auf den nächsten Kilometern nicht mehr.

Das funktioniert auch an diesem Tag. Obwohl ich zum ersten Mal keine Lust hatte – auf einpacken und loslaufen. Es wäre noch nicht mal übertrieben, zu sagen, dass es mir vor diesem Lauftag sogar ein bisschen gegraut hat. Am liebsten hätte ich mich vorm Zelt ans Flussufer in die Sonne gelegt. Mit Kaffee, Frühstück und

Mittagsriegel griffbereit neben mir, damit ich mich für die nächsten Stunden nicht mehr vom Fleck bewegen muss.

Natürlich funktioniert das nicht. Wenn ich nicht laufe, komme ich nicht an. Punkt. Dabei ist unser erstes wirklich großes Etappenziel gar nicht mehr weit weg: Wenn alles glatt läuft, sollten wir laut unseren russischen Militärkarten am Abend in Өлгий ankommen. Damit haben wir es in die nächste Provinz geschafft. Ins nächste mongolische Aimag. Von Chowd nach Bajan-Ölgii, mit Өлгий als Hauptstadt. Und weil Ölgii deutlich größer ist als Chowd, sind es meine Erwartungen auch. So nah war ein richtiges Bett schon lange nicht mehr. Ich male mir aus, wie die Tage in Ölgii aussehen könnten.

Vielleicht ...

Vielleicht gibt es sogar eine Dusche mit warmem Wasser. Vielleicht treffen wir mal wieder jemanden, mit dem wir auf Englisch über all die Erlebnisse in der Mongolei sprechen können. Und der uns ein paar unserer Fragen beantworten kann.

Vielleicht gibt es sogar ein richtiges Restaurant, in dem wir von einer Karte bestellen können.

Vielleicht gibt es auch einen richtigen Supermarkt, der viel Gemüse verkauft. Und ein bisschen Schokolade.

Vielleicht kann ich mir ein warmes Paar Wollsocken kaufen. Für die Nächte am Ende unserer Tour, die wir weiter oben in den Bergen verbringen werden.

Vielleicht.

Vielleicht.

Vielleicht.

Manche dieser Gedanken sind so verlockend, dass sie mich sogar zum Lächeln bringen. Aber: Lieber nicht zu viel erwarten, erinnere ich mich selbst. Laut GPS fehlen uns sowieso noch 14 Kilometer. Die kommen mir heute besonders lang vor.

Ich schaue zu Felix rüber, der dicht neben mir läuft, seit wir am Morgen aufgebrochen sind. An seinem angestrengten Gesichtsausdruck und der kleinen Falte zwischen seinen Augenbrauen sehe ich, dass das Laufen gerade auch ihn mehr Überwindung kostet. Ob irgendwann ein Punkt kommt, an dem der Körper nicht mehr jammert?

»Meinst du eigentlich, man gewöhnt sich irgendwann an den Rucksack?«

»Nicht mehr in diesem Leben, fürchte ich«, antwortet Felix und zwingt sich zu einem gequälten Lächeln.

»Ich hab das Gefühl, dass der Rucksack von Tag zu Tag schwerer wird. Anstatt leichter, weil wir ja schließlich auch was von dem Essen aufbrauchen. Aber hat nicht irgendwer gesagt, dass der Punkt kommen würde, da gewöhnt man sich an das Gewicht auf seinem Rücken? Dann läuft man die Schmerzen einfach weg, bis sie nicht mehr wieder kommen?«

Felix runzelt die Stirn. »Ja, das hab ich irgendwo gelesen, glaube ich. Wer hat das noch gleich geschrieben? Fällt mir gerade nicht mehr ein. Aber stand da nicht auch, dass es dann sogar total komisch ist, wenn man plötzlich mal ohne Rucksack unterwegs ist?«

»Stimmt«, antworte ich. »Kann ich nicht bestätigen. Hätte ich meinen Rucksack gerade nicht – er würde mir ganz bestimmt nicht fehlen.«

Wir laufen eine ganze Weile lang nebeneinander her und sind in unseren eigenen Gedanken versunken. Felix hängt offenbar noch in unserem Rucksack-Gespräch fest und fügt viele Schritte später hinzu: »Ich glaube, irgendwann duldet man den Rucksack einfach. Man akzeptiert höchstens, dass er da ist. Mehr aber auch nicht.«

Bevor ich weiter darüber nachdenken kann, ob ich meinen Rucksack irgendwann vermissen werde, erkenne ich eine weiße Jurte nahe am Fluss. Das Kaminrohr dampft, und rings um das Zelt grasen ein paar dürre Pferde und Ziegen. Sofort muss ich an die Begegnung mit Bat-Thahan und seiner Familie denken. Ich freue mich auf den Kontakt mit diesen Nomaden und kann es kaum erwarten, in ihre gespannten und erwartungsvollen Gesichter zu blicken. In Gedanken kritzle ich unser Alter in den Sand und die Route daneben. Und ich wackle mit den Fingern, weil ich weiß, dass die Familie dann auch ohne Worte verstehen wird, dass wir laufen.

Ich kann schwer sagen, wie weit wir von der Jurte noch weg sind. Wenn die Landschaft so kahl ist wie hier, so ganz ohne Bäume, und man so weit sieht, bis das Auge irgendwann nicht weiter kann, sind Entfernungen wirklich schwer einzuschätzen. Die Jurte kann einen Kilometer weit weg sein. Oder vier.

Je näher wir der Jurte kommen, desto schneller wird Felix neben mir. Eine Angewohnheit, die mir schon bei unserer ersten gemeinsamen Bergtour aufgefallen ist: Sobald Felix ein Ziel vor Augen hat, läuft er zügiger. Und das müssen nicht mal unbedingt die Hütte zum Übernachten oder der Parkplatz sein. Das funktioniert schon bei einem Bach, einem Wegweiser – oder eben bei einer Jurte am Horizont. Dann kann es Felix kaum mehr erwarten, und seine Neugierde oder die Aussicht auf eine kurze Verschnaufpause verpassen ihm einen Energieschub.

Zur Jurte sind es jetzt nur noch wenige Hundert Meter. Mir zieht ein aufgeregtes Kribbeln durch den Bauch. Was das wohl für Menschen sind, die in dieser Jurte leben? Ich versuche, mir schon aus der Ferne einen ersten Eindruck von der Nomadenfamilie zu verschaffen.

Neben dem weißen Rundzelt sehe ich drei Männer, die mit Sensen das dürre Gras in schwungvollen Bewegungen abmähen. Bestimmt gehört das zu den ersten Vorbereitungen für den Winter, wenn die Landschaft unter Eis und Schnee begraben sein wird. Zwei der Männer tragen weite Jogginghosen, die an den Knien weit ausgebeult sind, und dunkle alte Pullover. Der dritte Mann – mit Abstand der älteste – trägt eine helle Jeans und eine Bluse, die am Kragen und an den Ärmeln mit traditionellen Mustern bestickt ist. Wahrscheinlich der Vater und seine zwei Söhne – obwohl es mir nach wie vor schwerfällt, das Alter der Menschen hier richtig einzuschätzen. Bei Bat-Thahan und seiner Frau lag ich um mehrere Jahre daneben. Wenn ich ehrlich bin, ist es noch nicht mal besonders einfach, ihre Gesichter auseinander zu halten. Wenn ich Bat-Thahan noch einmal irgendwo in einem völlig anderen Zusammenhang begegnen würde – ich könnte nicht sagen, ob ich ihn erkennen würde. In meinen Augen sehen sich die Einheimischen hier viel zu ähnlich, vor allem die Männer.

Hinter der Jurte taucht jetzt auch eine Frau auf. Auf ihrem Rücken trägt sie einen großen weißen Sack. Sie läuft gebückt Meter für Meter über das Feld. Immer wieder bleibt sie kurz stehen, sammelt etwas vom Boden auf und befördert es dann mit einem gekonnten Wurf über ihre Schulter in den Sack. Das muss getrockneter Dung sein. In Bat-Thahans Jurte stand so ein voller Sack neben dem Ofen. Wenn es kein Holz gibt, müssen die Nomaden eben mit was anderem heizen.

Als die Nomadin den nächsten, getrockneten Fladen über ihre Schulter befördern will, fällt ihr Blick in unsere Richtung. Mittlerweile sind wir so nah, dass wir die Nomaden reden hören können. Nachdem sie den Männern etwas zugeraunt hat, deutet die Nomadin auf uns. Für einen kurzen Moment sind alle Blicke auf uns gerichtet. Niemand verzieht die Miene. Niemand grüßt. Wie auf Kommando senken alle vier Mongolen gleichzeitig ihre Köpfe. Sie machen sich wieder an die Arbeit. Als hätten sie uns nie gesehen.

Felix spricht aus, was ich denke.

»Scheint die irgendwie nicht so zu interessieren, dass wir hier sind.«

Anders als bei der Begegnung mit Bat-Thahans Familie rennt uns hier niemand entgegen und zerrt uns zur Jurte. Noch nicht einmal ein kläffender Hund. Das ändert sich auch nicht, als wir der Familie eine höfliche Begrüßung zurufen.

»Sai bai nuu«, sage ich.

»Sai bai nuu«, sagt Felix.

Wieder schauen sie uns alle ganz kurz und sehr ernst an. Unser »Hallo« erwidert niemand. Na gut, das Spiel mit den versteinerten Gesichtern kennen wir ja schon. Trotzdem komme ich mir hier wie ein Eindringling in einer fremden Welt vor. Stören wir die Familie? Hätten wir in einem großen Bogen um die Jurte laufen sollen? Aber das macht man doch nicht, hier in der Mongolei. Ganz im Gegenteil – ich hätte es als unhöflich eingestuft, nicht auf eine nette Begrüßung an der Jurte anzuhalten. In einem Land, wo Gastfreundschaft und Herzlichkeit doch angeblich nur so aus den Menschen sprudeln. Wo man doch sowieso höchstens alle paar Tage auf andere Menschen trifft und es für die Nomaden ein echtes Ereignis ist, wenn plötzlich zwei Europäer mit großen Rucksäcken vor ihrer Jurte stehen. Vor IHRER Jurte! Manche von ihnen kennen die Menschen von anderen Kontinenten nur aus Erzählungen – oder bestenfalls aus dem Fernsehen.

Felix und ich wechseln einen unsicheren Blick. Er deutet mit dem Kopf Richtung Ölgii.

Die Männer scheinen völlig auf die Fleckchen Gras vor ihnen fixiert zu sein, die Frau mustert die getrockneten Fladen, die sich schon in dem Sack angesammelt haben. Es scheint, als würden sie sich die größte Mühe geben, um uns nicht weiter beachten zu müssen.

»Lass uns weitergehen, oder?«, schlägt Felix schließlich vor. »Wir wollen ja nicht aufdringlich sein. Oder unhöflich.«

Ich nicke. »Mhm.«

Bei dieser Nomadenfamilie sind wir anscheinend nicht wirklich willkommen. Oder sind sie einfach besonders schüchtern? Wissen sie nicht, was sie mit uns anfangen sollen?

Gerade als wir uns umdrehen und weitergehen wollten, säuselt die Nomadin etwas auf Mongolisch hinter uns her. Sie hat den weißen Sack mit dem Dung neben sich auf dem Boden abgesetzt und bedeutet uns, ihr zur Jurte zu folgen. Ich lächle sie an, habe aber das Gefühl, dass ihr in unserer Gesellschaft nach wie vor nicht ganz wohl ist.

»Sollen wir wirklich mitgehen?«, flüstere ich Felix zu.

In dem Moment bleibt die Mongolin auf der hölzernen Türschwelle stehen und winkt uns ein zweites Mal in die Jurte. Ich werfe einen Blick zu den Männern in der Hoffnung, dass auch sie die Einladung bestätigen – für sie sind wir aber nach wie vor nicht da.

Felix zuckt mit den Schultern.

»Anscheinend sollen wir mitgehen.«

Unsicher folge ich der Nomadin. Ich bemühe mich sehr, nicht irgendetwas falsch zu machen. Ich steige über die Holzschwelle und nicht auf sie – dem Glauben der Mongolen nach würde das der Familie Unglück bringen. Wir warten, bis uns die Nomadin einen Platz auf dem Teppich zuweist. Dann setzen wir uns im Schneidersitz hin – auf jeden Fall so, dass unsere Fußsohlen nicht auf die Nomadin zeigen. Daran haben wir uns in Bat-Thahans Jurte schon gehalten. Ich erinnere mich immer noch nicht dran, was es damit genau auf sich hat. Aber ein Tabubruch wäre es. So viel steht fest.

Im selben Moment wundere ich mich, dass ich in meinem Kopf so akribisch eine Verhaltensregel nach der anderen abspiele. Als ich die Jurte von Bat-Thahan und seiner Familie zum ersten Mal betreten habe, war ich zwar aufgeregt und bemüht und hatte unzählige Fragen auf einmal – unwohl habe ich mich aber nicht gefühlt. Obwohl auch dort in den ersten Momenten eine Spannung in der Luft lag – wir sind anders begrüßt worden. Ehrlicher. Hier wirkt die Einladung erzwungen. Aufgesetzt, irgendwie. Obwohl ich noch gar nicht erklären kann, woran ich das festmache.

Die Mongolin bedeutet uns, auf dem Boden Platz zu nehmen, und setzt gleichzeitig einen Kessel auf dem Ofen auf. Ich schaue mich in der Jurte um. Genau wie in der von Bat-Thahan und seiner Familie hängen bunte Teppiche an den Wänden. Ringsum stehen fünf schmale Metall-Bettgestelle an die gekrümmten Wände geschoben. Unter den Betten und in jeder freien Ritze lagert die Familie sämtliche Lebensmittel: Unter das eine Bett sind Heubündel geschoben, unter einem anderen stehen große offene Schüsseln mit Milch. Neben einem Teppich hängt Fladenbrot an Schnüren von den Wänden, das noch so frisch ist, dass es die ganze Jurte mit einem Duft füllen könnte wie in einer Bäckerei – würde nicht eine Schafshaxe daneben baumeln, die mit ihrem beißenden Geruch keinem anderen eine Chance gibt. Sofort habe ich wieder das Bild vor Augen, wie Bat-Thahans Frau stolz den wabbeligen Fleischhaufen im Topf umgerührt hat. Zum Glück ist es noch früh am Tag – zu früh für ein ausgiebiges Mittagessen zusammen mit den Nomaden.

Trotzdem streckt uns die Nomadin in diesem Moment zwei leere Schüsseln entgegen. Dann nimmt sie den dampfenden Kessel vom Ofen, der auch hier die Raummitte der Jurte bildet, und macht unsere Schüsseln voll mit Milch. Als mir der Dampf in die Nase steigt, rieche ich, dass das dieses Mal keine frische Yak-Milch ist, wie wir sie aus der Jurte von Bat-Thahan und seiner Familie kennen. Die Milch hier riecht beißend und sauer. Auf der Oberfläche der trüben Flüssigkeit schwimmen kleine Klumpen. Ich muss nicht lange überlegen: In meinem Schoß habe ich zum ersten Mal das mongolische Nationalgetränk stehen. Airag. Vergorene Stutenmilch. Sie hinterlässt einen beißenden Geschmack auf der Zunge, und nach ein paar Schlücken kribbelt es im ganzen Mund. Hoffentlich passiert das nicht auch gleich in meinem Magen. Ich zwinge mich zu einem Lächeln und nicke dankbar. Aus dem Augenwinkel sehe ich, dass Felix seinen Daumen nach oben streckt.

»Bayarlalaa.«

Die Nomadin nickt kaum merkbar und bleibt vor uns stehen, anstatt sich zu uns zu setzen. Seit die Milch auf dem Ofen aufgehört hat, gleichmäßig zu blubbern, ist es unangenehm still. Um das Schweigen zu brechen, tippe ich mir auf die Brust und sage meinen Namen.

»Fran-zis-ka.«

Weil die Nomadin nicht reagiert, mich einfach nur weiter mit ihrem unbeteiligten Gesichtsausdruck anschaut, wiederhole ich ihn noch einmal und deute dann auf Felix.

»Fe-lix.«

Dann zeige ich mit einem betont fragenden Gesichtsausdruck auf die Nomadin. Und es passiert – nichts. Wobei, das ist nicht ganz richtig. Es passiert zumindest nicht das, was ich mir erhofft hatte. Hat sie vielleicht einfach nicht verstanden, was wir meinen? Bevor ich ein zweites Mal zu einem Verständigungsversuch ansetzen kann, greift die Nomadin zum Kessel, schenkt uns nach, nickt uns eilig zu, stellt den Kessel zurück auf den Ofen, bleibt noch einmal kurz stehen. Sie wirkt hin- und hergerissen. Ohne ein Lächeln, ein Nicken oder zumindest ein Winken dreht sie sich dann aber doch um, geht geradewegs nach draußen und macht die Tür hinter sich zu.

Felix und ich bleiben zurück.

Wir sitzen mit den Schüsseln Airag auf der Bastmatte in dieser Jurte und könnten nicht ratloser sein. Wir schauen einander an, und für einen langen Augenblick sagen wir gar nichts. Dann sprudeln all die Fragen aus mir raus, die mir durch den Kopf jagen. Und statt Antworten hat Felix nur noch mehr.

»Kommt die jetzt nicht wieder?«, ist meine erste Frage.

»Was machen wir denn jetzt?«, die von Felix.

Ich zucke mit den Schultern.

»Austrinken und dann gehen?«

»Oder wir warten. Vielleicht will sie ja nur die Männer holen.«

Wir schlürfen die letzten, bitteren Schlucke aus unseren Schüsseln und zwingen uns, keinen Tropfen übrig zu lassen. Nach einer Weile kommen die Antworten dann von selbst – weil niemand von der Familie zurückkommt. Weder die Nomadin, auch nicht ihr Mann oder die Söhne.

»Verabschieden müssen wir uns aber schon noch, oder?«, sagt Felix, als er aufsteht und sich den Rucksack wieder auf die Schultern hievt.

»Na klar. Sie sollen ja ein gutes Bild von den Fremden haben, die plötzlich vor ihrer Jurte gestanden haben.«

Als wir durch die niedrige Holztüre nach draußen steigen, liegen die Sensen der Männer im Gras und der weiße Sack mit getrocknetem Tierdung steht immer noch neben der Tür.

»Wo sind die denn alle hin?«

Felix zeigt Richtung Fluss. »Dahinter.«

»Sieht aus, als wollten sie einen Sicherheitsabstand zu uns einhalten.«

Die drei Männer und die Frau sitzen ungefähr hundert Meter weiter auf dem Boden. Manche von ihnen mit dem Rücken zu uns.

Wir winken und rufen ihnen ein lautes »Bayarlalaa« zu. Ein paar der dürren Pferde schauen erschrocken auf und widmen sich dann wieder dem Gras unter ihren Nasen. Es ist, als wären wir nicht da. Niemand antwortet. Dann ziehen wir weiter.

Weil ich so in Gedanken versunken bin, merke ich erst gar nicht, dass im orangen Schein der untergehenden Sonne die ersten kleinen Häuser vor uns auftauchen. Einfache gemauerte Räume, bei denen manchmal Fenster fehlen und der Putz abblättert. Zwischen den alten weißen Häusern stehen immer wieder neuere, die in bunten Farben angestrichen sind. In gelb, blau oder rosa. Sie lassen den mit Schlaglöchern übersäten Schotterweg und die vermüllten Staubstreifen zwischen den Häusern freundlicher wirken. Und ich kann mir vorstellen, dass die bunten Farben das Einzige sind, was die Mongolen während der langen, verschneiten Winter voller Hoffnung an die Jahreszeit denken lässt, in der das Leben wieder leichter und freundlicher sein wird.

Am Morgen habe ich mir in meiner Vorfreude auf Ölgii ein paar Hundert Meter lang vorgestellt, wie dieser Moment wohl ablaufen wird, wenn wir die ersten Häuser vor uns haben und geradewegs in den Ort marschieren. Ins Zentrum dieses Etappenziels, das uns so viel Energie gekostet hat.

»Ich dachte, wir tanzen vor Freude, sobald wir die ersten Häuser sehen«, sage ich zu Felix, der die ganze Zeit über genauso still neben mir hergelaufen ist.

»Ich freu mich ja auch ... Aber irgendwie fühl ich mich komisch.«

»Wegen der Nomaden heute Morgen?«

»Ja. Ich weiß auch nicht, ich muss die ganze Zeit darüber nachdenken. Haben wir was falsch gemacht?«

»Dazu gab es ja kaum Zeit.«

Felix überlegt kurz. »Das macht das Ganze ja aber noch schlimmer. Das heißt ja, dass die Gastfreundschaft vielleicht oft nur eine Fassade ist. Weil sie Fremde einzuladen haben. Weil sich das so gehört.«

»Ich versteh nicht ganz, was du meinst.«

»Überleg doch mal: Den Mongolen sagt man kulturell doch nach, dass Besucher immer ein Dach über dem Kopf und eine Mahlzeit bekommen. Das ist der Brauch. Vielleicht machen sie es oft nur deswegen. Eigentlich wollen sie aber nicht. Das würde doch dazu passen, was heute passiert ist.«

Ich denke eine ganze Weile darüber nach, bevor ich zu einer Antwort ansetze.

»Das würde schon passen, ja. Aber wir können das doch gar nicht beurteilen. Das war diese eine Begegnung, die so abgelaufen ist.«

»Ja, stimmt schon. Aber natürlich gibt einem das zu denken. Ich mein, die haben uns schnell ins Zelt gesetzt und sind dann abgehauen, ohne uns noch eines Blickes zu würdigen. Und in Chowd haben sich die Leute sogar versteckt! Die Kinder sind vor dir weggelaufen.«

»Lass uns mal eine Nacht darüber schlafen«, schlage ich vor. »Vielleicht gibt es ja bald eine Möglichkeit, mit einem Einheimischen darüber zu sprechen. Und der kann alles erklären.«

Das Thema möchte ich damit am liebsten beenden, damit wir uns nicht selbst die Freude an diesem Moment nehmen. Schließlich laufen wir gerade über die Ziellinie der nächsten Etappe.

Ganz verdrängen kann ich das Gefühl aber trotzdem nicht, dass wir hier nicht immer willkommen sind. Es ist nicht einfach, sich davon nicht erdrücken zu lassen: Wir sind völlig alleine in einem so fremden Land. Wir treffen nur alle paar Tage auf Menschen. Und bei denen sind wir dann noch nicht mal erwünscht.

Während wir immer weiter nach Ölgii reinlaufen und sich mehr und mehr weiße, verfallene und bunte Häuser aneinander reihen, spiele ich in Gedanken mal wieder mein Spiel. Ich stelle mir aus der Vogelperspektive vor, wie wir hier gerade laufen. Wie

wir auf diesem Bild immer kleiner werden, bis man uns nicht
mehr erkennen kann, und sich die Weltkugel dann dreht – über
China und Kasachstan bis nach Osteuropa. Und schließlich nach
Deutschland.

So weit wie gerade in diesem Moment ist mir die Strecke nach
Hause noch nie vorgekommen.

16. KAPITEL

GESTRANDET IM VIERLÄNDERECK

Mit einem Snickers in der einen und einem Apfel in der anderen Hand sitze ich neben Felix auf dem Stadtplatz von Ölgii. Die letzten Sonnenstrahlen scheinen mir ins Gesicht, während sich in den Bergen rings um Ölgii der Nebel sammelt. In einem der Häuser spielt einer mit seiner Panflöte ein Lied, ein anderer trommelt gleichmäßig als Begleitung. Wie fast überall riecht es nach verbranntem Müll und auch ein kleines bisschen nach Schaf. Und der nächste Falke, der ist nie weit. Ich schaue ihm nach, wie er gleichmäßig und seelenruhig Kreise über unseren Köpfen zieht. Er fliegt so dicht über uns, dass ich meinen Kopf in den Nacken legen muss.

Es ist bestimmt schon eine halbe Stunde her, seit wir uns auf diese kühle Steinstufe gesetzt haben. Der Stadtplatz ist nicht viel mehr als eine Betonfläche aus großen grauen Steinfliesen, eingerahmt von Blumenbeeten ohne Blumen. In der Mitte steht eine perfekt symmetrische Steinstele mit einem roten Stern auf der Spitze. Der Platz könnte mit vielen Worten beschrieben werden. Grau. Eckig. Symmetrisch. Trist. Hart. Bestimmt aber nicht schön. Auch nicht gemütlich. Trotzdem genieße ich die kleine Verschnaufpause hier. So langsam fällt die Anspannung von mir ab, die sich heute den ganzen Tag über in mir breitgemacht hat. Und vor allem: Wir haben was zu feiern! Denn: Egal, wie dieser Stadtplatz aussieht – wir haben es hierher geschafft! Zu Fuß!

»Auf unsere Reise!«, sage ich zu Felix und stoße mit meinem Snickers gegen seins.

»Auf das erste große Etappenziel«, antwortet er.

Gleichzeitig beißen wir von den Schokoriegeln ab und grinsen uns an. Felix legt den Arm und mich. Sein euphorisches Grinsen verschwindet, und stattdessen bildet sich zwischen seinen Augenbrauen diese kleine Falte. Er sieht so aus, als müsste er seine Gedanken erst ordnen, bevor er sie mit mir teilen kann. Dann wird sein Gesicht ganz weich. Er schaut mir direkt in die Augen.

»Ohne dich hätte ich es nicht bis hierher geschafft.«

Ein kurzes Lächeln huscht über sein Gesicht. Mit einem Zögern fährt er fort.

»Ich hätte ja nicht gedacht, dass ich das mal sage. Wirklich ganz und gar nicht. Und wir wissen beide, wie wir uns vorher Sorgen gemacht haben, ob wir das hier zusammen hinkriegen werden. Aber in den letzten Tagen ist mir eins klar geworden ...«

Ich kann die Stille zwischen den Sätzen kaum aushalten. Was kommt jetzt? Was sagt er? Was antworte ich am besten? Ich versuche, betont gelassen dreinzuschauen. Kennt er mich mittlerweile gut genug, um zu merken, dass meine Entspannung aufgesetzt ist? Ich bin mir fast sicher, dass es so sein muss.

»Mir ist klar geworden, dass ich alleine nicht zu dieser Reise aufgebrochen wäre. Zum Glück. Es ist nicht nur, dass ich es alleine nicht schaffen würde. Ich würde es auch gar nicht mehr wollen. Mit dir zusammen ist's schöner.«

Ich lächle ihn an. Nein. Ich strahle ihn an.

»Danke«, ist alles, was ich sage.

Dann drücke ich ihn so fest ich kann. Er weiß, dass mein Herz gerade einen riesigen Sprung gemacht hat. Wahrscheinlich sieht man es an meinem Honigkuchenpferd-Grinsen quer über den ganzen Stadtplatz.

»Weißt du was«, sage ich und stehe auf. »Zur Feier des Tages klapper ich mal schnell die Läden auf der anderen Straßenseite ab und schaue, ob ich zwei Bier bekomme. Dann können wir ordentlich anstoßen.«

Meinen Rucksack lasse ich neben Felix stehen. Ich laufe quer über den Stadtplatz und drehe mich dabei immer wieder möglichst unauffällig um. Dass ich Bier holen will – das ist nur ein Vorwand für eine viel größere Überraschung. Sicher würde sich Felix auch über das Bier freuen. Noch viel mehr aber über einen Schluck Bier in einem richtigen Zimmer. Mit Bett und Dusche und einer Tür, die wir hinter uns zusperren können. Als Felix in die andere Richtung schaut, husche ich deswegen schnell hinter die nächste Häuserecke und halte Ausschau nach den wenigen kyrillischen Buchstaben, die ich mittlerweile deuten kann.

зочид буудал

Zwei Wörter. Das Erste mit der kleinen 3 zu Beginn, das Zweite fängt mit einer größeren 6 an, gefolgt von zwei y und hört mit -an auf. Oder so ähnlich. Soviel kann ich mir merken. Wenn ich das sehe, stehe ich ziemlich sicher vor einem Hotel.

Ich laufe zum erstbesten зочид буудал und stoße die angelaufene Glastür auf. Obwohl auch hier wie bei so vielen Häusern der Putz von der Fassade bröckelt, muss das ein besseres Hotel sein, denke ich mir beim Blick auf die Holzstühle. Alles, was kein Plastik ist, ist eine Besonderheit. Die junge Frau hinter der Rezeption trägt einen dunklen, feinen Blazer und einen rosa Strickpulli mit breiten Zöpfen darunter. Ihre schwarzen Haare hat sie in ihrem Nacken zu einem engen Dutt zusammengebunden. Sie kleben so sehr am Kopf, als hätte sie die Frisur mit einer ganzen Tube Creme glattgestrichen. Ihr rundes Gesicht hat sie sich heller geschminkt und das Augenlid dunkler. Als sie mich anschaut, wirkt sie unsicher und wirft einen verstohlenen Blick zu ihrer Kollegin, die sich im kleinen Kämmerchen neben dem Tresen einen Tee aufgießt. Ein kurzer mongolischer Hilfeschrei, und die Kollegin stellt sich mit ihrem Tee als Verstärkung neben die Frau mit Blazer und Wollpullover. Beide schauen mich erwartungsvoll an, sagen aber kein Wort. Selbst in einem Hotel scheinen die Mongolen überfordert, wenn plötzlich wer Fremdes vor ihnen steht.

Weil ich Felix nicht zu lange am Stadtplatz warten lassen will, versuche ich es gar nicht erst auf Englisch, sondern ziehe direkt das Ohne-Wörter-Buch aus meiner Jackentasche. Ich werfe den beiden Frauen ein flüchtiges Lächeln über den Tresen und blättere das Buch von vorn bis hinten durch, bis ich die richtigen Bildchen finde. Die finde ich nie auf Anhieb, obwohl das Buch sogar in verschiedene Lebensbereiche gegliedert ist. Beim zweiten Anlauf habe ich die richtigen Seiten aufgeschlagen. Ich überlege, wie ich sie am besten aneinanderreihe, damit den Frauen klar wird, was wir suchen – und was nicht. Sonst wird mit einem unschuldigen Schulterzucken immer gerne das rausgegeben, was mehr kostet. Daraus habe ich aber gelernt. Hier passiert mir das nicht. Also alles der Reihe nach:

Zuerst zeige ich also auf ein Bildchen mit einem Zimmer samt Doppelbett. Ich tippe auf das dritte Bett und schüttle den Kopf.

Auf der nächsten Seite zeige ich auf eine Dusche und daneben auf die Toilettenschüssel.

Dann tippe ich mir auf die Brust und anschließend neben mich in die Luft. Mit den Fingern zeige ich die Zwei und hoffe, dass das deutlich genug macht, dass neben mir noch eine weitere Person übernachten möchte.

Ich blättere eine Seite weiter und tippe auf das Symbol mit Geldmünzen, einem Schlüssel und ein Fragezeichen.

Ich komme mir vor wie beim Tabuspielen und warte nach jedem Bildchen auf die Erleuchtung in den beiden Gesichtern. In Pantomime war ich noch nie besonders gut. Trotzdem schiebt mir die Frau mit Blazer und Strickpulli eine schief ausgedruckte Preisliste über den Tresen. Natürlich ist die in kyrillischer Schrift. Das Einzige, was ich entziffern kann, sind die Zahlen, die in der mongolischen Währung Tugrik angegeben sind. Die Spanne reicht von 29.000 bis 54.000 Tugrik. Ich überschlage schnell die Formel, die sich Felix für die Umrechnung von Tugrik in Euro ausgedacht hat. Es kostet ihn nur wenige Sekunden, bis er auf so was kommt – und dann funktioniert es immer.

Man nehme 29.000 Tugrik. Um auf den Euro-Betrag zu kommen, muss ich die letzten drei Ziffern streichen. Bleibt die 29. Geteilt durch drei. Fertig. Knapp zehn Euro also für das günstigste Zimmer. 18 Euro für das teuerste.

Die Frau kreist mit Kugelschreiber die Kategorien ein, die offenbar für uns in Frage kommen: 35.000. Ende offen.

Mit einem fragenden Blick zieht sich die Frau unser Ohne-Wörter-Buch über den Tresen und erklärt mir mit den Bildchen die Unterschiede zwischen den einzelnen Zimmern. Im Buch zeigt sie auf einen Mann und eine Frau – der Preis gilt für also zwei Personen. Das Günstigste für 35.000 Tugrik hat nur ein Bett. Die nächste Kategorie hat ein Bett und ein Plumpsklo. Gefolgt von Bett, richtiger Toilette und Dusche. Das kostet 38.500 Tugrik. 13 Euro. Und nur zwei Euro mehr als das Zimmer mit Plumpsklo und ohne Dusche. Was die anderen Zimmer noch so deutlich teurer macht, verstehe ich nicht ganz. Ist auch nicht wichtig – ich hab mich sowieso schon entschieden. Ein Bett, eine Dusche, eine Toilette. Das ist alles, was wir uns wünschen.

Als ich am nächsten Morgen die Augen aufmache, geht die Sonne über den Bergen auf, auf die ich vom Bett aus schauen kann. Die grauen Felswände glitzern, weil Frost in der Luft liegt, und sogar die Fensterscheiben sind von innen beschlagen. Mein erster Impuls: Ich will das Fenster aufreißen und meinen Kopf nach draußen stecken! Es fühlt sich komisch an, vom Zimmer aus auf die Landschaft zu schauen – ohne dass ich die Kälte in meinem Gesicht spüre und höre, wie alles um uns herum langsam in den Tag startet. Obwohl ich schon lange nicht mehr so tief geschlafen habe, freue ich mich nach nur einer Nacht im warmen Bett schon wieder auf die nächsten Tage und Nächte draußen. Dafür sind wir schließlich hier.

»Bereit?«, fragt Felix, als er sich voller Elan aus dem Bett schwingt.

Als Antwort werfe ich ihm den Tagesrucksack entgegen, der sich auf die Größe eines Paars Socken zusammenfalten lässt.

»Bitteschön. Musst du nur noch packen.«

Heute gibt es zwei Dinge, die mich besonders glücklich machen. Erstens: Wir wollen versuchen, den höchsten Berg hier in der Gegend zu erklimmen. Laut unserer russischen Karte ist er 2.790 Meter hoch. Weil die Grenzen hier im Vierländereck nicht weit sind, erstreckt sich der Ausblick vom Gipfel bis zu den Gletschern in China, Kasachstan und Russland. Das ist der eine Wahnsinn. Und der zweite: Weil wir nachmittags wieder zurück sind, wandern wir ohne unsere großen Rucksäcke.

Bevor wir losgehen, markiert Felix den Gipfel auf unserem GPS und stellt die Funktion so ein, dass das Gerät die Strecke markiert, während wir laufen. Niemand würde uns hier suchen – wir können nicht das Risiko eingehen, uns irgendwo in den Bergen zu versteigen.

Der Anstieg startet am Stadtrand. Im Südwesten der Stadt werden die Häuser immer kleiner, die Fassaden immer brüchiger und die eingemauerten Grundstücke immer vermüllter. Die Menschen, die hier leben, haben nicht viel – und haben dafür trotzdem ihr Leben als Nomaden aufgegeben. Viele von ihnen haben ihre Jurte neben einem eingestürzten, gemauerten Raum aufgestellt. Sie schauen uns fragend hinterher, wenn wir an ihnen vorbeilaufen. Manche drehen sich weg oder verstecken sich hinter ihren Mauern. Andere erwidern unser Winken und lachen, als wir Richtung Gipfel deuten.

Ein Stück weiter oben kommt uns ein alter Hirte mit einer Herde Schafe entgegen. Obwohl er sich beim Laufen etwas gekrümmt auf einen Stock aufstützen muss, sieht er überraschend flink aus, während er über die Steine steigt und Schritt für Schritt nach unten wandert. Die Schafe laufen aufgeregt um seine Beine herum und rennen ihm hinterher, sobald er einen Bogen läuft. Mit seinem zerzausten Bart und den weiten, traditionell bestickten Kleidern, die um seine Taille mit einem breiten Stoffgürtel zusammengehalten werden, könnte er direkt aus einem Bild in einem Reiseführer gestiegen sein.

Der Hirte ist der letzte Mensch, den wir auf dem Weg zum Gipfel sehen.

»Ich schätze, die Mongolen gehen nicht wandern«, sage ich beim Blick in die verlassene Landschaft.

»Glaube nicht«, antwortet Felix. »Seit wir losgelaufen sind, haben wir keine einzige Markierung am Weg gesehen. Oder etwas in der Art. Kein Steinmännchen. Noch nicht mal Müll. Würde mich nicht wundern, wenn hier außer uns niemand hochläuft.«

»Schaust du mal auf dem GPS, ob wir ungefähr die richtige Richtung eingeschlagen haben?«

»Haben wir. Aber ich schätze, wir müssen uns weiter rechts
halten. Sonst wird's zu steil.«

Niemand gibt uns hier den Weg vor. Den müssen wir selbst finden und dazu auf die Erfahrung zurückgreifen, die wir in den heimischen Alpen gesammelt haben. Das GPS zeigt uns nur unser Ziel an.

Schon von weitem können wir erkennen, dass die Hänge weiter oben von großen Geröllfeldern überzogen sind. Das Gestein ist lose, weil kaum Pflanzen wachsen, die mit ihren Wurzeln das Erdreich halten. Die Flanken sind brüchig und zerklüftet an den Stellen, an denen sich früher die Gletscher bis ins Tal gezogen haben. Große Rinnen bilden Kanäle, in denen im Frühjahr das Schmelzwasser nach unten schießt.

Ich liebe es, einen Berg so zu lesen und mir vorzustellen, wie anders das alles vor vielen Jahrtausenden ausgeschaut hat. Bestimmt war Ölgii irgendwann mal unter einer meterdicken Eisschicht begraben.

Wenn mich etwas so sehr begeistert, fange ich meistens an, laut darüber zu fantasieren und auf sämtliche Stellen am Berg zu deuten, die etwas über die Vergangenheit erzählen. Wie riesige, einzelne Felsen zum Beispiel, die wie aus dem Nichts an einem Hang auftauchen. Dann ist es wahrscheinlich, dass der einsame Fels zusammen mit Gletschereis Richtung Tal gewandert ist – zu einer Zeit, in der sich das Eis besonders schnell nach unten geschoben hat. Steile Bergflanken, die in ein ausgeschwemmtes Becken münden, deuten ebenfalls auf einen Gletscher hin. Der hat das Gestein glatt geschliffen.

Felix nennt das mit einem frechen Grinsen »Franzis Erklärstunde«. Gleichzeitig hört er aber gespannt zu.

Immer wieder bleiben wir stehen und mustern den Bergrücken auf der Suche nach dem besten Weg. Das Schwierigste ist das Mittelstück: eine mit Geröll überzogene Flanke, die steil nach oben führt und in einem flachen Grat endet. Den Grat entlang laufen wir auf den Gipfel zu, den wir seit den letzten Kilometern direkt vor Augen haben. Und als wir am höchsten Punkt ankommen, treibt es mir vor Glück Tränen in die Augen.

Ölgii liegt mit seinen kleinen, knallbunten Häusern wie ein Mosaik unter uns. Ein Farbklecks in der endlosen Weite. Rings um Ölgii erstreckt sich eine graugrüne, karge Landschaft. Außer im Osten erheben sich in jeder anderen Himmelsrichtung hohe, schneebedeckte Gipfel und Gletscher, soweit ich blicken kann. Und ich weiß, dass die hinteren davon schon nicht mehr in der Mongolei liegen. Sondern in Russland, in Kasachstan und in China.

»Ich fühle mich wie auf dem Dach der Welt«, flüstere ich Felix zu. Ich habe Angst, dass der Moment vorübergehen könnte, wenn ich zu laut bin. Hier ist es so still, dass meine Ohren rauschen und ich mich bemühen muss, nicht angestrengt auf irgendein Geräusch zu warten.

»Wir sind so weit weg von allem!« Felix dreht sich einmal im Kreis, dann schaut er mich wieder an. »Ich kann nicht glauben, dass wir hier sind.«

Wir sitzen eine ganze Weile oben am Gipfel. Es fühlt sich magisch an. Erst als ich meine Finger kaum noch spüren kann und meine Nase vor Kälte aufgehört hat zu laufen, stehen wir wieder auf.

»Warte mal«, sagt Felix, als ich mich an den Abstieg machen will.

»Setz dich noch mal hin. Wir machen ein Foto von diesem Moment. Wenn wir unsere erste Wohnung zusammen haben, hängen wir es an die Wand.«

Ich setze mich auf den Felsen und schaue Richtung Russland. Wenn wir eine Wohnung zusammen haben ... Das Thema war bisher immer so weit weg. Noch nie haben wir darüber gesprochen. Weil wir so viele andere Pläne hatten, die uns dringender erschienen. Zu Fuß durch den Westen der Mongolei zu laufen, zum Beispiel. Oder die Weltreise, zu der wir im Anschluss aufbrechen wollen. Trotzdem bringt mich der Gedanke an eine gemeinsame Wohnung zum Lächeln. Einfach deswegen, weil Felix es sich wohl vorstellen kann. Ich glaube, das ist neu.

Dass das Anstrengendste an diesem Tag erst noch kommt, und zwar zurück in Ölgii, hätten wir nach der Wanderung auf den höchsten Gipfel nicht gedacht. Als wir wieder zurück in den Ort laufen und sehen, dass es erst Nachmittag ist, bringen wir nur kurz unsere Wanderrucksäcke zurück aufs Zimmer und ziehen gleich wieder los.

Bei den Vorbereitungen zu Hause haben wir gelesen, dass es in Ölgii hinter den kleinen Gassen, in denen der Markt stattfindet, eine größere Straße gibt, auf der sich Fahrgemeinschaften bilden. Wir haben unsere Route so geplant, dass wir uns von diesem ersten wirklich großen Etappenziel Ölgii aus in die Hauptstadt der nächsten Provinz fahren lassen – ins gut 300 Kilometer entfernte Ulaangom.

»Üülgim«, wie es die Männer ausgesprochen haben, die in Chowd in unser Zelt eingebrochen sind.

Von dort aus wollen wir dann zu Fuß das ganz große Ziel dieser Reise erwandern: den Bergsee Khukh Nuur.

Nie im Leben sind wir auf die Idee gekommen, dass es schwierig werden könnte, für die Strecke von Ölgii nach Ulaangom einen Fahrer zu finden. Von Provinzhauptstadt zu Provinzhauptstadt – da fahren doch sicher täglich Dutzende Autos lang?

Mit der Erwartung, dass wir gleich von einer Traube an potenziellen Fahrern umringt sein werden, die mit uns ein paar Tugrik dazuverdienen wollen, machen wir uns also auf den Weg. Dann kommt alles ganz anders. Wir ernten ein Kopfschütteln nach dem anderen. Kopfschütteln. Kopfschütteln. Kopfschütteln. Als es immer dunkler wird und fast alle Autos weg sind, geben wir die Hoffnung fast auf.

»Fahrer zu finden ist in der Mongolei wohl grundsätzlich schwierig«, sage ich niedergeschlagen.

Felix nickt nachdenklich.

»Was schlägst du vor? Wir müssen's einfach morgen früh noch mal versuchen, oder?«

»Und wenn wir dann auch niemanden finden? Nicht dass uns irgendwann die Zeit ausgeht.«

»Können wir jetzt auch nichts dran ändern. Ist ja nicht so, als hätten wir's nicht versucht.«

»Stimmt schon«, sage ich. »Wird schon irgendwie.«

Auf dem Weg zurück zum Hotel knobeln wir aus, wie wir unsere Fahrersuche besser gestalten können. Besser und einfacher und erfolgreicher. Ein paar Schritte später schleichen wir im Hinterhof des Hotels umher und ziehen zwei große Pappkartons aus einem der Müllcontainer. Obwohl sicher niemand der Hotelleute was dagegen hat, hoffe ich, dass uns niemand sieht, wie wir hier kopfüber in den Container tauchen. Mit unseren Stirnlampen wohlgemerkt, weil es hier keine Laternen gibt.

Ich bin froh, als die Zimmertür hinter uns ins Schloss fällt, ohne dass wir bei irgendwem komische Fragen ausgelöst haben. Aus den Kartons wollen wir zwei Schilder basteln. Der wahrscheinlich einzige Weg, damit unserer Fahrersuche nicht die Sprachbarriere im Weg steht.

Während Felix in unseren Rucksäcken nach den Handys sucht, um den Alarm für den nächsten Morgen auf 6 Uhr zu stellen, knie ich auf dem Teppichboden in unserem Zimmer. Ich hab mir wieder die Stirnlampe über den Kopf gezogen, weil die Decken-

lampe nur ein spärliches dunkelgelbes Licht in den Raum wirft.
Bis zum Boden ist jede Leuchtkraft verloren gegangen.

Mit dem Kugelschreiber male ich die einzelnen Buchstaben aus.

У л а а н г о м

Ein Schild soll auf Kyrillisch sein, das andere mit lateinischen Buchstaben. Für den Fall, dass ich die kyrillischen Lettern so falsch male, dass sie niemand entziffern kann. Wer weiß, wie schnell statt Ulaangom was völlig anderes auf dem Schild stehen kann.

»Nicht dass statt Ulaangom Unterhose draufsteht«, sagt Felix mit einem Grinsen. »Wahrscheinlich können wir hier einiges falsch machen.«

Bevor ich den zweiten Buchstaben ausmale, der aussieht wie ein spiegelverkehrtes Pi, korrigiere ich die Linien noch einmal.

»Über Unterhose könnte man ja noch lachen. Der Klassiker wäre ja ein Schimpfwort.«

Als wir am nächsten Morgen kurz vor Sonnenaufgang zur Straße hinter dem Markt laufen, hat sich Frost über den ganzen Ort gelegt. Mit den Schildern unter dem Arm und dem Gepäck auf dem Rücken laufen wir vorbei an Häusern und Straßen, die im Licht der ersten Sonnenstrahlen glitzern. Seit wir hier sind, hat sich der Sommer in Spätsommer verwandelt. Und heute ist der erste Morgen, an dem der Herbst überall zu sehen ist. Auf der Gipfelkette, auf der wir gestern noch gewandert sind, sind heute Nacht sogar erste Schneeflocken gefallen.

Der Herbst hat mich schon immer nachdenklich gestimmt. Heute erinnert er mich vor allem daran, dass unsere Zeit in der Mongolei abläuft. Fast drei Wochen sind wir schon hier. Das macht mich nervös.

»Wir müssen wirklich versuchen, dass uns heute noch wer mit nach Ulaangom nimmt. Sonst wird's eng, wenn wir es zu Khukh Nuur schaffen wollen.«

Felix nickt. Ich sehe ihm an, dass er die Sorge teilt, bin mir aber sicher, dass er das in diesem Moment nicht zugeben möchte. Als würde er es heraufbeschwören, sobald er es ausspricht.

Stattdessen sagt er: »Wir haben ja die Schilder. Das wird schon. Wahrscheinlich waren wir gestern einfach zu spät dran.«

Mit neuem Elan und den Schildern vor der Brust marschieren wir übertrieben euphorisch auf die erstbeste Person zu. Ein Mann lehnt an seinem Auto und zieht an einer Zigarette. Der Rauch mischt sich mit dem Nebel, der in der Luft liegt. Der Mann hat sich Richtung Sonne gedreht und den Schirm seiner Mütze so tief ins Gesicht gezogen, dass sie ihn nicht blendet. Sein Kinn ist in einem Schal vergraben, von dem er sich ein paar Fetzen Tabak zupft, wenn es aus seiner Zigarette bröselt. Er beobachtet das Treiben in der Straße und nickt ab und an einem der Fahrer zu.

Obwohl es noch so früh ist, herrscht in der Straße ein reges Kommen und Gehen. Die ersten vollen Autos machen sich auf den Weg. Die Fahrer hupen mindestens zehnmal, bis sie an Straßenhunden, Katzen, Schafen und Menschen vorbeigelenkt haben. Die Stimmung ist durcheinander und hektisch. Einer schreit den anderen in harschen Worten quer über die ganze Straße an – der wiederum unterhält sich 200 Meter weiter in Ruhe mit einem Dritten.

Der Einzige, der nicht in eine hitzige Diskussion über Fahrpreise und Routen verwickelt ist oder mit Geldscheinen wedelnd an den Wartenden vorbeiläuft, ist eben der rauchende Fahrer, auf den wir zulaufen.

Während wir uns noch überlegen, wie wir am besten vorgehen, ob wir unser Ohne-Wörter-Buch gleich zu Beginn aus der Tasche ziehen sollen und welcher Preis okay wäre, schüttelt der Mongole beim Blick auf unsere Pappschilder den Kopf.

»Was? Wir stehen noch nicht mal vor ihm?«

Felix läuft trotzdem weiter.

»Wir schauen mal.«

Ich lächle den Fahrer an, Felix auch. Der schüttelt aber wieder den Kopf und dreht sich dann mit einem Zug an seiner Zigarette von uns weg.

»Okay, das ist deutlich. Bei ihm brauchen wir's nicht weiter zu versuchen.«

Noch während ich das sage, schaue ich mich nach dem nächsten Fahrer um, der nicht schon mit anderen potenziellen Mitfahrern handelt. Ein paar Meter weiter parkt einer sein Auto und steigt aus. Felix sieht auf der anderen Seite eine kleine Gruppe, die sich nach einer langen Diskussion wieder auflöst.

»Vielleicht ist es am besten, wenn wir uns aufteilen«, schlage ich vor. »Du gehst zu der Gruppe rüber und ich zu dem, der gerade angekommen ist. Jeder kriegt ein Schild. Dann treffen wir uns wieder hier.«

Als ich die Straße alleine entlanglaufe, werde ich zwar von allen Seiten angestarrt – auch von den Frauen –, reden möchte aber niemand mit mir. Reden wäre ja auch zu viel gesagt. Es möchte noch nicht mal jemand versuchen, sich mit mir zu verständigen. Noch weniger als mit Felix an meiner Seite. Viele Männer brüllen mir was hinterher, und ich bin zum ersten Mal ganz froh, dass ich nicht verstehen kann, was sie sagen.

Die Autos stehen aufgereiht an der Straße, der jeweilige Fahrer lehnt an der Motorhaube. Bestimmt parken allein 15 oder 20 Autos in dieser Reihe, auf der anderen Seite noch mal genauso viele. Und die Straße ist längt nicht zu Ende.

Es muss doch irgendwen geben, der uns nach Ulaangom fährt. Heute noch.

Manche der Autos haben selbst gemalte Pappschilder in der Windschutzscheibe liegen, ähnlich wie meins. Natürlich haben sie aber keine zwei Versionen, damit es jeder lesen könnte, sondern nur die kyrillische. Wer das nicht lesen kann, ist vielleicht wirklich fehl am Platz. Wir eingeschlossen. Ich mustere die Schilder und vergleiche sie mit dem, das ich mit mir rumtrage. Sie fahren alle überall hin – ich erkenne Tolbo und sogar unseren Startpunkt Chowd. Хов д steht auf das Schild geschrieben. Ich überlege kurz: Chowd ist von hier auch über 200 Kilometer weit weg. So viel weiter ist es nach Ulaangom dann auch nicht mehr. Trotzdem hat es niemand auf sein Schild geschrieben. Und wenn ich ihnen meins entgegenstrecke, ernte ich ein Kopfschütteln nach dem anderen. Mir kommt es vor wie eine Kettenreaktion, wie ich die Reihe Meter für Meter ablaufe und ein Fahrer nach dem anderen Nein sagt.

Als ich am Ende der Straße angekommen bin, versuche ich es beim zweiten Durchlaufen gar nicht mehr. Warum sollte es jetzt auch funktionieren? Die Männer, die mir eben hinterher gebrüllt haben, machen es auch jetzt wieder, alle anderen ignorieren mich. Hoffentlich hatte Felix mehr Glück.

An seinem kritischen Gesichtsausdruck sehe ich von weitem, dass es nicht so ist.

Ich setze mich neben ihn auf die Bordsteinkante.

»Lief nicht so gut, oder wie?«

»War's bei dir auch so?«

Ich nicke. »Schätze schon, ja.«

Die Sonne ist mittlerweile ein deutliches Stück Richtung Zenit gewandert. Es sind Stunden vergangen, seit wir auf den ersten Mann mit der Zigarette zugegangen sind. Der hat sich in der Zwischenzeit übrigens auch nicht vom Fleck bewegt.

»Ich glaube, wir verstehen das Prinzip hier nicht. Wenn uns ein Fahrer nicht mitnimmt, obwohl er auch keinen anderen Auftrag hat – dann wissen wir doch nicht, wie's funktioniert, oder?«

Felix zuckt mit den Schultern. »Kann uns ja aber auch niemand erklären hier.«

Als wir aufstehen wollen, um uns zu einer zweiten Runde Fahrersuche aufzuraffen, schlendert ein junger Mann auf uns zu. Mit Lederschuhen, weißer Hose, einem weißen Strickpullover und einem freundlichen Lächeln in seinem runden Gesicht. Ich könnte nicht sagen, was mich davon am meisten wundert. Nachdem er uns auf Mongolisch begrüßt hat, wechselt er in ein gebrochenes und schüchternes Englisch. Allein dafür würde ich ihm am liebsten um den Hals fallen.

»Hallo, mein Name ist Batdahl«, stellt er sich vor und reicht uns die Hand. »Wie geht es euch?«

Wir erzählen ihm, dass es uns natürlich sehr gut gehe, wir aber nach Ulaangom müssen und einfach keinen Fahrer finden können.

Batdahl hört geduldig zu. Auf seinem Gesicht bleibt die ganze Zeit über ein entspanntes Lächeln stehen. Er wartet, bis wir ausgesprochen haben, und redet dann erst nach einer kurzen Pause weiter.

»Wie gefällt es euch in der Mongolei?«

Das ist eine Frage, auf die könnten wir so viel erzählen. Dass wir hier sind wegen der Weite und der Einsamkeit, zum Beispiel. Dass es aber genau das ist, was uns manchmal ganz schön zu schaffen macht. Wir könnten auch erzählen, dass wir manchmal von Einladungen überschwemmt werden und andere Male nicht willkommen sind. Wir könnten fragen, warum das so ist. Aber das ist in unserer jetzigen Situation nicht ganz angemessen. Einerseits. Anderseits müssen alle Sätze sorgfältigst formuliert sein, damit auf Englisch nichts verloren geht. Sonst könnte bei Batdahl schnell was Falsches ankommen.

Deswegen lächle ich und antworte knapp.

»Es ist genau das, was wir uns wünschen.«

Batdahl scheint glücklich über die Antwort. So glücklich, dass er sagt: »Ich bringe euch nach Ulaangom. Ich wohne an der Grenze. Heute fahre ich zu meiner Familie und dann weiter.«

In einer kurzen Pause, in der wir unser Glück noch gar nicht fassen können, fügt er hinzu: »Das ist wahrscheinlich eure einzige Chance, dorthin zu kommen.«

»Warum?«

»Ulaangom ist nicht weit. Aber es ist eine andere Provinz. Niemand fährt in die andere Provinz.«

Ich kann nicht sagen, dass mir das einleuchtet – warum fährt man nicht in eine andere Provinz? Aber es ist in jedem Fall die Erklärung für all das Kopfschütteln, das wir seit gestern Abend auf der Suche nach einem Fahrer geerntet haben.

Wenn es nicht völlig unangemessen wäre, würde ich Batdahl um den Hals fallen. Stattdessen sage ich ein aufrichtiges »Bayarlalaa« und verbeuge mich leicht vor ihm. Ein Zeichen des Respekts.

»In einer Stunde fahren wir los«, sagt Batdahl, nachdem wir den Preis ausgehandelt haben.

»Morgen Nachmittag setze ich euch dann in Ulaangom ab.«

Moment mal. Morgen Nachmittag? Was passiert in den 24 Stunden bis dahin? Selbst in der Mongolei kann man doch für 300 Kilometer nicht so lange brauchen. Ich schaue in Felix' verwundertes Gesicht.

»Wo verbringen wir denn die Nacht?«, fragt der betont gelassen.

Batdahl grinst verschmitzt und dreht sich dann weg, weil ihn ein älterer Mann zu seinem Auto ruft.

»Sollten wir uns da irgendwie unwohl fühlen?«, raune ich Felix zu.

»Was ist dein Bauchgefühl?«

Ich überlege kurz. »Wird schon passen. Was haben wir schon für eine Wahl?«

17. KAPITEL

DIE ERSTEN EUROPÄER?

Felix verzieht sein Gesicht, als er aus Batdahls Auto steigt. Wir haben das Grundstück noch gar nicht betreten, aber der beißende Gestank schlägt uns schon von weitem entgegen. Er erinnert mich an eine Autofahrt kurz nach meiner Führerscheinprüfung, als sich eine Maus in die Motorhaube verirrt hat und zu lange als blinder Passagier mitgefahren ist. Ich habe sie erst bemerkt, weil es so gestunken hat, dass ich – wenn überhaupt – nur noch mit offenen Fenstern fahren konnte. Die Maus war allerdings kein Vergleich zu dem Gestank, der uns hier erwartet. Was hier gestorben ist, muss so viel größer sein. Ich muss mich zusammenreißen, dass ich mir nicht vor Batdahls Augen die Nase zuhalte.

Batdahl führt uns mit einer weiten Armbewegung stolz zu dem Metalltor, das von innen mit einem Vorhängeschloss abgesperrt ist. Auf den hohen Steinmauern sitzen nur ein paar Meter weiter mucksmäuschenstill zwei Falken, als wären sie die Wächter des Grundstücks. Sie rühren sich auch dann nicht, als Batdahl von außen durch die Gitterstäbe nestelt und klimpert, um das Schloss aufzusperren.

Hinter dem Tor liegt ein kahler Hof mit staubigem Boden, der nach den trockenen Sommermonaten an manchen Stellen sogar Risse hat, in die man hineinschauen kann. In verschiedenen Ecken stehen zerlegte Autos und ein halber Traktor. Reifen reihen sich verstreut an der Mauer entlang. Irgendwo dazwischen ist ein alter grauer Hund angeleint, der uns wütend ankläfft. Oder ist er so aufgebracht, weil ihn Batdahl ausgerechnet neben dem Plumpsklo festgebunden hat?

»Das Bellen ist sein Job«, sagt Batdahl und zeigt auf den Hund. »Aber irgendwann hört er wieder auf.«

Dann führt uns Batdahl zu seinem Haus. Ein grau verputzter Schlauch mit einem blauen Wellblechdach. Als ich versuche, durch die beschlagenen Fensterscheiben einen Blick nach innen zu erhaschen, bleibt Batdahl plötzlich vor der Tür stehen. Mein Blick wandert von seinem Rücken seine weiße Hose runter bis zu den Lederschuhen. Die Lederschuhe stehen vor einer roten Blutlache. Die fließt von drinnen über die Steinstufe in einem Mini-Wasserfall in den Hof. Frisches dunkelrotes Blut. Ganz schön viel davon.

Wahrscheinlich wäre das der Moment gewesen, an dem ich mich nicht weiter nach rechts hätte lehnen sollen, um an Batdahl vorbeizuschauen. Wenn er das war, der Moment, dann habe ich ihn verpasst. Denn jetzt starre ich geradewegs auf die Eingeweide einer toten Ziege, in der ein junger Mann bis zu seinen Ellbogen vergraben ist. Ich weiß nicht, ob es der Anblick oder der Gestank ist, vielleicht auch beides – jedenfalls taumle ich einen Schritt zurück, steige auf Felix' Füße, stolpere ungeschickt und muss mich für ein paar Atemzüge zur Seite wegdrehen.

»Tut mir leid, das habe ich nicht erwartet«, sage ich zu Batdahl, als ich meine Fassung wiedergewonnen habe. Dann schiebe ich mit einem erzwungenen Lächeln noch eine kleine Höflichkeits-Lüge hinterher.

»Sieht gut aus, was er da macht. Tolle Ziege.«

Batdahl scheint sich darüber tatsächlich zu freuen, und auch der junge Mann, der aus der Ziege gerade ein Organ zieht und es neben sich in einen Eimer klatscht, lächelt kurz.

»Passt auf, wo ihr hinsteigt«, sagt Batdahl dann und macht einen großen Schritt über die Blutlache und den Eimer mit den Organen. Mit dem einen Fuß steigt er trotzdem in ein paar Blutspritzer.

»Warum machen die das denn nicht draußen?«, raune ich Felix zu.

»Vielleicht wegen den Falken? Die sitzen da so, als würden sie draußen sofort über die Ziege herfallen.«

Im Gegensatz zu Felix, der sich mit seinen langen Beinen leichttut, muss ich einen riesigen Schritt machen. Ich gebe mir Mühe, einerseits nicht auszurutschen – wo ich dann hinfallen würde, will ich mir gar nicht vorstellen – und andererseits nicht an das Ziegenbeinchen zu stoßen, das in einem komischen Winkel nach oben wegsteht.

Es gibt diese Momente, da weiß man sofort, dass man sie nie wieder vergessen wird. Oder kann. Als ich auf der anderen Seite der toten Ziege ankomme und mich von unten ihre toten Augen anglotzen, weiß ich, dass das definitiv so ein Moment ist.

Batdahl führt uns als nächstes ins Wohnzimmer. Mit krummem Rücken sitzt dort seine Mutter auf dem Bett und beobachtet durch den Türrahmen, was gerade mit der Ziege im Eingangsbereich passiert. Anders als ich verzieht sie natürlich nicht ihr Gesicht, sondern lächelt vor lauter Bewunderung, als der junge Mann das nächstes Organ aus dem Bauch pult. Wahrscheinlich so, wie es ihm der Vater mal beigebracht hat.

Als ich ihr zur Begrüßung meine Hand zustrecke, zupft sie zuerst ihr geblümtes Kopftuch zurück, dann deutet sie im Sitzen eine Verbeugung an und nimmt meine Hand in ihre beiden. Batdahl zeigt von uns auf sie, auf sich und dann mit seinem ausgestreckten Arm Richtung Süden. Anscheinend erklärt er ihr, wie

wir uns in Ölgii getroffen haben und dass er uns mitgenommen
hat.

Gut 100 Kilometer sind wir heute mit ihm und neun anderen
Mongolen in seinem Auto gefahren, das sechs Sitze hat. Knapp
fünf Stunden haben wir dafür gebraucht und sind durch ge-
schätzt 5 Millionen Schlaglöcher und zehn Flussbetten gefahren.
Die ganze Zeit über wollte uns Batdahl nicht verraten, warum
wir erst morgen in Ulaangom ankommen werden.

»Geheimnis, Geheimnis«, hat er nur immer gesagt und dann
jedes Mal auf dieselbe Weise verschmitzt gegrinst.

Irgendwann haben wir die anderen Mitfahrer nach und nach
an verschiedenen Jurten und in kleinen Dörfern abgesetzt. Ein
paarmal mussten wir im Auto warten, bis uns die Frau des Hau-
ses Süßigkeiten als Proviant mit auf den Weg geben konnte, die
allesamt pink, hellgrün oder golden in metallisch glänzendes
Papier eingewickelt waren. Nachdem die letzte Mitfahrerin aus-
gestiegen ist, bog Batdahl von der Sand- und Schotterpiste ab, die
im mongolischen Straßensystem und auf unseren Karten wieder
mal als Hauptstraße durchgeht. Keine Ahnung, wie er sich jetzt
noch orientieren konnte. Wir fuhren auf einem nicht erkenn-
baren Weg durch die mongolische Weite. Da stand noch nicht
einmal ein Baum, an dem man eine Wegmarke hätte ausmachen
können. Als die Strecke, die wir abseits der Straße nach Ulaangom unterwegs waren, immer länger wurde, wuchs bei mir die
Aufregung. Wo bringt Batdahl uns hin? Irgendwie verrückt, dass
wir unser Schicksal und unser Vertrauen nach Oonoo schon wieder in die Hände eines Fremden legen. Kann das eigentlich jedes
Mal gut gehen?

Als ich in die glänzenden schwarzen Augen von Batdahls
Mutter schaue, weiß ich, dass es dieses Mal ganz bestimmt wieder gut gehen wird. Und dass es ein großes Glück ist, dass wir

uns auf Batdahls Geheimnis eingelassen haben. So was wie hier, das erlebt man schließlich nicht alle Tage – inklusive der geschlachteten Ziege im Hausflur. Die muss ich zwar nicht unbedingt vor mir haben, sie macht das Erlebnis aber zu dem, was es ist.

Für diese und die meisten anderen mongolischen Familien gehört es dazu, dass ein Tier der Herde geschlachtet wird, wenn sich der Fleischvorrat dem Ende zuneigt. Dafür haben sie die Tiere schließlich. Und wenn man so abgeschottet und weit weg von allem lebt, gibt es nicht viele Möglichkeiten, um über die Runden zu kommen. Für die Familie ist es wahrscheinlich das Natürlichste der Welt, dass der Sohn in ihrem Hausflur eine Ziege ausnimmt – und dass es einen extra Eimer nur für Organe gibt. Der ist sogar beschriftet. Allerdings weiß ich nicht, ob da wirklich »Innereien« draufsteht.

Während Batdahl erklärt und erklärt, nickt die Mutter ab und zu eifrig und schaut uns mit großen Augen an. Plötzlich wirkt sie ganz aufgeregt, als sie mit ihren Armen wild in die Luft deutet und von Batdahl auf die Ziege, auf seinen Bruder und auf uns. Dann zupft sie ihr Kopftuch ein zweites Mal zurecht, steht langsam von der Couch auf, streicht sich ihren Rock glatt und geht gemächlich Richtung Ziege. Was hat sie vor? Batdahl übersetzt.

»Zur Feier des Tages kocht meine Mutter die Ziege noch heute. Für das Abendessen!«

Ich schlucke. Die toten und weit aufgerissenen Augen der Ziege starren mich an. Oh, oh. Ob ich das runterkriege, während der Geruch des geronnenen Bluts in der Luft liegt und der Eimer mit den Organen direkt neben der Tür steht?

Felix kneift mir in die Seite.

»Hey, vorher fandst du die Ziege noch so toll«, sagt er mit einem Zwinkern.

»Sehr lustig. Du weißt schon, dass du das auch essen musst?«

Bei der Zubereitung darf ich zuschauen. Die Mutter von Batdahl winkt mich eifrig zu sich an den Ofen. Sie gibt mir eine Schürze zusammen mit einer Pantomime-Erklärung, wie ich mir die am besten umzubinden habe. Der Knoten um die Taille muss nämlich hinten sein, damit er mich nicht stören kann. Sie macht mir vor, wie das ansonsten aussehen würde, wenn ich die Schürze vorne zuknote: mit weit ausgestreckten Armen, mit denen ich trotzdem nicht mehr richtig an die Arbeitsplatte rankommen würde.

Na gut, denke ich mir. Wenn das eben dazugehört.

Als ich mich mit einem »Bayarlalaa« für die Schürze bedanken möchte, fällt mir auf, dass ich den Namen von Batdahls Mutter noch gar nicht kenne. Also tippe ich mir auf die Brust, sage meinen und schüttle ihr dann noch einmal die Hand, um die Vorstellung komplett zu machen. Batdahls Mutter versteht, was ich meine. Sie wiederholt »Fansiskha« mit diesem harschen mongolischen Laut, der wie ein dumpfes Zischen irgendwo aus tiefster Kehle grollt, und sagt dann ihren Namen. Einmal. Noch einmal. Und als ich immer noch fragend schaue, kürzt sie ihn ab.

»Mönkh.«

Sie versucht es noch einmal mit dem zweiten Teil. Aber so sehr ich mich anstrenge – der klingt mit so viel Grollen und Zischen und Haspeln so kompliziert, dass ich ihn in dem Moment wieder vergessen habe, als sie ihn fertig ausgesprochen hat. Ich bleibe also bei »Mönkh«, wobei ich mich bemühen muss, die letzte Silbe so tief knurren zu lassen, wie man es eben machen muss.

Mönkh lacht und ruft ihrem Sohn, der immer noch über der Ziege kniet, meine Probleme mit der mongolischen Sprache zu. Daraufhin brechen sie beide in schallendes Gelächter aus, bis sich Mönkh den Bauch halten muss, und ich schließe mich ihnen aus Höflichkeit an. Im nächsten Moment steht auf der Arbeitsplatte der Eimer mit den Innereien. Das Lachen bleibt mir plötzlich im Hals stecken. Mit einem Blick um die Türschwelle sehe ich, dass der Sohn gerade dabei ist, der Ziege ein vielleicht besonders gutes Stück Fleisch aus dem Rücken zu schneiden. Männerarbeit. Deswegen hat Felix die Ehre. Er darf ihm zur Hand gehen und das Stück Fleisch vom leblosen Körper weghalten, während sich der Sohn mit einem großen Messer vorarbeitet. Knochen brechen. Dann macht Mönkh einen Witz, und der Sohn, der die Knochen bricht, lacht wieder laut und tief. Es dauert nicht lange, dann kommt Felix um die Ecke – im Gesicht einen seltsam faszinierten Ausdruck, in den Händen ein Stück Fleisch samt Rippen. Mönkh nimmt es ihm eifrig ab und legt es auf eine Holzplatte neben dem Ofen. Mit dem Rücken ihrer blutigen Hand wischt sie sich die Haarsträhnen aus dem Gesicht, die unter ihrem Kopftuch hervorgerutscht sind, dann macht sie sich mit einem riesigen Messer an dem Trumm Fleisch zu schaffen. Ich bin sicher, dass ich noch nie jemanden gesehen habe, der damit so geschickt umgehen kann. Als wäre das Messer, das fast so lang ist wie mein Unterarm, nicht gut genug, zerhackt sie das Fleisch anschießend mit einer Machete. Große Schwünge für kleine Stücke. Manchmal spritzt es dabei auf ihre rosafarbene Strickjacke mit den goldenen Knöpfchen. Jetzt weiß ich auch, warum sie darauf bestanden hat, dass ich mir ihre Schürze umbinde. Sie selbst scheinen die Spritzer nicht weiter zu stören – so vertieft ist sie in die richtige Zubereitung dieses frischen Stücks Ziege.

Nebenbei erklärt Mönkh mir alles. Niemand übersetzt, weil Batdahl gerade draußen ist, um »einem Nachbarn auszuhelfen«.

Mehr wollte er dazu nicht sagen. Wieder ein Geheimnis. Geheimnisse mag er wohl.

Viel verstehe ich bei diesem Kochkurs also nicht. Grundsätzlich beschränkt sich Mönkh sowieso auf ein paar wenige Schritte:

Das Stück Fleisch mit den Rippen jeder Seite mindestens einmal schwungvoll auf die Arbeitsplatte knallen.

Mit einem Unterarm-großen Messer die Rippen, so gut es geht, aus dem Fleisch lösen.

Das Fleisch mit viel Schwung und einer Machete kleinhacken.

Ignorieren, wenn es zu allen Seiten wegspritzt.

Das Fleisch und die Rippen in kochendes Wasser werfen.

Pfefferkörner dazu.

Getrocknete Blätter dazu.

Deckel drauf.

Warten.

Die Geheimtipps, die Mönkh zwischendurch mit mahnendem Finger und hochgezogenen Augenbrauen erklärt, erschließen sich mir leider nicht. Wahrscheinlich muss ich sie aber auch nicht wissen. Ich habe eh nicht vor, in meinem Flur eine Ziege zu schlachten und das Gericht nachzukochen.

Das Fleisch kocht anschließend eine ganze Weile. Batdahl ist inzwischen zurück und schleppt unter seinem Arm Decken zur Tür rein.

»Für euch heute Nacht«, sagt er und legt sie auf dem Boden ab – unweit des Eimers mit den Innereien. Denn wie in einer Jurte spielt sich auch dann alles auf wenigen Quadratmetern ab, wenn sich Mongolen ein Haus gemauert haben.

»Einer kann auf der Couch schlafen, der andere auf dem Boden.«

Wir bedanken uns viele Male, und Batdahl und Mönkh sehen stolz aus, dass wir uns so über eine Nacht in ihrem Zuhause freuen.

»Wo schlaft ihr, du und dein Bruder?«, frage ich, weil in dem Wohnraum nur das eine Bett steht, auf dem Mönkh vorher gesessen ist.

»Mein Bruder hat ein Haus mit seiner Frau. Auf der anderen Seite des Felds«, antwortet Batdahl. »Ich wohne hier mit meiner Mutter und schlafe auf der Couch. Ich bin viel unterwegs«.

»Wir können beide auf dem Boden schlafen«, sagt Felix schließlich. »Das ist ja deine Couch.«

Batdahl schüttelt eifrig den Kopf. Keine Wiederrede.

Plötzlich muss alles ganz schnell gehen. Hektisch fuchtelt Mönkh mit ihren Armen über dem Kochtopf und bellt ein paar Anweisungen zu Batdahl und seinem Bruder. Felix und ich springen zusammen mit ihm von der Couch auf, um zu helfen. Aber Batdahl bedeutet uns, dass wir uns wieder setzen sollen.

»Was ist los?«, frage ich ihn.

»Essen ist fertig!«, ruft er uns zu, während er in einem großen Satz über das Blut und die Ziege nach draußen springt.

»Aber?«

»Wir können nicht essen, wenn die Ziege noch hier im Haus liegt. Wir müssen sie erst wegschaffen«, sagt Batdahl wie selbstverständlich. Dass dieses frisch geschlachtete Tier den ganzen Nachmittag im Hausflur liegt und das Blut an der Schwelle zum Wohnzimmer steht – das hingegen gehört wohl zum ganz normalen Wahnsinn dazu.

Als ich den Teller vor mir stehen habe, bin ich natürlich froh, dass die tote Ziege nicht mehr in Sichtweite liegt. Wenn man es so nennen kann, ist es unser Glück, dass die Mutter die Ziege als Suppe serviert. Obwohl ich keine leidenschaftliche Fleischesserin bin und mir nach dem Berg Wackelpudding-Fett bei Bat-Thahan schwertue, mich über dieses Abendessen zu freuen, will ich alle Vorurteile beiseiteschieben. Und ich muss zugeben: Es schmeckt viel besser als erwartet. Obwohl die Ziege in etwa so schmeckt, wie es hier beim Schlachten gerochen hat, schwimmen neben den Fleischfetzen in der Brühe sogar ein paar Pfefferkörner.

»Die Ziege ist überhaupt nicht so fett wie ein Schaf«, sagt Felix mit viel Erleichterung in seinem Gesicht zu Batdahl.

Der übersetzt für Mönkh und den Bruder, die daraufhin ein langes »Ooooohhh« ausstoßen.

»Schmeckt es euch?«, fragt Batdahl und macht große Augen.

»Ja! Sehr!«

Um meine Begeisterung zu unterstrichen, schlürfe ich einen extragroßen Löffel aus und zeige dann den Daumen nach oben. Ich hätte es mir ja denken können, dass das Mönkh dazu bewegt, mir nachzuschenken. Sie balanciert eine volle Kelle quer durch den Raum, deren Inhalt dann mit einem »Pflatsch« in meiner Schüssel landet. Mist. Eine Portion hätte gereicht.

Felix schaut mitleidig drein.

»Guten Appetit, mein Schatz.«

Wir sitzen lange beim Abendessen. Einerseits, weil Felix und ich recht lange brauchen, die Schüssel Ziegenfleischsuppe samt Nachschlag runterzuspülen. Andererseits, weil wir viele Fragen haben und Batdahl viele Antworten. Er erzählt uns, dass Gastfreundschaft fest in jedem mongolischen Charakter verankert ist. Und obwohl er es nicht ganz so deutlich zugeben will, nachdem wir ihm von unserer einsamen Begegnung mit der Familie kurz vor Ölgii erzählt haben, fällt einmal das Wort »Muss«. Klingt ganz so, als sollte Felix mit seiner These recht behalten: Mongolen laden Fremde ein. Immer. Der Tradition wegen. Auch dann, wenn sie vielleicht gar nicht wollen.

»Die Steppe ist so einsam hier«, erklärt Batdahl. »Wenn man an einer Jurte vorbeikommt, findet man darin Unterschlupf.«

Er erzählt uns, dass er Autos repariert und damit ein bisschen Geld verdient. Vor allem auf den Märkten in Ölgii und Ulaangom. Sonst gebe es kaum Möglichkeiten, die Ersatzteile an andere Mongolen zu bringen. Deswegen sei er auf der Strecke oft unterwegs. Natürlich habe seine Familie auch Tiere. Ziegen und Schafe. Um die kümmere er sich zusammen mit seinem Bruder.

»Dürfen wir euch auch Fragen stellen?«, schaut er uns dann erwartungsvoll an.

»Natürlich.«

Sofort fängt Batdahl aufgeregt an, sich mit Mönkh und seinem Bruder zu beratschlagen. Felix und ich schauen uns gespannt an. Was jetzt wohl alles kommt? Dann sprudelt es nur so aus Batdahl, und alle Augen sind auf uns gerichtet, als wir antworten. Batdahl übersetzt zwischendurch hektisch, während von Mönkh und Batdahls Bruder abwechselnd verschiedene Laute kommen.

Wie lange wir denn schon verheiratet wären, wollen sie wissen. Wie viele Kinder wir denn hätten. Wie alt wir sind und was wir arbeiten. Und: Ob uns unsere Füße wehtun?

Auf unsere fragenden Blicke lacht Batdahl.

»Weil ihr so weit lauft! Warum macht ihr das? Warum nehmt ihr keine Motorräder? Oder ein Auto? Oder Pferde?«

Ich hätte mich gewundert, wenn sie dazu nichts gesagt hätten. Toja in Chowd war ja genauso fassungslos.

Nach einer kurzen Pause schaut Batdahl dann etwas schüchtern drein. Er zögert kurz, als wäre er sich nicht ganz sicher, ob er das wirklich verraten darf. Dann tut er es doch.

»Wisst ihr, wir hatten hier noch nie Europäer zu Besuch. Meine Mutter ist so aufgeregt, sie wird es morgen gleich der ganzen Familie und allen Freunden erzählen. Viele von denen haben auch noch nie einen Europäer in Echt gesehen.«

Der Nebel liegt wie ein Teppich über den Feldern hinter Batdahls Haus, als wir mit ihm am nächsten Morgen ins Auto steigen. Es ist so still, als würde er alle Geräusche für immer verschlucken. Nicht einmal der Hund kläfft mehr, obwohl er immer noch neben dem Plumpsklo am Zaun festgebunden ist. Als sich Batdahl hinters Steuer setzt, formt er mit seinen Händen ein Fernglas, hält sie sich vor die Augen und tut so, als würde er Ausschau halten.

»Wo ist der Weg?«, sagt er und lacht dabei. »Ich sehe nicht einmal die Motorhaube.«

Batdahl übertreibt zwar, aber nur ein bisschen. Es fühlt sich tatsächlich an, als würden wir durch Watte fahren. Wir können den Himmel über uns und den Boden unter uns nicht erkennen. Alles ist weiß. Würde Batdahl im Kreis fahren – es würde wahrscheinlich niemand merken. Erst als sich die dicken Schwaden langsam in durchsichtige Fetzen verwandeln, je weiter die Sonne nach oben steigt, erkenne ich langsam die Landschaft um uns herum. Die Nebelwand zieht sich zurück und gibt den Blick frei – auf dichtes grünes Gras. Das hier ist kein ausgetrocknetes Graugrün mehr wie in der Steppe. Das hier ist saftiges, kräftiges Gras. Echtes Grün. Es zieht sich über das Land, soweit das Auge reicht, und erinnert mich daran, was für eine Strecke wir hinter uns gebracht haben. Von den Ausläufern der Wüste Gobi, vom sandigen, ockerfarbigen Boden sind wir über die schroffen Berge bis hierher gekommen, wo das Gras grüner ist als alles, was wir in den letzten Wochen gesehen haben.

Als ich mein Fenster nach unten kurble, damit mir die frische Luft um die Nase weht, sehe ich, warum es heute selbst für mongolische Verhältnisse eine besonders ruckelige Fahrt ist. Ein paarmal hat Batdahls Wagen auf den letzten Kilometern abgehoben und ist mit einem dumpfen Schlag wieder auf dem Boden gelandet. Ich bin nicht sicher, ob das laute Scheppern zwischendurch nicht irgendein Autoteil war, das wir verloren haben. Wundern würde es mich nicht.

Schotter wechselt sich mit großen Felsen ab, und alle paar Meter ist der Untergrund so ausgeschwemmt, dass sich die Reifen fast im Sand festfahren. Ich dachte ja, ich hätte mich in den vergangenen Wochen an die Mongolei gewöhnt. Ein bisschen zumindest. Oder immerhin an manches. An Flussdurchquerungen mit Autos, die in trockenen Verhältnissen schon aussehen, als könnten sie jeden Moment zusammenbrechen. Batdahl setzt noch einen obendrauf.

»Batdahl? Fahren wir gerade in einem Fluss?«

»Nein, in einem ausgetrockneten Fluss. Ist ja kein Wasser hier, siehst du doch. Aber warte nur ab, gleich fahren wir wirklich in einem Fluss!«

Als ich überlege, ob ich den mongolischen Humor nicht verstehe, lenkt Batdahl seinen Wagen mit einer ruckartigen Bewegung die seichte Böschung hoch. Ein Reifen dreht durch, und der röhrende Motor fängt an zu stinken. Batdahl lässt den Wagen wieder ein Stück zurückrollen und versucht es dann mit mehr Schwung noch einmal. Ich kralle mich mit beiden Händen im Sitz fest, weil mein Kopf gerade schon wieder gefährlich nah an die Decke gesprungen ist. Aus den Kopfschmerzen nach der Fahrt mit Oonoo habe ich gelernt.

Mein Blick fällt auf ein riesiges Netzwerk an Flussläufen, die alle irgendwie miteinander verbunden sind. Als würde Felix ahnen, was gleich passieren wird, nestelt er aufgeregt die kleine Kamera aus seiner Hosentasche und hält sie aus dem Fenster.

»Ist es okay, dass ich filme?«, fragt er Batdahl.

Der nickt nur und lenkt den Wagen im nächsten Moment mit einer genauso ruckartigen Bewegung die nächste Böschung runter. Alle vier Reifen versinken jetzt im Wasser. Batdahl nutzt den Flusslauf als Straße. Er erklärt, was er vorhat, obwohl mir meine Fragen im Hals stecken bleiben.

»Ist der kürzeste Weg«, sagt er. »Sonst müssen wir immer rein und raus aus den Flüssen. Das ist anstrengend.«

Mit einer Armbewegung nach rechts fügt er hinzu: »Wir müssen ja auf die andere Seite rüber.«

Der kürzeste Weg dauert trotzdem fast sechs Stunden. Das Auto schiebt das Wasser dann in leichten Wellenbewegungen nach vorne weg, bis es sich so hoch anstaut, dass es zu beiden Seiten wegschwappt. Wenn man die Augen zumacht, könnte man mit ein bisschen Fantasie fast glauben, dass man am Strand liegt. Und das gleichmäßige Schwappen des Wassers sind die Wellen, die am Ufer brechen. Einmal taucht wie aus dem Nichts ein einsames Yak auf, das vor uns im Fluss steht und sich keinen Millimeter zur Seite bewegt, als wir das Wasser wie eine Walze auf es zuschieben. Ich bin sicher, das Yak ist genauso verwirrt über das, was wir hier machen, wie ich selbst.

Batdahl setzt uns in Ulaangom vor einer Karaoke-Bar ab, die gleichzeitig ein Gästehaus ist. Mit einem »Viel Glück« und einer Keksrolle als Proviant verabschiedet er sich von uns. Als er wegfährt, winkt er noch einmal aus dem offenen Fenster raus.

»Mist, jetzt haben wir gar kein Foto von ihm gemacht!«

Felix zuckt mit den Schultern.

»Stimmt. Aber was wir mit ihm erlebt haben, vergisst du eh nicht mehr.«

Obwohl wir es während der Autofahrt nicht erwarten konnten, endlich in Ulaangom anzukommen, können wir es in

Ulaangom nicht erwarten, endlich wieder wegzukommen. Nur für eine Nacht buchen wir ein winziges Zimmer im Hinterhof der Karaoke-Bar. Trotzdem fühlen sich diese wenigen Stunden ähnlich an wie Chowd und Ulan-Bator: ein bisschen wie Festsitzen, während am Stadtrand das nächste Abenteuer wartet.

Es wird unser letztes Abenteuer hier in der Mongolei sein. Wir wissen noch nicht, dass uns das zum Ende noch einmal alles abverlangen wird. Sogar mehr, als wir verkraften können.

DIE LETZTE ETAPPE WIRD
DIE SCHLIMMSTE

Irgendwo hinter den grauen Gipfeln am Horizont, hinter denen heute Abend die Sonne untergehen wird, liegt er versteckt: Khukh Nuur. Der v-förmige Bergsee, der bei den Mongolen immer nur wie ein Husten klingt. Der Bergsee, der für die Russen offenbar so unwichtig ist, dass sie ihm auf den Militärkarten gar keinen Namen gegeben haben.

Der Bergsee, der für uns die Welt bedeutet.

Weil er das große Ziel dieser Reise ist, auf das wir seit Wochen mit all unserer Energie zulaufen. An den schwierigen Tagen, als uns der Sturm die Kapuzen immer wieder vom Kopf gerissen hat, habe ich versucht, mir den kleinen See vorzustellen. Wie er versteckt zwischen den sanften Bergflanken liegt und glitzert, wenn die Sonne darauf scheint. Er war die Motivation, wenn wir dachten, wir könnten nicht mehr. Wenn uns nachts fast das Zelt um die Ohren geflogen ist oder wir uns sicher waren, dass wir nicht mehr an Fluss und Bergen vorbeikommen würden. Und erst wenn ich meine Zehen in das klare Wasser von Khukh Nuur tauche und spüre, wie kalt es ist – dann werde ich glauben, dass wir all das hier wirklich geschafft haben.

Wenn wir dem Maßstab auf unseren Karten vertrauen, liegt Khukh Nuur Luftlinie etwa 30 Kilometer südwestlich von Ulaangom. Dazwischen haben sich ein paar Menschen niedergelassen und ihren winzigen Ort Tarialan genannt. Tarialan besteht aus einer Hauptstraße und einigen mehr oder weniger maroden, aneinandergereihten Häusern. Zwei Menschen sind uns bisher über den Weg gelaufen, und ich bin mir nicht sicher, wie viele mehr überhaupt hier leben. Während unserer Vorbereitungen wollte ich rausfinden, wie groß Tarialan ist – um einschätzen zu können, ob wir unsere Essensreserven dort auffüllen können. Ich habe nirgends eine Einwohnerzahl gefunden. Entweder weil sie tatsächlich so verschwindend gering ist. Vielleicht aber auch, weil es für niemanden wichtig ist, zu wissen, wie viele Menschen in diesem mongolischen Ort irgendwo am Fuße der Berge wohnen.

Für uns ist Tarialan eine Zwischenstation auf dem Weg zu Khukh Nuur. Auf den Satellitenaufnahmen, auf denen wir während der Vorbereitung zu Hause stundenlang weg- und hin- und weg- und hingezoomt haben, sah es so aus, als wäre der Weg durch Tarialan der einfachste, um zu dem kleinen Bergsee zu gelangen. So viel zur Theorie. Die Praxis ist weniger einfach. Und deutlich nässer. Das lernen wir aber erst, als uns ein Fluss den Weg versperrt.

»Bist du sicher, dass das hier die beste Stelle ist?«, schreie ich Felix hinterher, der mit seinen Schuhen in der Hand im Fluss steht. Mit der anderen Hand umklammert er verkrampft die Wanderstöcke und lehnt sich gefährlich stark gegen die Strömung. Von hinten sieht es aus, als könnte das Wasser seine Beine jeden Moment zur anderen Seite wegspülen.

»Nicht mehr!«, schreit Felix zurück.

Seine Stimme ist brüchig. Er wirkt unsicher. Trotzdem wagt er einen weiteren Schritt nach vorne. Jetzt steht er genau in der Mitte des Flusses. Das Wasser sprudelt um seine Beine, geht ihm bis zum Oberschenkel. Und es ist eiskalt.

Der Fluss kommt von den Gletschern auf über 4.000 Metern und gräbt sich seinen Weg hinunter ins Tal. Das Wasser nimmt an Geschwindigkeit zu, aber nicht an Wärme. Es ist hellblau, es sprudelt, gluckert. Es ist glasklar. Eiskalt. Und wunderschön, solange man nur draufschaut und nicht drinsteht. Der Fluss fließt vorbei an Tarialan und teilt sich dann auf in ein riesiges Geflecht an kleinen Flussläufen. Bis seine einzelnen Arme irgendwann immer schmäler werden und nach und nach im Boden versickern.

Wir wissen ganz genau, wie er von oben aussieht – von seinem Ursprung auf den Gletschern bis unten in der Ebene, wenn er nach und nach verschwindet. Zu Hause haben wir jede seine Biegungen auf den Satellitenaufnahmen genau gemustert. Meter für Meter. Wir haben immer wieder rangezoomt, um wichtige Details erkennen zu können. Wird er an manchen Stellen zum tosenden Wasserfall? Wie breit ist er ungefähr? Ist das Ufer steil? Laufen wir besser rechts oder links?

Jetzt, wo wir nun schon zum dritten Mal an seinem Ufer stehen und über die beste Stelle philosophieren, um den Fluss zu durchqueren, bin ich froh, dass wir bei den Vorbereitungen so viel Zeit mit den Satellitenbildern verbracht haben. Wir haben getan, was wir konnten. Trotzdem merken wir in diesem Moment wieder mal, dass man sich eben nicht auf alles vorbereiten kann. Die Theorie kommt an einem gewissen Punkt immer an ihre Grenzen. Was danach passiert, zeigt sich erst in der Praxis. Das Problem ist nur, dass man vorher eben nicht weiß, wann diese Grenze auftaucht.

Was diesen Fall mit dem Fluss angeht, kam die Grenze recht früh. Um genau zu sein: nach ungefähr einer Stunde. Dann nämlich haben wir gesehen, dass der Hang wegen einer frischen Schotterlawine nicht mehr passierbar ist. Das Geröll ist so lose, dass es sich anfühlt, als würde bei jedem Schritt der ganze Berg ein Stückchen nach unten rutschen. Nach ein paar Metern am

Hang merken wir, dass wir umdrehen müssen. Hier entlangzulaufen, wäre viel zu gefährlich. Es gibt nur eine Alternative:
Wir müssen immer wieder die Seite des Flusses wechseln, um an
der Uferseite weiterzulaufen, an der es für den kommenden Ab-
schnitt eben möglich ist. Es dauert immer nur ein paar Hundert
Meter, und wir stehen vor dem nächsten Hindernis: eine riesige
Felsformation, ein Steilufer. Von Mal zu Mal überlegen wir dann
weniger, wir diskutieren nicht, wir suchen nicht nach anderen
Möglichkeiten – weil wir wissen, es gibt nur eine Richtung, in
die wir weiterlaufen können. Und die liegt auf der anderen Seite
des Flusses.

Seit wir Tarialan vor ungefähr drei Stunden hinter uns ge-
lassen haben, steht Felix deswegen schon zum dritten Mal im
Fluss. Dabei sind wir noch nicht einmal weit gekommen. Die
Durchquerungen kosten Zeit. Und Kraft. Je weiter wir ins
Tal hineinlaufen, desto tiefer wird das Wasser, desto reißender die Strömung. Wir laufen das Ufer immer wieder hoch
und runter, hoch und runter, und suchen den Fluss nach der
vermeintlich besten Stelle für die nächste Durchquerung ab.
Von Mal zu Mal dauert es länger, bis wir die gefunden haben.
Mittlerweile suchen wir nicht mehr nach der besten Stelle,
sondern überhaupt nach einer, an der wir den Fluss bezwin-
gen können.

Und jetzt, wo ich Felix bei dieser dritten Durchquerung zu-
schaue und sehe, wie er mit dem Gleichgewicht kämpft und mit
sich hadert, noch einen Schritt vor den anderen zu setzen, befürchte ich, dass uns die Stellen langsam ausgehen könnten. Ich
weiß, dass diese Sorge das Letzte ist, was Felix jetzt gebrauchen
kann, und bemühe mich, ein Lächeln aufzusetzen, obwohl er das
gar nicht sehen kann. Vielleicht ist es auch nicht für ihn. Sondern
für mich selbst. Vielleicht kaufe ich mir so meine positiven An-
feuerungsversuche ja ab.

Ich schreie über das Tosen und Gurgeln des Flusses hinweg, um Felix Mut zu machen. Und ich gebe mir alle Mühe, nicht daran zu denken, dass ich als nächstes durch den Fluss muss.

»Du hast es doch schon gleich! Gleich bist du drüben!«

Weil Felix immer noch keinen Schritt vor den anderen setzt, mache ich weiter.

»Es ist doch gar nicht mehr weit! Schau mal, da vorne wird's doch schon wieder flach! Kann doch nichts passieren! Geh einfach, gleich hast du's!«

»So 'ne Scheiße!«, schreit Felix dem anderen Ufer entgegen, als er es nach einem gefährlichen Taumeln und ein paar wackeligen Schritten erreicht hat. Er schleudert seinen Rucksack auf den Boden und lässt sich daneben fallen. Ich erschrecke. Seine Stimme klingt so viel schriller und wütender als ich sie kenne. Ich könnte nicht sagen, wann er vor mir einmal so die Fassung verloren hat.

»Das ist so scheiße kalt! Scheiße, scheiße, scheiße! Ich hab gar keinen Bock mehr!«

Felix hält sich mit verzerrtem Gesicht die Füße, und ich sehe von meinem Ufer aus, dass sich seine Zehen im eisigen Gletscherwasser in eine ungesunde Blässe verfärbt haben. Obwohl ich ihn gerne in den Arm nehmen würde, setze ich mich auf einen Felsen. Ich weiß, dass ich jetzt all meine Kraft brauche, um es ohne Straucheln oder Fallen auf die andere Seite zu schaffen. Wenn ich selbst nass bin, ist das die eine Sache. Wenn all meine Sachen im Rucksack nass werden, eine ganz andere. Gerade habe ich das Gefühl, dass ich nicht trocken auf der anderen Seite ankommen werde. Wenn ich die Wahl hätte, würde ich an Ort und Stelle das Zelt aufschlagen. Mir reicht's für heute. Wir sind seit Stunden unterwegs und sind noch keine sechs Kilometer weit gekommen. Das heute ist der schwierigste Tag von allen – und nach den Etappen durch den Sumpf und über den Bergkamm hätte ich nicht gedacht, dass es noch viel härter kommen könnte.

Während Felix auf der anderen Uferseite immer noch am Boden sitzt und seine Fassung nur langsam wiedergewinnt, laufe ich das Ufer ein paar Meter weiter runter. Vielleicht finde ich ja doch eine Stelle, an der das Wasser immerhin ein bisschen seichter ist. Der Fluss ist so glasklar, dass man jeden einzelnen Stein am Ufer erkennen kann, solange das Wasser nicht auf einen Felsen trifft und in weißer Gischt sprudelt.

»Besser wird's doch nicht!«, schreit Felix mir jetzt vom anderen Ufer entgegen.

Er reibt seine Beine mit seinem Ärmel trocken und wringt die Socken aus.

»Nach was suchst du denn?«

»Na, nach einer besseren Stelle!«

Der Fluss zwischen uns sprudelt so laut, dass wir schreien müssen, damit unsere Sätze auf der anderen Seite ankommen.

»Haben wir doch schon geschaut! Glaub's mir, es gibt keine bessere Stelle!«

Felix steht auf und deutet mit einer Handbewegung die Linie an, die am besten funktioniert.

»Schau einfach, dass du links von dem großen Felsen bleibst! Der hält eine Menge der Wucht ab, die das Wasser hier hat! Wenn du auf die andere Seite kommst, rutscht du in den Sog!«

»Toll! Nicht sehr ermutigend!«

»Wird schon! Bleib einfach auf der richtigen Seite und mach kleine Schritte!«

Ich binde die Schuhe außen am Rucksack fest. Meine Socken lasse ich dieses Mal an und ziehe sie so weit hoch wie möglich. Ich bilde mir ein, dass die hauchdünne Schicht Baumwolle das eisige Wasser wenigstens ein bisschen dämpft. Und ich habe besseren Halt auf den glitschigen Steinen. Meine Hose ziehe ich ganz aus, weil Felix das Wasser schon bis zu den Oberschenkeln gegangen ist. Bei den letzten Flussdurchquerungen hat hochkrempeln gerade noch so gereicht. Ich zurre meinen Rucksack enger, damit er weiter oben sitzt und nicht mit dem Boden im Wasser steht. Den Hüftgurt ziehe ich so eng, wie es geht. Viel enger geht nicht mehr – das war am Anfang der Reise noch anders.

Wenn ich meinen Kopf jetzt ganz leicht in den Nacken lege, kann ich ihn an meinem Rucksack anlehnen. Wie ein riesiger dunkelgrauer Koloss sitzt er auf meinen Schultern und ist dabei beinahe höher als ich selbst. Ich bete, dass mir diese 15 Kilo nicht mein Gleichgewicht nehmen.

Felix kann sich bei meinem Anblick ein Grinsen nicht verkneifen. Wie ich da stehe – halbnackt, aber mit Strümpfen und dem riesigen Rucksack – das bringt auch mich selbst kurz zum Lachen.

»Schnell rein und durch!«, ruft Felix mir zu, als ich die ersten Schritte ins Wasser setze. Mit einem Lächeln ruft er hinterher: »Du schaust perfekt vorbereitet aus!«

Das Ufer ist steil, und es dauert keinen Meter, da brausen mir die eiskalten Wassermassen auf Kniehöhe gegen die Beine. Ich zwinge mich, wieder langsamer zu atmen.

»Das ist sooo kalt! So kalt!«

Ich schaue in Felix' Gesicht, dem das Lächeln mittlerweile entgleist ist. Er hat die Augen weiter aufgerissen als sonst und wirkt verkrampft.

Mit voller Konzentration gehe ich einen nächsten Schritt nach vorne und stehe ein ganzes Stück tiefer im Fluss. Das Wasser umspült jetzt meine Oberschenkel. Es fühlt sich an wie tausend Nadeln. Ignorier das, ermahne ich mich.

Noch ein Schritt.

Die Strömung ist stark.

Noch ein Schritt.

Ich stehe bis zur Hüfte im Wasser.

Die Schnappatmung setzt wieder ein. Ich habe das Gefühl, als könnte die Strömung meine Beine jede Sekunde mit sich reißen. Und ich kann nichts dagegen tun. Ich merke, wie sich Panik in mir breitmacht. Das Wasser ist reißend, zerrt so sehr an mir, drückt mich fast nieder. Wieder klatscht eine Welle gegen meine Oberschenkel, und ich bin sicher, dass es spätestens jetzt auch meinen Rucksack erwischt hat. Für das Wasser bin ich wie der Felsen, an dem ich links vorbei soll: ein riesiger Störfaktor, an dem es sich wütend auftürmt und ohne Gnade einen Weg vorbei sucht. Mit einem Unterschied: Der Felsen gerät keinen Millimeter ins Wanken. Er liegt fest im Boden verankert und stemmt sich gegen die Strömung. Mich bringt die nächste Welle ins Taumeln. Sie klatscht mir gegen den Bauch, vor Schreck lehne ich mich viel zu weit nach hinten und finde nur mit Mühe ins Gleichgewicht zurück. Mit aller Kraft stemme ich mich gegen die Wellen und habe das Gefühl, ich würde waagerecht im Wasser liegen. Meinen linken Wanderstock bekomme ich schon gar nicht mehr runter zum glitschigen Boden, mir fehlt die Kraft, und die Strömung lässt ihn wild und unruhig im tosenden Wasser tanzen. Den rechten Wanderstock bohre ich, so fest ich kann, zwischen zwei Steine, während ihn die Strömung immer wieder gegen mein Bein drückt. Mit meinem ganzen Gewicht stütze ich mich auf diesen einzigen Halt. Als wäre er irgendwann so fest im Boden wie ein Anker. Wie der Felsen. Aber ich merke, dass das kaum was hilft. Der Wanderstock wird kein Halt sein, wenn ich das Gleichgewicht verliere. Das ist, als würde man einen Grashalm in den Orkan halten und hoffen, dass er weiter aufrecht nach oben zeigt. An etwas muss ich mich aber festkrallen. Sobald ich einen Fuß weg vom glitschigen Steinboden hebe, wird mich mein Rucksack runter auf den Boden zerren und nie wieder nach oben lassen. Da bin ich mir sicher. In dieser Sekunde hat die Strömung all meinen Mut und meine Kraft weggespült.

Erst jetzt merke ich, dass mir Tränen die Wangen runterlaufen und einen Schleier vor meinen Augen bilden. Ich traue mich keinen Schritt weiter. Ich kann nicht vor. Ich kann nicht zurück. Ich stecke fest. Was zum Teufel mache ich hier nur?

Dann reißt mich etwas aus den Gedanken. Felix springt am anderen Ufer auf und macht ein paar Schritte in meine Richtung. Er schreit mich an. Schreit, so laut er kann, und wirkt dabei Welten entfernt. Seine Stimme mischt sich mit dem Krach des tosenden Wassers, das meine Beine umspült.

»Geh! ... sofort! ... weiter! Geh! ... sofort! ... weiter!«

In meinen Augen strahlt er eine gewisse Ruhe aus, wie er da steht und mich anbrüllt.

»Geh jetzt weiter! Das geht schon!«

In dem Moment wird mir klar, dass es keine andere Möglichkeit gibt. Ich muss weitergehen. Aber so sehr ich es versuche – ich kann nicht. Meine Beine machen nicht, was mein Kopf ihnen sagt. Ich traue mich nicht. Sofort habe ich das Bild vor Augen, wie mich mein Rucksack bei einem falschen Tritt nach unten auf den Steinboden zerrt.

Im nächsten Moment reißt sich Felix die Schnürsenkel wieder auf und schleudert seine Schuhe neben sich auf den Boden. Er schnappt sich seine Wanderstöcke, umkrallt sie fest und wagt sich ein zweites Mal in den Fluss. Für mich spielt sich alles wie in Zeitlupe ab. Felix streckt mir seine Hand entgegen, zerrt mich zu sich, ich umkralle meinen Wanderstock und stolpere ans andere Ufer.

Mit dem Rucksack auf meinen Schultern lasse ich mich auf den Boden fallen. Jetzt kann mich nichts mehr zurückhalten. Ich zittere, ich schluchze und weiß nicht, was mich in diesem Moment mehr mitnimmt: Wie verloren ich gerade war, wie hilflos? Dass meine Zehen vor Kälte blau angelaufen sind? Oder das Wissen, dass uns ganz bestimmt niemand zu Hilfe gekommen wäre?

Felix sitzt neben mir, er legt die Arme um mich und zieht mich zu sich rüber. Ich vergrabe mein Gesicht in seiner Schulter und bin so dankbar, dass er mich in diesem Moment festhält. Um nichts in der Welt möchte ich ohne ihn hier sitzen. Der Gedanke ans Alleinsein reicht aus, damit mir neue Tränen über das Gesicht laufen. Die Erlebnisse der vergangenen Wochen brodeln in mir. Es ist, als hätte der Fluss meinen letzten Rest Kraft weggespült.

Eine ganze Weile lang sitzen wir so da, bis ich mich wieder beruhige. Als ich mich aus der festen Umarmung löse, schaue ich in Felix besorgtes Gesicht. Sogar die Falte zwischen seinen Augenbrauen gräbt sich in seinen Blick.

»Hey ... Geht's wieder?«

Er nimmt meine Hände fest in seine.

Ich nicke.

Felix setzt ein Lächeln auf.

»Komm, wir gehen mal langsam weiter. Da hinten schaut's so aus, als würde das Tal breiter werden. Vielleicht finden wir da einen guten Zeltplatz. Uns reicht's, glaube ich, beiden für heute.«

Wieder nicke ich nur, anstatt was zu sagen. Ich brauche die nächsten Schritte, um mich zu sammeln. Wir laufen still nebeneinander her, bis wir wieder an einer Stelle stehen, an der uns der Fluss den Weg versperrt. Ich atme tief ein und wieder aus. Felix sucht nach Lösungen – und nach etwas Positivem.

»Die Strömung ist hier immerhin nicht stark. Weil sich der Fluss geteilt hat.«

»Ja, immerhin.«

»Komm, Augen zu und durch. Einfach nicht weiter drüber nachdenken.«

Ich weiß, dass er recht hat. Uns bleibt nichts anderes übrig, als wieder alles auszuziehen – außer die Socken –, alles so gut

wie möglich am Körper festzuzurren. Die Zähne zusammenzu-
beißen und durch den Fluss zu waten. Es können nur noch ein
paar Hundert Meter sein, bis sich das enge Tal öffnet und sich
das steinige und ausgeschwemmte Flussbett in eine weite Wiese
verwandelt.

Ich lerne, dass man einen Fluss auf ein paar Hundert Metern
locker viermal durchqueren kann. Oder besser: muss. Obwohl
die Strömung bei diesen Durchquerungen nicht mehr stark ist
und wir mit ein bisschen Konzentration einfach durchlaufen
können, raubt mir die Kälte von Mal zu Mal mehr Energie. Beim
letzten Mal muss ich mich bemühen, meine Tränen zurückzu-
halten. Ich kann nicht mehr. Ich mag auch nicht mehr. Und das
Gute: Für heute muss ich auch nicht mehr.

Gerade, als die Sonne hinter einem Gletscher verschwindet
und seine Schneedecke in allen bunten Farben strahlt, kommen
wir auf einem Fleckchen Wiese an. Wir beeilen uns, das Zelt aufzuschlagen, damit wir das nicht in der pechschwarzen Dunkelheit machen müssen. Ich kann es sowieso kaum erwarten, mich
in meinem Schlafsack zu verkriechen und an einem neuen Tag
aufzuwachen. Hauptsache, der heute geht vorbei.

Während Felix den Kocher vorheizt, wringe ich die nassen Socken aus und hänge sie über dem Zelt auf.

»Ich will gar nicht daran denken, dass wir dieses Stück auch
wieder zurückmüssen«, sage ich, als ich mich schließlich neben
ihn setze.

»Das kriegen wir dann schon hin. Lass uns erst mal zum See
gehen. Alles andere kommt danach.«

»Meinst du, wir müssen noch mal durch den Fluss? Wir sind
auf der falschen Seite, oder nicht? Wir müssen rechts vom Fluss
aufsteigen.«

Felix atmet laut aus. Als würde er sich wünschen, ich hätte ihn
nicht daran erinnert.

»Aber nur einmal. Und erst morgen. Wir essen jetzt, und dann schlafen wir uns aus. Morgen geht's sicher wieder besser.«

Es gibt Spaghetti mit Salz und Pfeffer, und danach ist es wirklich wieder besser. Ich kippe das letzte Tütchen Magnesium in unsere Trinkflasche und proste Felix zu.

»Okay. Auf morgen. Auf Khukh Nuur. Das schaffen wir schon.«

Die Nacht ist so kalt, dass sich Eiskristalle in unseren Trinkflaschen formen. Immer wieder wache ich auf und ziehe mir die Mütze weiter ins Gesicht. Felix zittert neben mir. Bald wird es wieder hell. Die Stunde vor dem Sonnenaufgang ist die kälteste. Es ist gut, diese Erklärung parat zu haben.

Als die Sonne ins Zelt scheint, bleiben wir noch eine Weile liegen. »Mir ist noch zu kalt zum Aufstehen«, sagt Felix. Ich sehe ihn kaum, weil er sich seinen Schlafsack so eng um das Gesicht gezogen hat, dass nur noch seine Nase rausschaut.

»Wenn ich dazu nicht aus dem Schlafsack müsste, würde ich jetzt ein Foto von dir machen.«

Im nächsten Moment müssen uns beiden wieder die Augen zugefallen sein – als ich später aus dem Zelt krieche, steht die Sonne am Himmel und lässt die mit Tau überzogen Wiese glitzern. Während wir Frühstücken und unsere Sachen zusammenpacken, sind wir heute stiller als sonst. Es ist ein großer Tag. Heute müssen wir es zu Khukh Nuur schaffen. Es gibt nur diese eine Chance. Schaffen wir es nicht, haben wir sie verpasst. Unsere Reserven neigen sich dem Ende zu. Wir haben noch ein Abendessen und noch ein Frühstück. Morgen müssen wir zurück in Tarialan sein.

Als wir die ersten Meter laufen, schmatzen meine Schuhe mit jedem Schritt. Bei der letzten Flussdurchquerung gestern bin ich auf einem Stein weggerutscht und habe die Schuhe ins Wasser getaucht. Jetzt höre ich, wie meine Füße das Wasser bei jedem Schritt aus dem Leder quetschen. Und ich spüre mit jedem Schritt, dass mir die Energie aus den Beinen gewichen ist. Ich fühle mich schwach und sogar ein bisschen zittrig. Doch ich habe mir vorgenommen, heute alles zu ignorieren, was uns auf diesem letzten Weg zu Khukh Nuur in die Quere kommen könnte. Ein letztes Mal alle Kraft zusammennehmen – dann haben wir's geschafft.

Felix stöpselt sich Musik in die Ohren und versinkt in seiner ganz eigenen Welt. Ich in meiner. Die Erlebnisse der letzten Wochen gehen mir durch den Kopf. Ich denke an all die verstörenden Träume, derentwegen ich in den letzten Nächten immer wieder wach geworden bin. Szenen aus meiner Kindheit durchlebe ich noch mal, oft aber so abstrakt, dass ich sie kaum nachvollziehen kann, sobald ich wach bin. Ich wünschte mir, unsere Familien und Freunde könnten uns gerade sehen, wie wir hier die letzten Kilometer auf unser großes Ziel zulaufen. Und ich zähle die Bergkuppen, an denen wir vorbeilaufen. Bei jeder denke ich, dass wir von ihr aus Khukh Nuur endlich sehen müssten. Der Tag vergeht wie in Trance. Felix und ich reden kaum. Wir laufen und laufen und laufen.

An den Höhenlinien der russischen Karten sehen wir, dass es ein Stück steil nach oben gehen müsste, bevor Khukh Nuur auf der anderen Seite in einer Art Pfanne zwischen den Flanken liegt. Wir stehen vor genauso einer Steigung, und es sieht nicht so aus, als würde danach noch eine kommen.

Ich setze meinen Rucksack ab, an dem wir außen die Karten befestigt haben. Vor allem, wenn der Weg nicht eindeutig an einem Fluss entlangführt, müssen wir immer wieder einen genauen Blick auf die Höhenlinien werfen. Dann ist es praktisch, wenn ich nicht jedes Mal den Rucksack abnehmen, aufmachen, zumachen und wieder schultern muss.

Jetzt beugen wir uns gleichzeitig über die Karten. Ich fahre mit meinem Finger die Höhenlinie ab, die direkt an Khukh Nuur grenzt.

Felix bricht das Schweigen der letzten Stunden.

»Meinst du, dahinter ist es?«

»Schaut ganz so aus, ja.«

Als ich das sage, durchströmt Aufregung meinen ganzen Körper. Und damit meine ich nicht das Kribbeln, das Abenteuerluft bei mir auslöst. Ich meine richtige, echte Aufregung. Mit schwitzigen Händen und flauem Magen.

»Ich kann nicht glauben, dass er so nah ist.«

»Komm, wir lassen die Rucksäcke hier stehen«, schlägt Felix vor. Wir nehmen was zu trinken mit und laufen die letzten Meter ohne Gepäck. Bis hierher müssen wir ja eh auf alle Fälle zurück.«

Wir lehnen unsere Rucksäcke an einen großen Felsen, nehmen eine Wasserflasche und die Kamera raus und binden die Schuhe noch mal neu. Dann klettert Felix die erste Felsstufe nach oben und streckt mir seine Hand entgegen. Es ist das erste Mal, dass wir Hand in Hand weiter wandern.

Der Weg den Hang nach oben zieht sich länger, als wir vermutet haben. Trotzdem machen wir jetzt keine Pause mehr. Khukh Nuur ist so nahe. Zu nahe, um sich seelenruhig auf einen Stein zu setzen und Zeit verstreichen zu lassen.

Mein Puls rast, als wir auf den höchsten Punkt zulaufen. Und plötzlich taucht es unter uns auf: das blauschimmernde V, das ich auf den Karten und Satellitenbildern sicher schon hundert Mal immer und immer wieder gemustert und mir vorgestellt habe, wie es wohl in Wirklichkeit ausschaut.

Felix drückt meine Hand feste.

»Khukh Nuur«, sage ich.

»Khukh Nuur«, sagt Felix.

Ich lasse meinen Blick über die runden Gipfel schweifen, die den See zu einem V formen. Man kann genau erkennen, wie sich verschiedene Gesteinsschichten zu diesen Bergen aufgetürmt haben. Die Flanken sind gestreift. Ocker, rot und grau. Der blaue See mittendrin. Kein Bildbearbeitungsprogramm der Welt hätte diese Kulisse schöner hinbekommen als die Natur.

Felix reißt mich aus den Gedanken.

»Endspurt.«

Nebeneinander laufen wir die Böschung nach unten. Je näher wir dem Ufer kommen, desto schneller wird Felix. Bis er irgendwann in einen Laufschritt verfällt. Dann hole ich ihn ein. Ich hopse über kleine Felsen und Hügel aus Gras, bis ich wieder neben Felix bin. Für die letzten Meter tasten wir gleichzeitig nach der Hand des anderen. Wir grinsen uns an.

Das Ufer ist übersät von kleinen Steinen in allen Farben. Sie sind weiß, orange, rot, grün und sogar lila. Über die Jahrhunderte hat sie das Wasser so glatt geschliffen, dass sie sich samtweich anfühlen. Und das Wasser von Khukh Nuur, das ist glasklar. Falken schreien erschrocken, als Felix Freudenjubel im Echo durch das Tal schallt. Es ist, als würde sich die ganze Schönheit der Mongolei genau hier vereinen.

Obwohl heute kein warmer Tag ist und ich nach der verfrorenen Nacht sogar mit Mütze losgelaufen bin, ziehe ich meine Schuhe aus. Monatelang habe ich mir vorgestellt, wie ich meine Zehen in das glasklare Wasser von Khukh Nuur tauche. Es reicht nicht, das Blau jetzt einfach nur anzuschauen.

Ich stehe nur ganz kurz mit beiden Füßen im Wasser. Es ist fast so kalt wie der Fluss von gestern. Ich drehe mich um und schaue, wo Felix ist. Der steht gut 50 Meter weiter am Ufer und schaut gedankenverloren auf den See. Kurz schließe ich die Augen. Es ist gut, dass ich diesen Moment für mich habe. In der Ferne höre ich ein paar Vögel schreien, die ich nicht kenne. Es riecht ein bisschen nach Algen. Und nach trockener Erde. Ich spüre, wie das kalte Wasser meine Füße umspült und manchmal in kleinen Wellenbewegungen weiter mein Bein nach oben klettert. Mir steigen Tränen in die Augen, bevor sie in warmen Bahnen meine Wangen runterkullern. Aber es ist nicht wie gestern. Mit den Tränen sprudelt heute das pure Glück aus mir. Das hier ist gerade der beste Ort der Welt. Noch nie hat es mir so viel bedeutet, irgendwo angekommen zu sein. Noch nie hat es mich so glücklich und so dankbar gemacht wie jetzt.

Es macht einen großen Unterschied, wie man einen Ort erreicht. Zu Fuß ist anstrengend. Zu Fuß ist kräftezehrend. Zu Fuß ist langsam. Gleichzeitig sammelt sich mit jedem Schritt mehr und mehr Glück an. Was das genau bedeutet, fühlt man eben dann, wenn man den letzten Schritt setzt. Und genau da steht, wo man die ganze Zeit über hinwollte.

Bevor ich die Augen wieder öffne, versuche ich, mir alles genau einzuprägen, was meine Sinne gerade spüren. Ich will nie wieder vergessen, wie es sich angefühlt hat, hier zu stehen und Khukh Nuur aus eigener Kraft erreicht zu haben.

Als Felix auf mich zukommt, nehme ich ihn fest in den Arm.

»Ich glaube, zusammen können wir alles schaffen«, flüstere ich in seine Jacke.

Felix drückt mir einen Kuss auf den Scheitel.

»Danke, dass du mit mir hier bist.«

Wir machen uns auf den Rückweg, um bis zum Fluss abzusteigen und dort wie letzte Nacht unser Zelt aufzuschlagen. Das Laufen fühlt sich jetzt anders an. Wir haben geschafft, was wir schaffen wollten. Wir sind auf dem Rückweg. Nicht nur zum Zeltplatz, sondern zum Ende dieser Reise.

Obwohl wir kaputt sind, lachen wir über alles, was uns in den Sinn kommt. Ich erzähle Felix von meinen komischen Träumen in den letzten Nächten, und er erzählt mir mit großen Augen, dass es ihm ganz genauso ging. Wir reden über kleine Wehwehchen und fantasieren darüber, was wir alles tun wollen, wenn wir in Ulan-Bator zurück sein werden.

Irgendwann wird Felix ruhiger. Seine Antworten fallen knapper aus. Seine Schritte werden kleiner. Bis er nur noch hinter mir hertapert. Der Fluss ist noch nicht einmal in Sichtweite. Wir laufen immer noch durch das schmale Tal, das uns zurück zu der weiten Ebene bringen soll, in der wir die letzte Nacht verbracht haben.

Als der Abstand zwischen Felix und mir immer größer wird, drehe ich mich zu ihm um.

»Alles gut bei dir?«

»Weiß auch nicht. Irgendwie fühl ich mich nicht gut.«

Ich will mir keine Sorgen machen. Nicht jetzt, nicht hier.

»Wahrscheinlich einfach die Anstrengung. Wenn wir später gegessen haben, bist du bestimmt wieder fitter.« Ich stupse ihn in die Seite. »Für heute haben wir doch zur Feier des Tages das Chili con Carne aufgehoben!«

Während ich das ausspreche, wird Felix Gesicht noch blässer.

»Allein bei dem Gedanken wird mir ganz schlecht.«

Wir reden uns ein, dass es sicher nur all die Anstrengung der letzten Wochen ist, die ihm zu schaffen macht. So ist es doch oft: Der Körper schafft es irgendwie auf wundersame Weise, genauso lange durchzuhalten, wie er muss. Und dann war's das. Wir reden uns ein, dass nach dem Essen alles wieder viel besser sein wird. Lange können wir das aber nicht glauben. Je länger wir laufen, desto schwächer wird Felix.

»Soll ich was aus deinem Rucksack nehmen, damit du's leichter hast?«

Stumm schüttelt Felix den Kopf. Unter seiner Mütze kullern Schweißperlen raus, obwohl ihm kalt ist. Als er seine Finger nach der Wasserflasche ausstreckt, zittern seine Hände. Ich sehe ihm an, dass es ihm wirklich schlecht geht, und versuche, einen klaren Kopf zu behalten.

»Ist es okay, wenn wir noch ein Stück weiter zum Fluss runter laufen?«, frage ich ihn. »Je weiter oben wir schlafen, desto kälter ist es.«

Felix nickt und schleicht langsam weiter. Er hebt seine Füße kaum und zieht die Wanderstöcke nur noch hinter sich her. Ich kann es kaum ertragen, ihn so zu sehen.

Als der Fluss endlich wieder in Sicht ist, streifen wir uns die Rucksäcke von den Schultern. Im selben Augenblick lässt sich Felix auf den Boden sinken und vergräbt den Kopf in seinen Händen.

»Ich weiß gar nicht, was mit mir los ist.«

Ich knie mich vor ihn.

»Hey. Das ist sicher nicht schlimm.«

Ich streiche ihm über den Kopf und hoffe, dass ich mir das selbst glauben kann.

»Bleib doch mal hier sitzen. Ich bau das Zelt auf und lauf zum Fluss runter, um neues Wasser zu holen. Dann koch ich. Und danach fühlst du dich bestimmt besser.«

Ganz automatisch schaltet mein Körper jetzt in einen anderen Modus um. Einen, in dem ich vergesse, wie kaputt ich selbst eigentlich bin.

Noch bevor das Zelt steht, übergibt sich Felix das erste Mal. Und das zweite Mal. Und das dritte Mal. Als die Sonne längst untergegangen ist und ich Felix' Schüssel mit Chili con Carne im Vorzelt abgestellt habe, habe ich aufgehört, zu zählen. Ich ahne, dass er sich nicht gleich wieder besser fühlen wird. Alle Viertelstunde stolpert er aus dem Zelt, um rauszulassen, was raus muss. Dazwischen liegt er gekrümmt unter seinem Schlafsack und verzerrt das Gesicht vor Schmerzen. Seine Stirn ist eiskalt und glänzt verschwitzt. Er ist blass, seine Lippen fast weiß. Er zittert und wimmert.

»Mir ist so kalt«, flüstert er immer wieder, obwohl ich ihn mit allem zugedeckt habe, was wir dabei haben. Ich selbst liege ohne Schlafsack neben Felix und kuschle mich an ihn.

Es ist noch nicht spät, aber mit jeder Minute, die die Nacht mehr und mehr über uns hereinbricht, breitet sich die Angst in mir aus. Es gibt nichts mehr, was ich schönreden kann. Felix geht es schlecht. Richtig schlecht. Noch nie zuvor habe ich ihn so schwach gesehen.

Warum muss das ausgerechnet hier passen? Mitten im Nirgendwo? Und ausgerechnet dann, wenn wir unsere gut durchgerechneten Essensrationen bis auf das letzte Frühstück aufgebraucht haben. Wir müssen zurück nach Tarialan. Daran führt kein Weg vorbei. Doch der Weg ist lang. Und führt immer und immer wieder durch den eiskalten Gletscherfluss. Wie soll das funktionieren? Felix ist mittlerweile so schwach, dass er sich mit beiden Händen am Boden abstützen muss, jedes Mal, wenn er panisch aus dem Zelt krabbelt.

Zum ersten Mal seit Wochen denke ich wieder an Punkt 1 auf unserem Masterplan:

»Nur im absoluten, wirklich absoluten Notfall und wenn es überhaupt gar nicht anders geht, lassen wir einander zurück.«

Ich merke, wie sich ein Kloß in meinem Hals bildet. Ist das etwa so ein Notfall? Ich kann Felix hier nicht zurücklassen. Niemals. Ich brauche sicher sechs Stunden zurück nach Tarialan. Selbst, wenn ich mich beeile. Bis ich dann jemanden finde und ihm erkläre, dass ich dringend Hilfe brauche ... Ich will gar nicht daran denken, wie lange das alles dauern würde. Zeit, in der ich an nichts anderes als Felix denken kann und daran, wie er hier liegt. Alleine. schwach. Ausgehungert. Hilflos. Und voller Schmerzen. Allein die Vorstellung kann ich kaum ertragen. Niemand will einen geliebten Menschen ausgerechnet dann zurücklassen, wenn es ihm am schlechtesten geht. Ich merke, wie die Tränen in mir hochsteigen. Schluss jetzt. Daran darf ich nicht denken. Wer weiß, was morgen ist. Morgen ist morgen. Wir finden dann schon eine Lösung. Ich atme einmal tief durch. Ich darf vor Felix auf keinen Fall zeigen, wie groß meine Sorgen sind.

Ich streiche ihm über die Wange.

»Ich koche einen Tee auf, okay. Dein Körper weiß schon, was er macht. Wenn alles raus ist, was du nicht verträgst, geht's dir schnell wieder besser.«

Felix verzieht das Gesicht. »Ich weiß nicht.«

»Doch, ganz sicher. Da musst du drauf vertrauen. «

»Ich weiß nicht ... Ich weiß nicht.«

Das einzig Gute an der Dunkelheit ist, dass Felix nicht sehen kann, wie viele Sorgen mein Gesicht ausdrückt. Er darf mir nicht ansehen, wie groß meine Angst ist.

Angst vor allem, was in der Nacht passieren könnte. Angst davor, dass es Felix noch schlechter gehen könnte. Angst davor, dass ich dann ganz alleine mit ihm hier bin. Angst davor, dass ich nicht mehr weiter weiß.

Nachts raschelt der Reißverschluss vom Zelteingang an meinem Ohr und die kalte Luft strömt nach innen. Wir müssen das Zelt offen lassen. Wenn Felix raus muss, dauert es zu lange, jedes Mal die beiden Reißverschlüsse zu öffnen.

Jeden Schluck Tee und jeden Schluck Wasser, in das ich Tütchen mit wichtigen Mineralstoffen gemischt habe, kommt aus Felix schneller wieder raus, als er es reinbekommen hat. Keine Tablette kann wirken, wenn sie nur so kurze Zeit im Körper bleibt. Wir liegen dicht aneinander unter den Schlafsäcken und allen Jacken, die wir haben. Ich spüre, wie Felix neben mir schlottert, und im Schein der Stirnlampe sehe ich, dass seine Lippen kreidebleich sind.

Zwischendurch nickt er immer ein, bis er mit einem verzerrten Gesicht hochschreckt und es eilig hat, nach draußen zu kommen. Ich mache kein Auge zu.

Erst als die Nacht schon fast in den Morgen übergeht, werden die Abstände länger, in denen Felix im Zelt liegen bleiben kann. Kurz vor Sonnenaufgang fällt er in einen unruhigen Schlaf. Er wälzt seinen Kopf von der einen zur anderen Seite, zuckt manchmal erschrocken mit dem Bein. Dann fallen auch mir die Augen zu, und ich werde erst wieder wach, als es draußen schon wärmer ist und in dem Strauch neben uns die Vögel singen. Ich bleibe noch eine Weile liegen, weil ich da sein will, wenn Felix aufwacht.

Dann macht er die Augen auf. Sein Gesicht ist fahl und die Lippen rau. Unter den Augen hat er dunkelgraue Schatten.

»Furchtbar«, wispert er.

»Wie geht's dir denn?«

Er schaut mich mit glasigen Augen an. Die Verzweiflung steht ihm ins Gesicht geschrieben.

»Ich weiß nicht, ob ich laufen kann.«

»Jetzt machen wir uns mal keine Eile. Okay? Wir schauen, ob du was frühstücken kannst. Ich mache neuen Tee. Und dann überlegen wir uns was.«

»Ich weiß nicht, ob ich was essen kann.«

Ich zwinge mich zu einem Lächeln.

»Wir schauen mal. Ich hol' uns mal Wasser.«

Mit diesen Worten krieche ich unter den Schlafsäcken raus und krabble nach draußen. Ich sammle alle Trinkflaschen zusammen und laufe runter zum Fluss.

Felix hat sich noch nicht bewegt, als ich zurückkomme. Ich hocke mich ins Vorzelt und zünde den Kocher an.

Bevor ich zu meinem Vorschlag ansetze, versuche ich, den letzten Rest Zuversicht zusammenzukratzen, der mir geblieben ist. Felix muss damit einverstanden sein und es versuchen wollen. Er MUSS.

»Wir kriegen das schon hin. Wir haben ja den ganzen Tag Zeit. Ich nehme dein Gepäck. Und dann laufen wir ganz langsam los. Schritt für Schritt.«

Felix sieht aus, als wäre ihm in diesem Moment jeder Kampfesgeist aus dem Körper gewichen.

Vorsichtig rede ich weiter auf ihn ein.

»Du hast kein Gewicht, das du schleppen musst. Du musst einfach nur laufen. Das geht schon.« Ich schlucke. »Ich lass dich hier bestimmt nicht zurück. Denk an den Masterplan. Das hier kann nicht der Notfall sein. Also lasse ich dich nicht zurück.«

»Bitte lass mich nicht zurück.«

»Nein. Mache ich nicht. Versprochen.«

Ich lege mich noch mal zu ihm ins Zelt und nehme ihn fest in den Arm.

»Sollen wir es so versuchen?«

»Okay.«

WENN NOMADEN UMZIEHEN

Ich stehe vor dem Zelt und putze mir die Zähne. Eine ganze Weile lang höre ich die groben Rufe nur. Kratzig hallen sie durch das enge Tal. Die Felswände, die auf beiden Seiten die Berge formen, spielen mit dem Echo Pingpong.

»Hoi, hoi, hoi!«

»Hoi, hoi, hoi!«

»Hoooi, hoooi, hoooi!«

»Hoooi, hoooi, hoooi!«

Die Schreie werden lauter.

»Hoi, hoi, hoi!«

»Hoi, hoi, hoi!«

Im Zelt schält Felix sich aus dem Schlafsack und streckt seinen Kopf nach draußen.

»Was ist das?«

»Klingt, als würde ein Urvolk zur Jagd aufbrechen.«

Und das meine ich ernst. So zumindest hätte ich mir das vorgestellt.

Felix stellt sich mit dem Schlafsack um seine Schultern gehüllt neben mich. Auch im orangen Licht der Morgensonne wirkt er nach dieser Horrornacht blass. Sein Gesicht sieht zusammengefallen aus, wobei das ja kaum seit gestern passiert sein kann. Die letzten Wochen ist es mir wahrscheinlich einfach nicht aufgefallen.

»Hoooi, hoooi, hoooi!«

Wir starren gebannt in die Richtung, aus der die Rufe hallen. Mir läuft es kalt den Rücken runter. Das Geschrei klingt fremd. Wild. Grob. Ich habe keinen Schimmer, was da vor sich geht.

»Das kommt immer näher«, sagt Felix.

Plötzlich beginnt der Boden unter meinen Füßen zu vibrieren. Täusche ich mich, oder zittern sogar die Grashalme? Unter die kratzigen Rufe mischt sich jetzt ein Grollen. Ein Pfeifen. Ein Trillern. Und das Donnern Hunderter Hufen. Wiehern, Grunzen. Hoi, hoi, hoi.

Eine Horde Pferde donnert auf uns zu. Gefolgt von Yaks, die hinterhertrampeln und ihre Herdenmitglieder immer wieder mit ihren geschwungenen Hörnern zur Seite drängen. Eine Szene wie im Film. Eine Doku könnte das sein, über wilde Tiere in einem wilden Land.

Das Ende einer langen Peitsche trifft einen Yak-Bullen. Es schnalzt laut. Der Bulle schleudert wütend seinen Kopf durch die Luft und schlägt nach einem Pferd aus. Auf dem Pferd sitzt ein Nomade in bunter Tracht. Von ihm kommt das kratzige »Hoooi, hoooi, hoooi!«.

Die Pferde galoppieren in erschreckendem Tempo auf uns zu.

Ich hatte gerade angefangen, das Gewicht von Felix' auf meinen Rucksack umzupacken, in der Hoffnung, dass Felix es dann heute noch bis nach Tarialan schafft. Entsprechend verstreut liegen unsere Sachen auf dem Boden vor dem Zelt, das die Pferde beinahe umreißen.

Gerade, als ich befürchte, die Tiere könnten wirklich direkt in unser Zelt rasen und all unsere Sachen niedertrampeln, machen die Ersten der Herde einen erschrockenen Satz zur Seite. Kurz vor knapp schlagen sie einen möglichst großen Bogen um uns.

Das Chaos unter den Pferden hat den Reiter auf uns aufmerksam gemacht. Erst jetzt sehe ich, dass er nicht alleine mit den

Tieren unterwegs ist. Hinter ihm traben nun auch die anderen Familienmitglieder auf Pferden und Dromedaren heran. Ihre Blicke verraten, dass sie mindestens genauso fassungslos über unsere Gegenwart sind wie wir über ihre.

Was machen wir da auch?

Und was machen die?

»Sai bai nuu«, ruft Felix ihnen entgegen.

Ich hebe neben ihm nur die Hand, weil ich keinen Ton rausbringe. So erschlagen bin ich von dem Anblick.

Der Nomade, der vornweg reitet, erwidert den Gruß und ruft uns noch was anderes entgegen. Unabhängig davon, dass ich es mit aller Wahrscheinlichkeit sowieso nicht verstanden hätte, kann ich ihn kaum hören. Die Hufe donnern. Die Pferde wiehern und schnauben. Die Yaks grollen und muhen. Und hunderte Ziegen klackern unweit entfernt die schottrige Felswand entlang.

Als der Nomade auf unserer Höhe ist, schnalzt er ein paarmal mit der Peitsche, um einige Yaks an sich vorbeizutreiben. Nur wenige Meter von uns entfernt zieht er die Zügel stramm und befiehlt seinem Pferd, stehen zu bleiben.

Unter seinen Füßen baumeln ein paar Balken des Jurten-Gestells. Auf einem Dromedar, das er an einem Strick hinter sich herzerrt, sitzt das jüngste Familienmitglied in einem selbst zusammengehämmerten Kindersitz. Dahinter läuft an einem Strick noch ein Dromedar. Das trägt das runde Holzdach der Jurte, in dessen Mitte ein kreisrundes Loch für den Kamin klafft.

Jetzt dämmert es mir.

»Na klar, die ziehen um«, raune ich Felix zu.

Es ist schließlich Herbst. Und zweimal im Jahr schnallen die Nomaden all ihren Besitz auf ihre Pferde und Dromedare und treiben die Herden zu einem neuen, saftigen Fleckchen Land, auf dem sie die nächste Jahreshälfte verbringen werden. Das machen sie einmal kurz vor dem Winter, einmal kurz danach.

Die Wahrscheinlichkeit, in einem Land mit ungefähr einer Million Nomaden auf einer Fläche, viermal so groß wie Deutschland, Zeuge eines solchen Ereignisses zu werden, geht gegen null.

Genau sie sind es aber, für die ich mich immer wieder in jedes Abenteuer stürzen würde. Abenteuer wie das hier in der Mongolei. Abenteuer, die all meinen Mut erfordern und auch die Bereitschaft, Risiken einzugehen. Was hätte hier alles schiefgehen können! Unsere Beziehung hätte daran scheitern können. Einer von uns hätte noch viel kränker werden können als Felix letzte Nacht. So vieles hätte passieren können, an das ich gar nicht denken möchte.

Dieser Nomadenumzug ist aber das beste Beispiel dafür, dass sich Vertrauen lohnt. Denn wer am Ende jeder Reise zurückblickt, hat mindestens genauso viele unbezahlbar schöne wie schwierige Momente durchlebt.

Wie wir hier stehen und unzählige Yaks, Pferde und Ziegen unser kleines Zelt am Ende der Welt umzingeln – das ist für mich der beste Grund für all die Strapazen: für nasse Füße und stürmische Nächte. Für aufgescheuerte Wunden auf den Hüften und Blasen an den Füßen. Für all die Angst und die großen Sorgen.

Denn solche Momente wie diese hier erlebt man nicht, wenn man zu Hause bleibt.

Es passt zu gut, was Charles Bukowski, ein amerikanischer Dichter und Schriftsteller, einmal gesagt hat: »Man muss erst einige Male sterben, um wirklich leben zu können.«

Die Sache ist, dass es nicht vorhersehbar ist, wann das Sterben passiert und wann das Leben. Manchmal driftet man von einem ins andere, schneller als man durchatmen kann.

Glück ist nicht planbar. Und mich trifft es in diesem Moment mit so einer Wucht, dass es mir – schon wieder – Tränen in die Augen treibt. Ich stehe hier, zur richtigen Zeit am richtigen Ort, mit der Zahnbürste in der Hand, und kann es kaum fassen.

Der Nomade schaut uns erwartungsvoll an. Die Sonne hat sein Gesicht dunkel gebrannt, die Kälte tiefe Falten in seine Haut gegraben. Aber die Augen unter den buschigen Augenbrauen strahlen. Als er die Hand hebt, um uns zu grüßen, tänzelt sein Pferd aufgeregt.

»Sai bai nuu«, sage ich.

»Sai bai nuu«, antwortet er.

Gefolgt von einem kratzigen Satz, der wie eine Frage klingt.

Ich zucke die Schultern und lächle. Felix hebt die russische Karte vom Boden auf, auf der Khukh Nuur und Tarialan eingezeichnet sind. Wir bewegen Mittel- und Zeigefinger und zeigen dem Nomaden so, dass wir laufen. Einem erstaunten Blick folgt schallendes Gelächter, bei dem der Nomade eine riesige Lücke preisgibt, in der wohl irgendwann mal ein Schneidezahn gesessen hat. Weil wir keine andere Sprache haben, um uns zu verständigen, fallen wir in sein Lachen mit ein.

»Tarialan«, sagt Felix, als wir uns alle wieder beruhigt haben.

Dabei schaut er mich mit einem schwachen Lächeln an und drückt meine Hand.

Ich weiß, dass das sein stummes Versprechen ist, dass er dafür alles geben wird. Für Tarialan. Ich weiß auch, dass sein Wille stark genug ist und er es schaffen wird. Er wird über sich hinauswachsen. Er wird mit leerem Magen, zittrigen Beinen und Krämpfen im Bauch die Strecke nach Tarialan zurücklaufen. Er wird den eisigen Fluss immer und immer wieder durchqueren. Und ich – ich werde sein Gepäck tragen. Ein Gewicht, das ich zu Hause wahrscheinlich noch nicht mal hochheben könnte. Trotzdem werde ich ihn die ganze Strecke lang anfeuern. Und gemeinsam werden wir diese letzte Etappe bewältigen.

Der magische Moment, wie diese Nomadenfamilie mit Hunderten von Tieren an unserem Zelt vorbeizieht, hat unsere Energietanks mit neuer Kraft gefüllt. Solche Begegnungen in der einsamen Steppe sind es, die uns immer wieder zum Weitergehen bewegen.

Der Nomade drückt seinem Pferd die Fersen in den Bauch. Als das Pferd mit kleinen Schritten lostrabt, dreht sich der Nomade ein letztes Mal zu uns um. Er grinst breit, und ich kann seine Zahnlücke sogar aus der Entfernung sehen. Die Zügel in der einen Hand, fasst er sich mit der anderen an die Brust und verbeugt sich tief in unsere Richtung. Dann verschwindet er hinter den Felsen.

Die Mongolei ist für uns nicht länger ein weißer Fleck auf der Landkarte.

Wie wir hier stehen und beobachten, wie die anderen Familienmitglieder mit dem Rest des Jurten-Gestells an uns vorbeiziehen, gefolgt von noch mehr Pferden, Yaks und Ziegen – das ist unvergesslich.

Und es gibt so viele weitere Erinnerungen.

Der Flug über die unendliche Marslandschaft rings um Chowd. Die Pferde, die am Flughafen angebunden auf ihre Reiter gewartet haben. Die Falken, die schwerelos Kreise über unseren Köpfen gezogen haben. Wie die Männer in unser Zelt eingebrochen sind und mir vor Schreck das Herz in die Hose gerutscht ist. Ich werde immer auch an Oonoo denken, der uns nach einer simplen Geste einfach ausgesetzt hat. Ich werde an Bat-Thanan und seine Familie denken, die uns abends nicht mehr gehen lassen wollten. An die stürmische Nacht im Zelt auf dem Weg nach Ölgii und den Sonnenaufgang am nächsten Morgen, der die Berge in ein leuchtendes Rot getaucht hat.

Natürlich werde ich statt dem weißen Fleck auf der Landkarte auch die unendlichen Weiten vor Augen haben. Das Nirgendwo. Die unberührte Wildnis. Weiße Gletscher. Bunte Felsen. Grüne Sumpflandschaften und glasklare Flüsse.

Und Felix. Ich werde jede einzelne Erinnerung an die Mongolei mit Felix verbinden. Ich werde seine ausgestreckte Hand vor Augen haben, als ich in einem glasklaren Fluss festgesteckt bin. Ich werde an die festen Umarmungen denken, mit denen er mir jedes Mal wieder das Gefühl gegeben hat, dass wir das alles schaffen werden. An sein Lachen, wenn wir vor Glück getanzt haben. Ich werde mich aber auch immer an die Falte zwischen seinen Augenbrauen erinnern, wenn er seine Sorgen nicht länger verbergen konnte. An die Angst gestern Nacht, als er krank im Zelt gezittert hat. Und ich werde mich daran erinnern, wie er mir gefehlt hat, als er verschwunden war.

Während wir dabei zuschauen, wie die letzten Tiere in der Ferne verschwinden – die Rufe der Nomaden erreichen uns kaum noch –, lege ich meinen Arm um Felix' Hüfte und stelle mich vor ihn. Ich schaue tief in seine müden Augen.

»Erinnerst du dich noch an unser Gespräch im Flugzeug? Als du von Pete erzählt hast und davon, dass man das beste Team der Welt sein muss, um so was zusammen zu schaffen?«

»Klar.«

»Ich finde, wir sind es. Das beste Team der Welt.«

EPILOG

Frisch geduscht sitze ich auf unserem Bett in dem kleinen Zimmer. Im engen Hinterhof spielen Kinder, dahinter erheben sich die höchsten Häuser Ulan-Bators. Auf meinem Schoß steht ein Teller mit einem Blätterteiggebäck, das mit Ziegenkäse gefüllt ist. Frühstück. Die endlose Weite kommt mir gerade unendlich weit weg vor.

In diesem Moment knarzt der Türgriff, und Felix kommt mit einem schüchternen Lächeln auf mich zu. Ganz früh schon ist er heute Morgen losgezogen. Er war draußen, ganz für sich.

Er streckt mir mein Tagebuch entgegen.

»Was hast du denn damit gemacht?«

Die letzten Male war es immer nur ich, die reingeschrieben hat.

»Schau's dir an. Auf der vorletzten Seite. Ist für dich. Hab ich heute Nacht geschrieben.«

Damit drückt er mir das Buch in die Hand, dreht sich um und geht ins Bad. Als die Tür hinter ihm ins Schloss fällt, schlage ich die vorletzte Seite auf und fange an zu lesen, was Felix geschrieben hat.

ZURÜCK IN ULAN-BATOR, 28. SEPTEMBER

Ich liege hier im Bett und kann nicht schlafen. Nach fünf Wochen irgendwo im Nirgendwo, nach fast 400 Kilometern durch die Wildnis, fühlt sich jedes Geräusch der Stadt wie ein Nadelstich in meinen Ohren an. Draußen hupen Autos, und über uns knarzen Dielen. Du liegst neben mir und schläfst – wie so oft stören dich Geräusche einfach nicht. Wie die Tram zu Hause in meinem WG-Zimmer, die auf den Gleisen jedes Mal quietscht, wenn sie vorbeifährt. Die hast du auch nie wahrgenommen.

Während ich dich anschaue und das Licht von draußen nur so spärlich hereinfällt, dass ich dein Gesicht nur ganz grob erkennen kann, wird mir zum ersten Mal klar, was diese Reise verändert hat. Sie hat nicht nur mich und dich verändert, sondern uns beide zusammen. Vorher war ich mir nicht sicher, ob das überhaupt funktionieren kann. Wirklich nicht. Ich weiß, so deutlich hab ich dir das nie gesagt. Wir zwei ganz allein in der Einsamkeit. Ich hatte Angst, dass uns die Ruhe zu laut wird. Dass wir einander zu viel werden. Weil wir nicht auskönnen. Dass wir dann Gefühle entwickeln und Dinge sagen, die wir nie wieder rückgängig machen können.

So war es aber nicht. Und mir war schnell klar, dass das nicht passieren wird. Schneller als dir, glaube ich. Du hast oft unsicherer gewirkt, als du hättest sein müssen.

Mit jedem Kilometer, den wir zusammen gelaufen sind, sind wir näher aufeinander zugegangen. Es sind Kleinigkeiten, bei denen ich gefühlt habe, dass in diesem Moment alles genau richtig ist. Wenn du mir jeden Morgen beim Aufgießen des Kaffees hilfst, damit das Pulver nicht daneben geht. Wenn du mich in den Arm nimmst, weil ich keine Energie mehr habe. In den wichtigen Momenten hast du Kraft für zwei. Das bewundere ich. Wie wir zusammen unter Milliarden Sternen getanzt haben – das werde ich nie vergessen. Und: wie nach der Nacht mit Sturm und Regen die Vögel über unser Zelt gezogen sind und du gesagt hast: »So, das haben wir auch geschafft.« Dieses Gefühl von Zusammenhalt. Dafür gibt es keine Worte.

All das macht dich zu dem wunderbarsten Menschen auf dieser Welt.

Und ob du's glaubst oder nicht: Jetzt muss sogar ich eine Träne runterschlucken. Ich weiß jetzt, wie es sich anfühlt, einen echten Weggefährten an der Seite zu haben. Was es bedeutet, einen Partner zu haben, der immer und zu einhundert Prozent da ist. Dem ich vertrauen kann, auf den ich bauen kann. Ich werde dir nie vergessen, wie du mein Gepäck zurück nach Tarialan getragen hast. Dein Rucksack war fast halb so schwer wie du selbst. Das ist unglaublich.

Danke, dass du das gemacht hast. Und es geschafft hast. Danke für deine Kraft und für deinen Willen.

Danke für dieses Abenteuer.

Danke, dass du du bist.

UNSERE PACKLISTE

A WIE ASTRONAUTENNAHRUNG, Z WIE ZELT

Unser Fahrer Oonoo hat uns mitten im Nirgendwo ausgesetzt. Was wäre gewesen, wenn wir etwas Wichtiges vergessen hätten?

Wenn man nur eine Chance hat, die richtigen Sachen einzupacken – dann sollte man sich viele Gedanken machen, was man mitnimmt. Und was nicht. Ein kleiner Überblick über unser Überlebenspaket.

Das Essen

Das mit dem Essen ist so eine Sache. Denn: Wer viel läuft, hat viel Hunger. Aber: Wer viel läuft, kann nur wenig tragen. Unsere Rationen bestanden aus einem Kalorienriegel in der Mittagspause und einem Abendessen, das vor allem den Appetit angeregt hat – und dann auch schon wieder alle war. Der Anspruch muss natürlich sein, den Magen einigermaßen mit Nahrung zu füllen, vor allem auch regelmäßig. Trotzdem lässt es sich ganz bestimmt nicht vermeiden, mit einem knurrenden Magen in den Schlafsack zu kriechen und am Ende der Reise festzustellen, dass man unterwegs viel zu viele Kilos verloren hat. Was sich trotzdem bewährt hat:

Flocken aus verschiedenem Getreide zum Frühstück. Wer nicht will, dass es aus dem Mund staubt, kann etwas Wasser aufkochen. Und wer es sich ganz gut gehen lassen will, nimmt zum Untermischen etwas Milchpulver mit. Eine 500-Gramm-Packung Getreideflocken reicht für zwei Personen etwa eine Woche. Irgendwann kriegt man's auch einfach nicht mehr runter.

Ein Muss für uns: Kaffee! Ohne großen Schnickschnack als Pulver mit Filtern, die einer geduldig hält, bis das Wasser in den Becher getropft ist.

Kalorienriegel zum Mittagessen: einer pro Person und Mittag, das entspricht etwa 300 Kalorien. Die Vorteile: Die Einteilung ist einfach, die Riegel sind leicht und verbrauchen kein Benzin für den Kocher. Der Nachteil: Nach zweimal Abbeißen ist der Riegel weg.

Für abends eine kleine Auswahl: 500 Gramm Reis, ein Kilo Spaghetti (Spaghetti und keine anderen Nudeln, weil die immerhin wenig Platz verbrauchen), sieben Packungen Astronautennahrung. Zum Beispiel: Beef Stroganoff und Chili con Carne (die beiden haben es bis zum Lieblingsessen geschafft), Kartoffeleintopf.

Wer sich jetzt fragt, womit wir Reis und Spaghetti gemischt haben: mit nichts, außer das eine Mal, als wir von Nomaden Käse bekommen haben. Deshalb sehr wertvoll: ein kleiner Streuer mit verschiedenen Gewürzen.

Und zu guter Letzt: Tee und eine Thermoskanne für eisige Nächte und verregnete Tage.

Die Kleidung

Auch hier ein Hinweis vorab: Gewaschen haben wir sporadisch in sämtlichen Flüssen – wann immer es ging und das Wetter zum

Trocknen gereicht hat. Trotzdem: Frisch riecht man nie, und sowieso trägt man immer dasselbe. Und zwar:

- Eine bequeme lange Hose mit flachem Bund und ohne Gür-
  tel: Dann scheuert der Rucksack weniger auf den Hüften.
  Bestenfalls ist das eine Hose, in der ihr euch wohl fühlt. Für
  eine zweite ist nämlich kein Platz.
- Zwei kurzärmlige T-Shirts.
- Ein langärmliges, atmungsaktives Thermoshirt.
- Eine Jacke, die in unserer Vorstellung selbstverständlich
  sämtliche Temperaturen abdecken soll: ein kühles Lüftchen
  genauso wie den kalten Graupelsturm. Natürlich gibt es das
  nicht, mein Tipp deshalb: eine dickere Fleece-Jacke, unter
  die drei kurz- und langärmlige T-Shirts passen.
- Eine wirklich, wirklich gute Regenjacke samt -hose.
- Eine Mütze, vor allem für kalte Nächte, und ein Sonnenhut
  oder -tuch für tagsüber.
- Unterwäsche.
- Und natürlich: die bequemsten Wanderschuhe, die es gibt,
  und drei Paar Socken.

Das Camping-Equipment

Wer alleine im Nirgendwo unterwegs ist und nicht weiß, wann er
wieder auf Menschen treffen wird, ist auf alles angewiesen, was er
dabei hat. Nicht umsonst beschreibe ich meinen Rucksack ganz
gerne als Überlebenspaket. Dazu gehören:

- Definitiv ein Gewicht, das sich lohnt: unser Zelt! 2,8 Kilo für
  3 Quadratmeter Schlafraum und ein Vorzelt ohne Boden, in
  dem auch bei Sturm und Regen der Kocher angeht.
- Damit sind wir beim Zweitwichtigsten: dem Benzinkocher.
  Ganz wichtig: Gaskartuschen gibt es in der Mongolei nicht.

Und manchmal noch nicht einmal Benzin, sondern nur Diesel. Unser Kocher konnte das. Allerdings nicht viel länger, als die Reise gedauert hat.

- Ein Topf, der gleichzeitig als Teller dient. Eine zweite Schale, die gleichzeitig als Topfdeckel dient. Zwei Löffel.
- Mehrere Feuerzeuge und Streichhölzer, die auch bei Wind und Wetter brennen. Die sind nicht nur zum Feuermachen und Kocher-Anheizen wichtig, sondern auch, um zum Beispiel Toilettenpapier zu verbrennen. Schließlich wollen wir alle Orte genau so zurücklassen, wie wir sie vorgefunden haben.
- Ein wirklich gutes Werkzeug-/Messertool plus Nadel und Faden. Es gibt immer etwas zu reparieren.
- Zwei Stirnlampen.
- Zwei Schlafsäcke + zwei Inlets, die ein paar Grad mehr Wärme schenken.
- Ein Kissen (im Nachhinein wissen wir: Es lohnt sich, wenn jeder eins hat).
- GPS-Gerät samt Wechselbatterien und russische Karten in Papierform.
- Ein Handtuch für beide.
- Toilettenpapier.

Die Notfall-Medizin

In der Hoffnung eingepackt, dass wir nichts davon brauchen. Trotzdem ist es wichtig, vorher ein paar Szenarien durchzuspielen und auch einen Arzt zurate zu ziehen, wenn man selbst keiner ist. Hobbymediziner zu sein zählt nicht.

- Schmerzmittel, die auch bei schlimmeren Verletzungen eine Hilfe sind,

- Tabletten für akuten Durchfall,
- ein Universal-Antibiotikum,
- Einwegspritzen samt Kanülen,
- Elektrolyte,
- Rettungsdecke,
- starker Verband, z. B. für Druckverband,
- normaler Verband,
- ein paar sterile Kompressen,
- Pflaster,
- Blasenpflaster,
- Klammerpflaster,
- Leukoplast,
- Mückenschutz.

DANKE

Mein erster und allergrößter Dank gilt dem Menschen, mit dem dieses Abenteuer angefangen hat. Felix.

Danke, dass du die Begeisterung für das Leben mit mir teilst. Dass du dich in dieses und viele weitere Abenteuer mit mir stürzt und immer daran glaubst, dass auch verrückte Träume wahr werden können. Du bist der beste Weggefährte und Partner, den ich mir wünschen kann, und ich bin unendlich glücklich, dich an meiner Seite zu haben. Immer und überall auf der Welt. Danke, dass du diesen Weg mit mir gehst.

Das Abenteuer zu erleben, ist die eine Herausforderung. Es zu erzählen, die zweite. Ohne die großartige Unterstützung einiger Menschen hätte ich diese Geschichte nicht geschrieben. Und ja, auch das war ein echtes Abenteuer!

Angefangen mit meiner Agentin Christine Proske. Frau Proske, ich danke Ihnen unendlich. Sie waren die erste außenstehende Person, die an dieses Buch geglaubt hat, und jetzt sind Sie ein Teil davon. Ich hätte mir keine bessere Unterstützung vorstellen können, Sie sind großartig. Ihnen habe ich es auch zu verdanken, dass ich beim für mich allerbesten Verlag gelandet bin.

Ein großes Dankeschön geht an das gesamte Team von Conbook. Ganz besonders an Matthias Walter. Sie hätten mir keinen besseren Start in dieses Abenteuer bescheren können. An meinen Lektor Artur Senger. Sie hatten immer und andauernd ein offenes Ohr für meine Wünsche und Vorschläge und haben mir schließlich geholfen, das Buch zu dem zu machen, was es jetzt ist. Und Svenja Müller danke ich für ihr übersprudelndes Engagement, damit wir diese Geschichte möglichst weit streuen. Danke, für Ihre Begeisterung!

Ich danke meinen Eltern, meinem Opa und meinen künftigen Schwiegereltern. Für alles. Und besonders dafür, dass ihr uns immer wieder ziehen lasst – auch dann, wenn euch die Sorgen nachts wach halten.

Ich danke all meinen Freunden. Danke für eure Begeisterung, wenn wir mal wieder von einem neuen Reisetraum erzählen, und vor allem dafür, dass es sich danach jedes Mal so anfühlt, als wären wir nie weg gewesen. Ein besonders großes Dankeschön geht an Caro. Caro, dir kann ich gar nicht genug danken. Du bist die beste Probeleserin der Welt. Danke für deine Ehrlichkeit, für Schwärmen und Schimpfen – beides hat unglaublich gutgetan.

Meinen Kolleginnen und Kollegen von Green City e. V. danke ich für die größte Flexibilität. Danke, dass ihr mir den Rücken freigehalten habt, wenn ich es am meisten gebraucht habe.

Und schließlich danke ich all meinen Lesern. Danke, dass ich euch auf dieses Abenteuer mitnehmen durfte. Ich hoffe, es hat Spaß gemacht.

Seit 20 Jahren im Bulli durch Europa

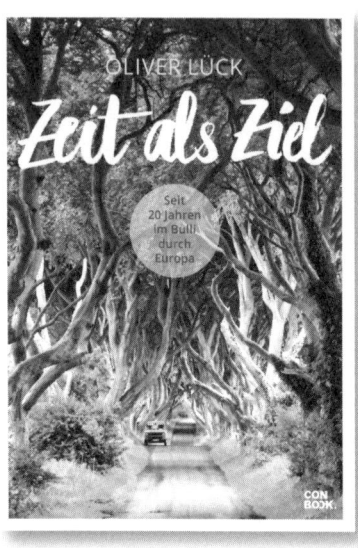

Als sich Oliver Lück im Sommer 1996 sein erstes Auto kauft, einen Bulli, hat er kein Ziel, aber jede Menge Zeit – er fährt einfach drauflos. Der Journalist und Fotograf schaut sich um in Europa und beginnt, Geschichten und Fotos zu sammeln von Menschen, die wirklich etwas zu erzählen haben. Die Schützer des letzten Urwaldes, Straßenkinder in Nordirland, Chilibauern im Baskenland: Bei allen Unterschieden gehören sie zusammen als Nachbarn, nicht nur geografisch, auch emotional.

In seinem Bildband hat Oliver Lück europäische Begegnungen aus über 20 Jahren und fast 30 Ländern versammelt – zu Besuch bei außergewöhnlichen Menschen und an Orten, die man in Europa nicht erwarten würde.

Oliver Lück
Zeit als Ziel
Seit 20 Jahren im Bulli durch Europa

ISBN 978-3-95889-245-3
ISBN 978-3-95889-296-5

Andi ist zurück! Das neue Buch des »Boarderlines«-Kultautors

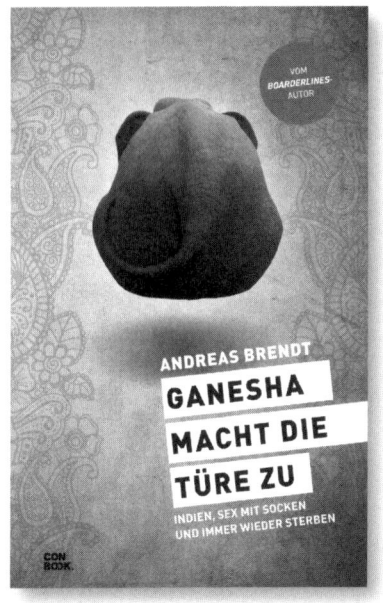

Nach über 20 Jahren kreuz und quer über den Planeten begibt sich Andi auf den festen Boden des indischen Subkontinents, um in völlig neuen Sphären zu schweben. Er besucht ein Tantrafestival, experimentiert mit Atemtechniken, raucht mit den Sadhus Chillum, während in Varanasi auf dem Scheiterhaufen die Leichen brennen, und taucht ein in die Götterwelt des Hinduismus.

Und schon bald fahren seine Gefühle Achterbahn: Andi verliebt sich in eine Schamanin, erfährt Zurückweisung und Traurigkeit und endet beim vielleicht größten Guru unserer Zeit. Umgeben von Heiligen, die keine sind, und einfachen Menschen, die heilig sind, blickt Andi voller Erstaunen unter den Tellerrand des Lebens.

Andreas Brendt
Ganesha macht die Türe zu
Indien, Sex mit Socken und immer wieder
sterben

📖 ISBN 978-3-95889-244-6
🔵 ISBN 978-3-95889-292-7

CON BOOK.

Mut zur Lücke – der geilsten Lücke im Lebenslauf!

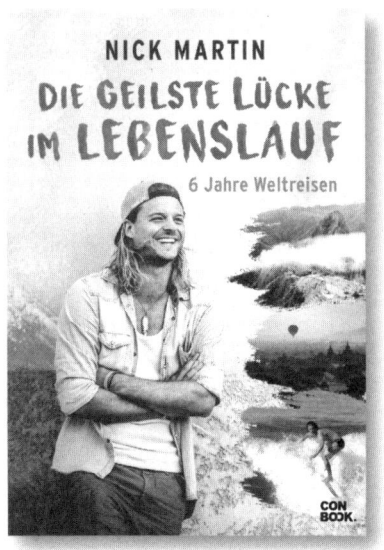

Er wurde angeschossen und ausgeraubt, durchsegelte einen Hurrikan auf dem Pazifik, war als Schmuggler unterwegs, wurde verhaftet und verdiente ein paar Dollar als Stripper in Las Vegas – Nick Martin hat in sechs Jahren knapp 60 Länder auf fünf Kontinenten bereist und damit mehr fürs Leben gelernt als mit jeder noch so steilen Karriere.

Aus all diesen Erfahrungen hat Nick ein besonderes Werk erschaffen: Gemeinsam mit der Berliner Autorin Anita Vetter hält er sein Leben in einem erzählerischen Bildband fest.

Nick Martin
Die geilste Lücke im Lebenslauf
6 Jahre Weltreisen

📖 ISBN 978-3-95889-249-1
📖 ISBN 978-3-95889-273-6